MICHEL FOUCAULT

LOUCURA, LINGUAGEM, LITERATURA

ubu

ORGANIZAÇÃO E
ESTABELECIMENTO
**HENRI-PAUL FRUCHAUD
DANIELE LORENZINI
JUDITH REVEL**

INTRODUÇÃO
JUDITH REVEL

TRADUÇÃO
NÉLIO SCHNEIDER

FOUCAULT
LOUCURA, LINGUAGEM, LITERATURA

Nota da edição 7

Introdução 9
Judith Revel

        LOUCURA E CIVILIZAÇÃO 31

        LOUCURA E CIVILIZAÇÃO 49
        [Conferência no clube Tahar Haddad,
        em Túnis, abr. 1967]

        LOUCURA E SOCIEDADE 74

        A LITERATURA E A LOUCURA 84
        [A loucura no teatro barroco e no
        teatro de Artaud]

        A LITERATURA E A LOUCURA 106
        [A loucura na obra de Raymond Roussel]

        A EXPERIÊNCIA FENOMENOLÓGICA:
        A EXPERIÊNCIA EM BATAILLE 120

OS NOVOS MÉTODOS DE ANÁLISE LITERÁRIA 125

A ANÁLISE LITERÁRIA 142

ESTRUTURALISMO E ANÁLISE LITERÁRIA 157
[Conferência no clube Tahar Haddad, em Túnis, 4 fev. 1967]

[O EXTRALINGUÍSTICO E A LITERATURA] 204

A ANÁLISE LITERÁRIA E O ESTRUTURALISMO 222

BOUVARD E PÉCUCHET:
AS DUAS TENTAÇÕES 243

A PROCURA DO ABSOLUTO 263

Lista de obras de Michel Foucault citadas 281

Sobre o autor 284

NOTA DA EDIÇÃO

Esta edição apresenta um conjunto de palestras e textos, em sua maioria inéditos, que Michel Foucault dedicou à loucura, à linguagem e à literatura. Com exceção de "A experiência fenomenológica: a experiência em Bataille", que pode datar da década de 1950, esses textos se distribuem de meados da década de 1960 até o início da década de 1970 e, de modo geral, inscrevem-se numa década em que os temas da loucura, da linguagem e da literatura ocuparam um lugar central no pensamento foucaultiano.

Esses textos se organizam, de fato, em torno de três problemáticas principais: o status e o lugar do louco em nossas sociedades e o que distingue, nesse aspecto, as sociedades "ocidentais" das demais sociedades; as relações entre a loucura, a linguagem e a literatura, em particular a partir de três referências fundamentais – o teatro barroco, o teatro da crueldade de Antonin Artaud e a obra de Raymond Roussel –; por fim, a evolução da análise literária na década de 1960. Um estudo sobre o motivo da ausência da obra no romance *A procura do absoluto*,[1] de Honoré de Balzac, e outro sobre as relações entre desejo e saber em *As tentações de Santo Antão*[2] e em *Bouvard e Pécuchet*,[3] ambos de Gustave Flaubert, completam o conjunto. Para concluir, acrescentamos, a propósito de Bataille, uma primeira elaboração da noção de experiência-limite, embora esta última ainda não apareça de forma explícita.

Os textos foram estabelecidos a partir das seguintes fontes:

- Quanto às duas conferências proferidas em Túnis em 1967 ("Loucura e civilização" e "Estruturalismo e análise literária"):

---

1 Honoré de Balzac, *A procura do absoluto* [1834], trad. Paulo Neves. Porto Alegre: L&PM, 2021.

2 Gustave Flaubert, *As tentações de Santo Antão* [1874], trad. Luís de Lima. São Paulo: Iluminuras, 2021.

3 Id., *Bouvard e Pécuchet* [1881], trad. Marina Appenzeller. São Paulo: Estação Liberdade, 2007.

a edição foi estabelecida a partir de registros conservados na Universidade da Califórnia em Berkeley.
- Quanto aos demais textos: os editores trabalharam a partir dos manuscritos arquivados na Biblioteca Nacional da França (Fonds Michel Foucault, NAF 28730, caixas 54 e 57).

Os textos foram estabelecidos da maneira mais literal possível. Limitamo-nos a suprimir algumas repetições ou corrigir a construção de frases incorretas, quando isso pareceu necessário para assegurar a compreensão do texto.

Agradecemos muito especialmente à Biblioteca Nacional da França (BnF) por ter nos concedido autorização para consultar os manuscritos a partir dos quais esta edição foi estabelecida: sem essa preciosa ajuda, nenhum trabalho teria sido possível.

H.-P. Fruchaud, D. Lorenzini e J. Revel

NOTA DA EDIÇÃO BRASILEIRA

Para garantir a fluidez da leitura dos textos de Michel Foucault, os comentários inseridos à margem nos manuscritos foram incorporados ao corpo do texto entre colchetes, com tipografia mais leve e antecedidos pela sigla M, de "margem"; trechos mais longos estão destacados do texto, também em tipografia mais leve. Já os ajustes e conjecturas inseridos pelos organizadores foram marcados entre colchetes com a tipografia em cinza.

As notas na introdução foram elaboradas por Judith Revel; no restante do livro, as notas são de autoria dos organizadores.

Quanto às citações de obras de Foucault, sempre que possível, foram utilizadas as traduções consagradas em língua portuguesa, com a paginação indicada entre colchetes após a referência original. Ao fim deste volume, encontra-se a referência completa de cada texto.

INTRODUÇÃO

Judith Revel

TREZE TEXTOS

Os textos que apresentamos aqui, reunidos em um só volume, são notáveis em mais de um aspecto.

Conhecíamos, é claro, a importância de *Raymond Roussel*,[1] publicado no mesmo ano de *Nascimento da clínica*,[2] ou seja, em 1963, e, de modo mais geral, do interesse de Foucault pela literatura nos anos 1960 – essa "paixão" que parece constituir a estranha margem dos primeiros grandes livros. Entre esses numerosos textos, foi a edição de *Ditos e escritos* que permitiu, há 25 anos, a nova compreensão. Ali, Foucault alterna entre uma série de referências a literatos do passado (Sade, Hölderlin, Nerval, Flaubert, Mallarmé, Verne, Roussel, Artaud, Brisset), três nomes tutelares (Bataille, Blanchot, Klossowski) e os de uma geração de escritores que constituíam a atualidade mais recente da literatura no momento em que o próprio Foucault escrevia (Sollers, Thibaudeau, Robbe-Grillet, Butor, Laporte, Pleynet). Três linhas mestras orientaram de modo geral a maneira como esse corpus complexo foi lido e comentado. Por um lado, trata-se de mostrar que o cruzamento da experiência da loucura com a experiência da escritura constituiu um cerne fundamental,[3] e que envolveu, ao mesmo tempo, remi-

---

1 Michel Foucault, *Raymond Roussel*, 1963.
2 Id., *Naissance de la clinique*, 1963 [*O nascimento da clínica*].
3 A afinidade entre a experiência da escrita e a da loucura é um tema recorrente em Foucault. Ver, por exemplo, "La folie, l'absence d'oeuvre" [1964], in *Dits et écrits I* ["A loucura, a ausência da obra"]. A sobreposição das figuras do literato e do louco (em particular na figura específica do esquizofrênico) sem dúvida é a razão do interesse que Foucault demonstrou por Hölderlin, Nerval, Brisset, Roussel, Artaud ou Wolfson: em todos esses casos, Foucault parece hesitar entre a percepção de uma *experiência comum* (que teria a ver, ao mesmo tempo, com a desestruturação do su-

niscências fenomenológicas (a ideia de uma experiência originária que, tanto num caso como no outro, teria de se desvencilhar desse manto de silêncio com o qual foi revestida) e certa relação com a linguagem. Por outro lado, evidenciou-se até que ponto as análises "literárias" de Foucault experimentaram à sua maneira dois temas que permaneceriam centrais muito além da década de 1960: a crítica radical de toda forma de sujeito psicologizado, dotado de consciência ou interioridade, e uma atenção redobrada com a materialidade da linguagem, seus aspectos fônicos, sua densidade sonora, independentemente de qualquer intenção de significado. Por fim, muitas vezes se sublinhou até que ponto a ligação de Foucault com a revista *Critique* (de cuja redação ele participou a partir de 1963 e na qual publicaria textos essenciais) ou com o grupo da *Tel Quel* (ao qual ele jamais se juntaria formalmente, mas cujas posições e publicações não deixaria de comentar) teria representado o contexto em que se desdobrou essa produção singular. Pois se tratou de uma singularidade evidente: primeiro porque a localização cronológica desses textos foi estabelecida e corresponde a um período relativamente breve que se estende, por alto, da publicação da *História da loucura*[4] à de *As palavras e as coisas*[5] e desaparece, em todos os casos, no limiar dos anos 1970;[6] e também por não haver nada nesses textos que realmente fizesse eco a certas posições teóricas que, não obstante, foram defendidas com firmeza na mesma época, estando elas próprias tensionadas entre dois extremos – de um lado, um viés radical de historicização reafirmado muitas vezes desde 1961 e que assumiu, de maneira alternada, a forma de uma história (da loucura) e de arqueologias (do olhar médico, das ciências humanas) fortemente periodizadas; de outro, uma fascinação visível pelo estruturalismo, entendido nem tanto como uma escola ou uma corrente, mas como um método comum que permitia desvencilhar-se da ilusão

---

jeito e com uma relação originária com a verdade) e a de um *fazer comum* (a loucura permitindo ao literato desfazer-se da soberania da representação e experimentar outra relação com a materialidade da linguagem, isto é, instituir outro código).

4 Id., *Histoire de la folie à l'âge classique*, 1961/72 [*História da loucura*].
5 Id., *Les mots et les choses*, 1966 [*As palavras e as coisas*].
6 Sobre este ponto, permito-me remeter o leitor ao meu artigo, J. Revel, "Histoire d'une disparition: Foucault et la littérature". *Le Débat*, n. 79, 1994.

muito persistente da centralidade do sujeito "de Descartes à fenomenologia", como disse muitas vezes Foucault.[7]

Os treze textos, na maior parte inéditos, reunidos no presente volume oferecem uma perspectiva totalmente diferente dessas questões e contribuem para mudar consideravelmente os lances do jogo. É certo que esses textos se concentram em dois objetos "clássicos" daquele decênio: a loucura e a literatura. Decidimos, então, organizá-los de acordo com esses dois polos temáticos para facilitar o acesso a eles. Por conseguinte, haverá, nesta ordem, cinco textos sobre o tema da loucura, seguidos de um breve texto de estilo muito diferente sobre a noção de experiência na fenomenologia e em Bataille, cinco textos sobre a análise literária e a crítica e, para fechar o conjunto, dois textos dedicados a Flaubert e a Balzac. Na medida em que a datação desses textos chegou ao nosso conhecimento (ou pudemos supô-la a partir de certa quantidade de indícios, particularmente de natureza bibliográfica), todos eles se situam na segunda metade da década de 1960 – com uma dúvida muito candente em relação ao texto dedicado à experiência na fenomenologia e em Bataille, que poderia muito bem ser mais antigo. O intervalo fundamental entre a publicação de *As palavras e as coisas* e o término da redação de *A arqueologia do saber*,[8] que corresponde à estadia de Foucault em Túnis, representa aqui o núcleo da periodização desenhado nas entrelinhas dos textos: o que podemos ler, então, não são mais as análises de Foucault sobre a loucura ou a literatura *em geral*, como estamos habituados a ler e a reconhecer essencialmente na primeira metade da década de 1960, mas uma versão posterior desses mesmos temas. E já fica o aviso: o tom é claramente diferente – inclusive quando a análise, segundo um procedimento que Foucault adota de maneira sistemática,

---

7 Trata-se de uma continuidade que Foucault mobilizaria durante toda a sua vida. Ver, por exemplo, M. Foucault "Sexualité et solitude" [1981], in *Dits et écrits II* ["Sexualidade e solidão"]. A propósito da figura do sujeito, Foucault escreveu: "É ao impacto de Husserl que a questão deve sua importância, mas a característica central do sujeito também está ligada a um contexto institucional, já que a universidade francesa, desde que a filosofia floresce com Descartes, só pôde progredir de maneira cartesiana." (ibid., p. 988 [p. 93]).
8 Id., *L'archéologie du savoir*, 1969 [*A arqueologia do saber*].

retorna a trabalhos anteriores ou retrabalha uma referência elaborada anteriormente.

Primeira observação: em torno da transição de 1965-67, ocorre uma inflexão impressionante nas investigações empreendidas pelo filósofo. Claro que o status, o grau de elaboração, o estilo da escrita desses treze textos estão longe de serem homogêneos. Reunimos aqui textos cuja unidade não está estritamente ligada a um ou vários ciclos identificáveis (uma série de conferências, um curso ou seminário, um conjunto homogêneo de intervenções radiofônicas) e cuja datação, em certos casos, é difícil de estabelecer com exatidão. Trata-se, ademais, de textos cujo tipo e grau de redação variam enormemente – desde a redação aparentemente bem acabada das duas conferências proferidas no clube Tahar Haddad, em Túnis, em 1967 ("Loucura e civilização", em abril de 1967, e "Estruturalismo e análise literária", em fevereiro do mesmo ano), e do pequeno texto sobre a noção de experiência, a respeito do qual sublinhamos a dificuldade de datação ("A experiência fenomenológica: a experiência em Bataille"), até os textos mais esquemáticos ou, ainda, semelhantes a planos amplamente desenvolvidos (o primeiro texto intitulado "Loucura e civilização", sem data, mas em todo caso posterior a 1965, ou ainda "Loucura e sociedade"). Isso não significa necessariamente que os marcadores gráficos que tendemos espontaneamente a identificar como indícios de uma redação menos completa – hierarquização dos espaços na página, recurso a séries de letras latinas ou gregas ou a números para estruturar listas, *entradas*, travessões etc. – estejam em contradição com uma maneira de escrever extremamente bem cuidada: às vezes há, na estruturação extremamente consistente das argumentações construídas por Foucault, o afloramento gráfico do seu esqueleto, como ocorre, por exemplo, em "A literatura e a loucura" (o texto dedicado à loucura no teatro barroco e no teatro de Artaud) ou "Os novos métodos de análise literária" (em que a estruturação em níveis é particularmente perceptível e organiza a fixação manuscrita do raciocínio). Seria de se pensar aqui, por associação, nas três folhas que estavam dentro de uma caixa[9] de escritos inéditos adquiridos pela BnF em 2013, misturadas a

---

9 BnF, *Fonds Michel Foucault*, NAF 28730, caixa 54.

um conjunto sobre Brisset e Roussel, datando provavelmente dos anos 1962-63 e fazendo menção sóbria a *epigramas*: três construções geométricas manuscritas, acompanhadas de sua regra de composição, mostrando um texto em latim "em forma" – triângulo isósceles, labirinto, par de óculos. Potência do *desenho do pensamento* – potência também de suas regras de composição: essa não é uma das encarnações possíveis do que Foucault, fascinado, chamou bem cedo de "procedimento"? Pense-se também, alguns anos depois, em 1973, na estranha hipótese que está na base do belo texto dedicado à pintura *Ceci n'est pas une pipe* [Isto não é um cachimbo], de Magritte, aquela do "caligrama desfeito":

> compensar o alfabeto; repetir sem o recurso da retórica; prender as coisas na armadilha de uma dupla grafia. [...] Sinal, a letra permite fixar as palavras; linha, ela permite figurar a coisa. Assim, o caligrama pretende apagar ludicamente as mais velhas oposições de nossa civilização alfabética: mostrar e nomear; figurar e dizer; reproduzir e articular; imitar e significar; olhar e ler.[10]

Em suma: tratar da materialidade da escrita e de sua fixação gráfica como um tema foucaultiano é tratar de imediato da organização do pensamento – e é disso que, ao fim e ao cabo, se encarregam de nos lembrar também os textos reunidos neste volume.

Segunda observação: esses treze textos explicitam todo um sistema de repetições que é fascinante acompanhar. As retomadas de um motivo, de uma referência, às vezes de um nome, de uma expressão criada e retomada mais adiante, nos permitem à sua maneira acompanhar o que perfaz um lento trabalho de constituição e formulação de hipóteses – a tecedura progressiva das ideias por meio de aproximações sucessivas. Por isso, é preciso ler cada um dos textos em si mesmo; mas é preciso lê-los também em sucessão ou, mais exatamente, em série, seguindo as pistas que uma leitura transversal permite trazer à tona. Um único exemplo

---

10 M. Foucault, *Ceci n'est pas une pipe*, 1973, pp. 20-22 [*Isto não é um cachimbo*, pp. 22-23]. Ver uma primeira versão desse texto, mais breve, porém com o mesmo título, publicada em homenagem a Magritte, falecido em 15 ago. 1967, em *Les Cahiers du Chemin*, n. 2, 1968 (texto reimpresso em *Dits et écrits I*).

disso. O décimo texto que propusemos, originalmente sem título (mas que, por razões de clareza, intitulamos "O extralinguístico e a literatura", aproximando-nos ao máximo de seu objeto) e sem data (mas uma referência à *Gramatologia*, de Jacques Derrida, permite supor que foi escrito em 1967 ou posteriormente), apresenta a noção do extralinguístico – uma noção que se encontra pouco em outros textos foucaultianos,[11] mas que aqui é objeto de desenvolvimentos importantes, que podemos supor terem sido suscitados, ao menos em parte, por um desejo de discutir o primeiro tomo da obra de Émile Benveniste, *Problemas de linguística geral*, publicado um ano antes pela editora Gallimard.[12] O décimo primeiro texto deste volume, também sem data certa, mas cujo título, em compensação, foi dado pelo próprio Foucault ("A análise literária e o estruturalismo"), retoma imediatamente essa noção de extralinguístico, colocando-a, por assim dizer, para funcionar – sobre Joyce, Proust, Robbe-Grillet, Butor, Balzac, sobre Dostoiévski de maneira bastante breve, sobre Flaubert de maneira infinitamente mais detalhada –, e faz aparecer todo um sistema de referências teóricas (entre as quais, aquela central às obras de Prieto) que o primeiro texto não oferece explicitamente. Na realidade, a questão não é (ou não é simplesmente) saber qual dos dois textos foi o primeiro a ser escrito. Bem mais importante é estabelecer entre eles uma relação transversal e compreender como uma hipótese toma forma, recebe uma formulação ("a literatura poderia, pois, ser definida como um discurso que constitui por si mesmo, no interior de si, a dimensão extralinguística que escapa à língua e que permite aos enunciados existir"),[13] depois é mobilizada e investida

---

11 O termo aparece duas vezes numa das introduções alternativas àquela que acabou sendo incluída por Foucault bem no início de *A arqueologia do saber*. Ver sobre isso M. Foucault, "Introduction à *L'archéologie du savoir*".

12 Émile Benveniste, *Problemas de linguística geral* [1966], trad. Maria da Glória Novak e Luiza Neri. São Paulo: Edusp, 1976. A coleção Bibliothèque des Sciences Humaines, dirigida por Pierre Nora, acolheu no mesmo ano o livro de Benveniste e *Les mots et les choses*, 1966 [*As palavras e as coisas*], de Foucault, um ano depois de ter acolhido a obra de Geneviève Calame-Griaule, *Ethnologie et langage: la parole chez les Dogon* (Limoges: Lambert-Lucas, 1965); referência que Foucault cita em "A análise literária e o estruturalismo", infra, p. 240.

13 M. Foucault, "A análise literária e o estruturalismo", infra, p. 229.

para dar conta efetivamente de textos literários que constituem uma verdadeira bancada de testes. Mas as transversalidades são múltiplas: é possível estender um fio entre o tratamento que "A análise literária e o estruturalismo" reserva a Flaubert e aquilo que é dito sobre ele um pouco mais tardiamente, em 1970, durante uma conferência proferida na universidade de Buffalo, em "*Bouvard e Pécuchet*: as duas tentações"; do mesmo modo, é claro, é possível lembrar a maneira como, em duas versões sucessivas e ligeiramente diferentes de um mesmo texto (publicadas em 1964 e 1970), Foucault trabalha já – e de outra maneira – *As tentações de Santo Antão*.

Terceira observação, associada a esse último ponto: encontramos de maneira muito evidente, nesses treze textos, os traços corroborantes de coisas já sabidas (por exemplo, a favor de uma reflexão frequente sobre certas passagens de *História da loucura*) ou então a proposição ligeiramente diferente de análises esboçadas em outro lugar (por exemplo, sobre Artaud ou certas personagens do *nouveau roman*, ou por ocasião de um comentário sobre Proust ou Flaubert ou de uma referência a Rousseau – ocorrências que sabemos bem que se encontram no coração de outros textos já conhecidos). Quando pensamos que a menção a outros textos poderia servir para elucidar os que apresentamos hoje pela primeira vez, fizemos referência a eles em nota: esses fenômenos de ecos são fascinantes de acompanhar, inclusive no jogo de discrepâncias que eles muitas vezes instauram. Mas encontramos sobretudo toda uma série de elementos totalmente novos que contribuem para modificar e complicar a percepção que pensamos ter do que Foucault tentou fazer em meados dos anos 1960. É a esses diferentes elementos, às vezes pouco comentados, que devemos retomar agora.

QUATRO DIFERENÇAS

Gostaríamos de dizer que as transformações que encontramos nestes treze textos são ínfimas, o que os torna tão surpreendentes quanto familiares. Mas as diferenças são bem mais profundas do que parecem, e é importante captar claramente sua extensão.

São essencialmente quatro e significam para nós quatro dimensões de importância: a relação com o estruturalismo, a escala de análises propostas, os modelos disciplinares mobilizados e a relação com a história.

A primeira diferença, que é também a mais geral, atravessa tanto os textos sobre a loucura como os dedicados à análise literária. Ela consiste na afirmação de uma posição infinitamente mais nítida do que se imaginaria *ao lado do estruturalismo* – posição que muitas vezes foi creditada a Foucault a partir da publicação de *As palavras e as coisas*, mas que talvez, até hoje, dê-nos a impressão de deixar o principal interessado bastante constrangido. Conhecemos as diferentes formulações desse constrangimento, propostas inúmeras vezes por Foucault no fim da década de 1960 e que acabaram por levar à célebre "alfinetada" de *A ordem do discurso*, em 1970 ("E, agora, aqueles que têm lacunas de vocabulário que digam – se lhes soar melhor – que isso é estruturalismo")[14] – aliás, isso é o que não falta nos textos dos *Ditos e escritos*. Essas expressões de embaraço se apresentam em geral sob duas formas: de um lado, o reconhecimento da importância do estruturalismo, que, todavia, é identificado mais com um método de análise comum, uma "atividade teórica que existe apenas no interior de determinados domínios",[15] do que com uma verdadeira escola; de outro, a insistência no fato de que o valor estratégico do estruturalismo deve-se essencialmente a ter permitido a destituição radical de toda referência a um sujeito ("De um ponto de vista negativo, parece-me, primeiro, que o estruturalismo se distingue essencialmente pelo fato de pôr em questão a importância do sujeito humano, da consciência humana, da existência humana").[16] No cruzamento desses dois elementos, Foucault desenvolve a singularidade de seu empreendimento – entre reivin-

---

14 Id., *L'ordre du discours*, 1970, p. 72 [*A ordem do discurso*, p. 70].

15 Id., "La Philosophie structuraliste permet de diagnostiquer ce qu'est 'aujourd'hui'" [1967], in *Dits et écrits I*, p. 583 ["A filosofia estruturalista permite diagnosticar o que é 'a atualidade'", p. 60]. Nesse mesmo texto, Foucault acrescenta: "O que tentei fazer foi introduzir análises de estilo estruturalista em domínios nos quais elas ainda não haviam penetrado até o presente, ou seja, no domínio da história das ideias, da história do conhecimento, da história da teoria" (ibid. [p. 59]).

16 Id., "Interview avec Michel Foucault" [1968], in *Dits et écrits I*, p. 651 ["Entrevista com Michel Foucault", p. 159].

dicação de proximidade e distância ciosamente mantida, porque o que ele tenta analisar, diferentemente dos estruturalistas, não é "o sistema de sua língua, nem, de uma maneira geral, as regras formais de sua construção [...]. A questão que coloco é aquela, não dos códigos, mas dos acontecimentos: a lei da existência dos enunciados, o que os torna possíveis".[17] Quanto à destituição da referência à figura do sujeito, ela constitui evidentemente um elemento central do pensamento foucaultiano – mas, como o próprio Foucault observa, ela já era evocada em seu trabalho pela referência dupla a Bataille e Blanchot, e o sentimento de proximidade com o estruturalismo nada mais fez que propor, a partir do zero e com uma formulação diferente, a possibilidade dessa crítica radical:

> Durante um longo período, houve em mim uma espécie de conflito mal resolvido entre a paixão por Blanchot, Bataille, e, de outro lado, o interesse que eu nutria por certos estudos positivos, como aqueles de Dumézil e de Lévi-Strauss, por exemplo. Mas, no fundo, essas duas orientações, cujo único denominador comum talvez tenha sido o problema religioso, contribuíram em igual medida para me conduzir ao tema do desaparecimento do sujeito.[18]

Bem diferente é o tom dos textos que agora entregamos à leitura, mesmo que o momento de sua escrita corresponda aos textos bem conhecidos a que acabamos de fazer menção. Neles, certamente se encontram poucas referências diretas ao estruturalismo como tal – a não ser no título da conferência proferida em 4 de fevereiro de 1967 no clube Tahar Haddad, "Estruturalismo e análise literária", e no do texto (não datado) "A análise literária e o estruturalismo" –, mas há uma série de indicações dadas com bastante firmeza e repetidas com frequência. Em torno da loucura, que volta a emergir aqui como objeto de análise, ocorre um apagamento relativo, mas marcado com as especificidades

---

17 Id., "Réponse à une question" [1968], in *Dits et écrits I*, p. 681 ["Resposta a uma questão", p. 9]. De modo ainda mais lapidar, algumas linhas depois: "[B]uscar no discurso não suas leis de construção, como fazem os métodos estruturais, mas suas condições de existência"; e em nota de rodapé: "Ainda é necessário esclarecer que não sou o que chamam de 'estruturalista'?" (ibid., p. 682).

18 Id., "Qui êtes-vous professeur Foucault?" [1967], in *Dits et écrits I*, p. 614.

geográficas e históricas do que Foucault caracteriza ao contrário, em *História da loucura*, como o efeito de uma *divisão*. É certo que, às vezes, Foucault faz alusão à "cultura europeia" em oposição à "maior parte das culturas que puderam ser estudadas fora da Europa",[19] mas isso ocorre para afirmar que, a despeito de tudo, "a loucura é uma função constante que se encontra em todas as sociedades".[20] Ou ainda: "a loucura é, na realidade, uma espécie de *função social* que existe em todas as sociedades, quaisquer que sejam, com um papel perfeitamente preciso e, em suma, bastante uniforme em todas as civilizações".[21] A essa generalização do motivo da loucura como função social corresponde, entretanto, diretamente uma atenuação da importância das periodizações, nas quais a análise foucaultiana parece, todavia, sempre precisar se apoiar. Duas situações hipotéticas: na primeira, o princípio do recorte histórico efetuado pelo filósofo se torna vago e multiplica referências cronológicas ambíguas – o caráter inclusivo da nossa cultura, por exemplo, é relacionado sucessivamente, no mesmo texto, ao apagamento dos rituais e das práticas de exclusão "que se encontravam já na Idade Média, muitos dos quais conservaram a vitalidade até o século XIX",[22] antes de ser atribuído ao fim do século XVIII:[23] e a não institucionalização da figura do louco parece oscilar cronologicamente de maneira terrivelmente imprecisa, pois é dito que ela não é constatada "em nossa civilização *até o fim do século XVIII, ou mais exatamente até o fim da Idade Média*"[24] –; na segunda, a loucura é apresentada como uma função que parece transcender os recortes históricos, ou mesmo como uma estrutura universal à qual seria aplicada posteriormente uma série de modificações que, de sua parte, dependeriam de uma determinação histórica precisa. Assim, a propósito da maneira como a medicina mental tratou a loucura: "é na realidade no interior de um estatuto etnológico e sociológico da loucura, que é constante

---

19 Id., "Loucura e civilização", infra, p. 33.
20 Ibid., infra, p. 36.
21 Id., "Loucura e civilização [Conferência]", infra, p. 51.
22 Id., "Loucura e civilização", infra, p. 33.
23 Ibid., infra, p. 35: "Do mesmo modo, quando os loucos deixaram de ser os excluídos (em torno do fim do século XVIII) [...]".
24 Ibid., infra, p. 40. Grifo meu.

e universal, [que] a medicina mental desempenhou certo papel, e sua importância advém do fato de que ela se inseriu *no interior de uma estrutura que era uma estrutura universal*".[25]

A segunda diferença concerne a uma mudança explícita naquilo que poderíamos identificar como o modelo disciplinar de referência que Foucault parece estabelecer para si mesmo. O quadro metodológico ao qual Foucault estava associado e que ele reivindicou muitas vezes como tal, tanto nos títulos que dava a suas obras como nas análises que fez a respeito, parecia ser, desde o início da década de 1960, o da história: certamente uma concepção da história fortemente contraposta a uma representação hegeliana,[26] e reelaborada, de forma bastante oposta, a partir da leitura de Nietzsche, dos aportes da epistemologia crítica e dos da historiografia contemporânea – mas, de qualquer modo, era uma história. *História da loucura, Nascimento da clínica: uma arqueologia do olhar médico, As palavras e as coisas: uma arqueologia das ciências humanas*: três gestos de periodização, três recortes de objetos, três maneiras de historicizar (a loucura, a clínica, o homem constituído em objeto de saber). Nos textos que conhecemos até agora, essa relação com a história, que por vezes parecia ser tratada com certa rudeza pelos críticos de Foucault, representava precisamente o terreno a partir do qual se tratava de dar uma resposta – basta pensar, por exemplo, na belíssima entrevista a Raymond Bellour, após a publicação do livro de 1966, na qual Foucault reafirma com veemência a particularidade do viés do seu método:

> Cada periodização recorta na história um certo nível de acontecimentos e, opostamente, cada estrato de acontecimentos exige sua própria periodização. Trata-se de um conjunto de problemas delicados, já que, de acordo com o nível escolhido, será preciso delimitar periodizações diferentes, e, conforme a periodização que se dê, atingir-se-ão níveis diferentes.[27]

---

25 Id., "Loucura e civilização [Conferência]", infra, p. 66. Grifo meu.
26 Sobre esse ponto, ver, por exemplo, o que disse Foucault retrospectivamente no fim da década de 1970 em "Entretien avec Foucault" [1978], in *Dits et écrits II*.
27 M. Foucault, "Sur les façons d'écrire l'histoire" [1967], in *Dits et écrits I*, p. 614 ["Sobre as maneiras de escrever a história", p. 63].

Nos textos que apresentamos aqui, o modelo parece diferente: ele é, alternadamente ou simultaneamente, o da etnologia e, em menor proporção, o da sociologia. "O que a sociologia, a etnologia e a análise das culturas mostraram [...]",[28] escreve Foucault, é que há nisso uma base, nitidamente assumida, a partir da qual se raciocina. E mesmo que a referência metodológica não esteja isenta de tensões – em "A literatura e a loucura [A loucura no teatro barroco e no teatro de Artaud]" é a insuficiência das respostas dadas pelos sociólogos e pelos etnólogos a propósito da inscrição da loucura na totalidade do espaço social que proporciona o ponto de partida da reflexão foucaultiana[29] –, o diálogo se situa bem no jogo das referências e dos debates abertos muito particularmente pelas pesquisas etnográficas que Foucault menciona. A frequência das referências a Lévi-Strauss (o Lévi-Strauss de *Estruturas elementares do parentesco* ou da *Antropologia estrutural*, bem mais que o de *Mitológicas*, cujos dois primeiros tomos, no entanto, já haviam sido publicados respectivamente em 1964 e 1967, e que só aparece em "Estruturalismo e análise literária"),[30] a retomada do motivo da circulação das mulheres como "signos sociais",[31] a menção à proibição do incesto,[32] a menção das análises lévi-straussianas das sociedades nambikwara,[33] a alusão aos trabalhos de Geneviève Calame-Griaule sobre a fala entre os Dogon:[34] tudo isso forma

---

28 Id., "Loucura e civilização", infra, p. 31. Algumas linhas adiante: "De maneira geral, o que a sociologia e a etnologia nos ensinaram após trinta anos [...]" (p. 32). E ainda, a propósito do "parentesco sociológico" do louco: "essa definição não vale somente para a etnologia" (p. 38).

29 Id., "A literatura e a loucura [Teatro barroco e de Artaud]", infra, p. 84: "Os sociólogos e os etnólogos têm uma resposta simples, evidente [...]. Essa resposta é muito cômoda: uma lástima que seja profundamente insuficiente".

30 Id., "Estruturalismo e análise literária", infra, pp. 159, 188 e 192.

31 Ver, por exemplo, M. Foucault, "Os novos métodos de análise literária", infra, p. 136: "E Lévi-Strauss conseguiu demonstrar que, nas sociedades primitivas, as mulheres não eram só objetos de desejo (portanto, de valor), mas eram igualmente signos". Ou ainda, em "A análise literária", infra, p. 155: "Lévi-Strauss: as mulheres não são simplesmente bens de consumo; elas circulam de acordo com as estruturas que lhes conferem sentido. São signos sociais".

32 M. Foucault, "Loucura e civilização", infra, pp. 31-32.

33 Ibid., infra, p. 37; "Loucura e civilização [Conferência]", infra, p. 55.

34 Id., "A análise literária e o estruturalismo", infra, p. 240.

uma espécie de trama que parece sustentar literalmente as análises de Foucault.

A terceira diferença concerne muito evidentemente ao lugar da linguística nos textos escritos por Foucault durante sua estadia na Tunísia. Esse lugar não pode ser propriamente chamado de "novo", já que é bem conhecido: ele determina em parte o sistema de referências que afloraria em 1969 em *A arqueologia do saber*, texto que mostra quanto os conhecimentos de Foucault em matéria de linguística, filosofia da linguagem e filosofia analítica eram precisos. Insistiu-se muito na importância da biblioteca de Gérard Deledalle, então diretor do Departamento de Filosofia da Universidade de Túnis, da qual Foucault foi usuário assíduo: certas fichas de leitura encontradas nas caixas adquiridas pela Biblioteca Nacional da França em 2013 dão uma indicação bastante evidente disso.[35] Nos textos que estamos apresentando, a reflexão parece situar-se muito explicitamente sob a influência direta do livro de Luis J. Prieto, *Mensagens e sinais*, publicado em 1966. O nome de Prieto aparece com frequência em "Estruturalismo e análise literária", a conferência proferida no clube Tahar Haddad em fevereiro de 1967, e em "O extralinguístico e a literatura", cuja datação provável também remonta a 1967, bem antes de Prieto ter sido nomeado, em fevereiro de 1969, mestre de conferências em semiologia no Departamento de Sociologia da novíssima Universidade de Paris VIII Vincennes, e, menos de um ano mais tarde, professor de linguística geral na Universidade de Genebra, ocupando a cadeira que fora de Saussure. A discussão com Jakobson é igualmente consistente – em "Os novos métodos de análise literária" (texto sem data, provavelmente de meados da década de 1960), "O extralinguístico e a literatura" e "A análise literária e o estruturalismo" –, prolongando elementos já esboçados na segunda sessão da conferência proferida por Foucault em 1964 nas Faculdades Universitárias Saint-Louis, em Bruxelas, sob o título "Literatura e

---

35   BnF, *Fonds Michel Foucault*, NAF 28730, caixa 43. Ver a esse respeito a apresentação de Martin Rueff em M. Foucault, "Introduction à *L'archéologie du savoir*". No fim do texto de Foucault, Rueff fornece uma descrição sumária das fichas que compõem a caixa 43: encontram-se ali fichas sobre Austin, Ryle, Quine, Wittgenstein, Ayer, Strawson, Goodman, Putnam etc.

linguagem".³⁶ Há igualmente uma grande quantidade de menções a J. L. Austin. Portanto, a atenção dada à linguística está confirmada: menos anglo-saxã do que indicam as fichas de leitura e certas passagens de *A arqueologia do saber*; mais aprofundada no cerne de Saussure e dos debates que o trabalho deste não cessa de nutrir; integrando a isso os trabalhos mais inovadores e recentes da crítica literária – estamos pensando, é claro, em Gérard Genette, cujo *Figuras* foi publicado em 1966, e em Roland Barthes.

Quarta e última diferença: a relação com a história. Já sublinhamos, nos textos reunidos aqui, a relativa substituição do princípio de historicização por um modelo etnológico (ou, em menor proporção, sociológico) e o que se assemelha a um distanciamento dos gestos de periodização, que, no entanto, pareciam tão centrais para Foucault desde *História da loucura*. Claro que a atenção ao caráter histórico das divisões permanece – estamos pensando, por exemplo, nas análises de "A literatura e a loucura [A loucura no teatro barroco e no teatro de Artaud]", nas quais este último recupera sua importância.³⁷ Mas um dos textos apresenta desenvolvimentos bastante inesperados: "Estruturalismo e análise literária", a conferência proferida no clube Tahar Haddad em fevereiro de 1967. Para compreender bem em que consiste a posição tão surpreendente de Foucault nesse texto, pedimos licença para um breve retrospecto. Nas últimas páginas de *As palavras e as coisas*, depois de recordar a tripla estruturação que sustenta concomitantemente a emergência do homem como objeto de discurso das ciências e o livro que ele acabara de dedicar ao "nascimento" das

---

36 M. Foucault, "Littérature et langage" [1964], in *La grande étrangère* ["Linguagem e literatura", in *A grande estrangeira*] (sobre Jakobson, ver em particular as pp. 110-15 [pp. 107-13]).

37 No texto incompleto presente na caixa 57, que parece uma redação alternativa do início da conferência, e não obstante a repetição das asserções iniciais ("Não há sociedade sem loucura", "não há cultura sem divisão"), encontramos, a propósito da conexão entre literatura e loucura: "É claro que esse vínculo não se oferece, idêntico a si mesmo, ao longo de toda a história. Ele não parou de se modificar a cada instante, sem jamais desaparecer" ("Loucura e literatura [Teatro barroco e de Artaud]", infra, p. 90). E algumas linhas depois: "Entendam bem: se, em um dado momento dentro de uma literatura, a loucura tem uma cara e não outra, é por razões que se devem à densidade da história" (ibid., infra, p. 91).

ciências humanas ("Os três modelos": a filologia, a economia, a biologia),[38] Foucault examina sucessivamente a História,[39] a psicanálise e a etnologia.[40] É o estatuto dessa última que nos interessa aqui de modo muito particular, já que ela aparece como que dividida entre duas "posições" opostas. De um lado, está vinculada, como as outras ciências humanas, à história:

> a própria etnologia só é possível a partir de uma certa situação, de um acontecimento absolutamente singular, no qual se acham empenhadas a um tempo a nossa historicidade e a de todos os homens que podem constituir o objeto de uma etnologia [...]: a etnologia se enraíza, com efeito, numa possibilidade que pertence propriamente à história de nossa cultura, mais ainda, à sua relação fundamental com toda história.[41]

De outro lado, é também aquela disciplina que não só lida com "povos sem história" como prefere estudar "antes as invariantes de estrutura que a sucessão dos acontecimentos";[42] e, de modo ainda mais enfático, é por causa dela que o problema da história retornou,

> pois se trata, então, de determinar, segundo os sistemas simbólicos utilizados, segundo as regras prescritas, segundo as normas funcionais escolhidas e estabelecidas, de que espécie de devir histórico cada cultura é suscetível; ela busca retomar, desde a raiz, o modo de historicidade que aí pode aparecer.[43]

A dificuldade parece, portanto, inteiramente amarrada à questão da história: a etnologia é, a um só tempo, como todas as ciências do homem, o produto de certa divisão histórica e esse discurso do saber específico capaz de fazer aparecer a "relação da historicidade, relação essa constitutiva de toda etnologia em geral".[44]

---

38 M. Foucault, *Les mots et les choses*, pp. 366-78 [*As palavras e as coisas*, pp. 491-507].
39 Ibid., pp. 378-85 [pp. 508-17]. Foucault escreve "História" com inicial maiúscula.
40 Ibid., pp. 385-98 [pp. 517-35].
41 Ibid., p. 388 [p. 522].
42 Ibid.
43 Ibid., [p. 523].
44 Ibid., [p. 526].

A questão da história ou, mais exatamente, da historicidade dos discursos de saber e das representações está, portanto, no centro das preocupações de Foucault – no fim das contas, é a mesma dificuldade que parece cristalizada na expressão do "*a priori* histórico" que aparece nas mesmas páginas antes de ser retomada em *A arqueologia do saber*, muito anos depois. Paralelamente a isso, um certo número de críticas, em reação aos livros de Foucault, focaram precisamente na relativa imprecisão que envolve a maneira como ele estabelece sua própria relação com a história, e isso ao menos em dois momentos importantes: de um lado, as críticas feitas por Jacques Derrida logo após a publicação de *História da loucura*,[45] que não se limitam a investir contra o comentário de Foucault sobre a primeira das *Meditações* cartesianas e apontam com muita dureza o caráter insustentável da relação com a história implicada na obra; de outro lado, as críticas que se seguem à publicação de *As palavras e as coisas* e atacam a mesma questão – pense-se no artigo bem conhecido de Jean-Paul Sartre na revista *L'Arc*, ou na leitura bastante dura feita por Michel de Certeau em 1967.[46] O impacto dessas críticas é evidente: sem dúvida, ele impele Foucault para uma apropriação "técnica" da questão da historicidade, em particular a favor de um aprofundamento dos debates historiográficos, dos quais um certo número de textos fundamentais da época traz explicitamente a marca[47] – como atesta, sem dúvida, o projeto, jamais realizado, de um texto sobre Braudel.[48]

---

45   Jacques Derrida, "Cogito e história da loucura", in *A escritura e a diferença* [1967], trad. Maria Beatriz da Silva et al. São Paulo: Perspectiva, 2019. Publicado pela primeira vez em *Revue de Métaphysique et de Morale*, v. 68, n. 4, 1963.

46   Jean-Paul Sartre, "Jean-Paul Sartre répond". *L'Arc*, n. 30, 1966; e Michel de Certeau, "Les sciences humaines et la mort de l'homme". *Études*, v. 326, 1967, reimpresso in Philippe Artières et al. (orgs.), *"Les mots et les choses" de Michel Foucault. Regards critiques (1966–1968)*. Caen: Presses Universitaires de Caen, 2009, pp. 75-89 e 173-97.

47   Pensamos aqui, muito particularmente, em três textos do período 1967–68: "Sur les façons d'écrire l'histoire" ["Sobre as maneiras de escrever a história"]; "Réponse à une question" ["Resposta a uma questão"]; "Sur l'archéologie des sciences: réponse au cercle d'épistémologie" ["Sobre a arqueologia das ciências: resposta ao círculo de epistemologia"], in *Dits et écrits I*.

48   Ver a cronologia estabelecida por Daniel Defert in M. Foucault, *Œuvres*, v. I. Paris: Gallimard, "Bibliothèque de la Pléiade", 2015, p. LII: "A história, apesar de tudo, é prodigiosamente divertida. Somos menos solitários e livres na mesma medida'

"Estruturalismo e análise literária" apresenta um cenário bem diferente e é provavelmente a maior surpresa desses escritos inéditos. Ali se assiste, com efeito, à desqualificação sistemática da relação com a história – uma espécie de vontade, abertamente reivindicada, de fazer *sem a história* ou, mais exatamente, de desfazer seus mecanismos internos de apreensão dos objetos (aqui, particularmente, os textos literários). A análise enfoca essencialmente dois pontos: a noção de produção, de um lado, e a de causalidade, de outro.

Quanto à primeira, é importante sublinhar seu sentido específico: o que Foucault chama de "a produção econômica [dos] objetos"[49] corresponde, na realidade, ao conjunto dos elementos de explicação que regem o fato de que uma obra literária existe como obra. A função da crítica literária clássica é precisamente dar conta disso: "Pois a análise literária era crítica, ou seja, era uma censura que triava, era uma estética que propunha juízos e, ao mesmo tempo, era uma espécie de histórico da produção da obra, uma explicação das razões pelas quais a obra foi produzida, uma redução da obra às razões pelas quais ela foi produzida".[50] A história e a produção estão conectadas porque restabelecem o processo pelo qual a obra se constitui como tal. Ao contrário disso, a análise literária a que Foucault aspira descarta o processo e o substitui pela análise do documento *como documento* – o que ele chama de análise "deixológica", mobilizando um modelo alternativo à história processual da obra: o modelo informacional, que ele toma emprestado da análise biológica mais recente. A oposição é encenada com veemência:

> Vocês podem ver igualmente por que e como a história, a análise histórica enquanto estudo da produção de uma obra, como essa análise

---

(carta). Foucault tem o projeto de escrever um texto a propósito da reedição do livro de Fernand Braudel sobre o Mediterrâneo, talvez até redigir um livro sobre a historiografia que dará ensejo a uma outra arqueologia das ciências humanas" (fev. 1967). A introdução de *A arqueologia do saber* tem a marca muito nítida dessas leituras historiográficas, embora nenhum nome seja mencionado – as referências são numerosas e facilmente reconhecíveis.
49 M. Foucault, "Estruturalismo e análise literária", infra, p. 161.
50 Ibid., infra, p. 165.

histórica não pode mais ser o tema primeiro e fundamental da análise literária, já que a análise literária não precisa mais se preocupar em saber como uma obra pôde ser produzida, mas sim como uma obra pode dar lugar a outra linguagem, na qual ela se manifesta ou manifesta certos aspectos [seus], isto é, a linguagem da análise.[51]

Muito pelo contrário:

> Sempre se teve em mente certo esquema energético ou causal, que eu chamaria de esquema econômico: como é que as obras do homem podem ser produzidas? Então se procurou e se procurou e não se encontrou o homem, não se encontrou a produção, não se encontrou a causalidade, o canal de causalidade; o que se encontrou foi uma coisa que chamo de estrutura deixológica, a estrutura documental, a estrutura e os isomorfismos.[52]

A noção de causalidade está diretamente vinculada à noção de produção, porque ela parece representar a engrenagem íntima: onde há história, há causalidade. Aqui, uma vez mais, o texto da conferência de 1967 tem algo de surpreendente, visto que encontramos em *Ditos e escritos*, do mesmo ano, indícios da maneira pela qual a crítica de certa causalidade "simples", mecânica, não exclui evidentemente a história, mas obriga a repensar seus mecanismos de determinação de maneira infinitamente mais rica, e coloca-se precisamente no centro de certa reflexão historiográfica.[53] Ora, a

---

51 Ibid., infra, p. 167.
52 Ibid., infra, p. 192.
53 Ver, por exemplo, M. Foucault, "Sur les façons d'écrire l'histoire" ["Sobre as maneiras de escrever a história"], publicado em junho de 1967. Nesse artigo, Foucault diz com muita clareza, evocando trabalhos históricos novos: "Introduzem-se, na análise histórica, tipos de relação e de modos de ligação muito mais numerosos do que a universal relação de causalidade pela qual se havia querido definir o método histórico. Assim, talvez pela primeira vez, há a possibilidade de analisar como objeto um conjunto de materiais que foram depositados no decorrer dos tempos sob a forma de signos, de traços, de instituições, de práticas, de obras etc.". E, para ilustrar essas transformações, Foucault menciona, de um lado, "os trabalhos de Braudel, da escola de Cambridge, da escola russa etc." e, de outro, "a extraordinária crítica e análise da noção de história desenvolvida por Althusser no início de *Ler 'O capital'*" (pp. 614-15 [p. 64]).

escolha de Foucault parece, diante do público tunisiano, "endurecida": não se trata mais da questão de abrir espaço para uma abordagem não estritamente causal da história nem de retomar a própria noção de causalidade, arrebatando-a da simplificação extrema da qual ela pode ser objeto. Até as análises althusserianas que Foucault citou, em outra obra, como exemplo de um notável retrabalho da história parecem invalidadas nesse processo:

> no fundo foi o que Althusser quis fazer quando usou o estruturalismo no comentário a Marx: tentar encontrar uma forma de causalidade que não fosse, em resumo, o que foi chamado de causalidade mecânica, que fosse uma causalidade de um certo tipo, digamos a causalidade de tipo histórico, e que fosse a causalidade própria de um nível estrutural da análise. Creio que dizer isso não é deformar o pensamento de Althusser. Foi exatamente isso que ele quis fazer? Eu, pessoalmente, não acredito, porque, precisamente, o nível epistemológico da estrutura é um nível no qual se trata de necessidade, e não de causalidade. Ora, sabemos bem que, em lógica, a causalidade não existe. As relações que podemos estabelecer entre enunciados, e enunciados válidos, são relações às quais a causalidade jamais poderá ser atribuída. Aliás, é muito difícil – esse é o problema dos lógicos – transformar um raciocínio de causalidade em uma série de proposições válidas. Creio que, na análise estrutural, estamos precisamente nesse nível em que estabelecemos relações entre enunciados, isto é, relações que não podem ser relações de causalidade. Temos relações de necessidade. E não é uma causalidade nova que encontramos, nós substituímos a causalidade pela necessidade. É isso que faz a beleza do empreendimento de Althusser, mas, por causa disso, creio que ele está fadado ao fracasso.[54]

Em suma: o que Foucault esboçou no início como uma renovação da análise literária e que se tornou, de fato, uma teoria dos enunciados parece ter de excluir a história. Encontramo-nos exatamente no momento da redação de *A arqueologia do saber*, que terminará por sobrepor, de maneira extremamente elaborada, um estudo das "relações que podemos estabelecer entre enunciados",

---

54 Id., "Estruturalismo e análise literária", infra, pp. 198-99.

de um lado, e, de outro, aquele diálogo subterrâneo, mas permanente, com aqueles que, de dentro da prática da história, tentam redefinir os elementos.[55]

A conferência de 1967 representa, portanto, à sua maneira, um suporte essencial ao movimento de pensamento de Foucault: tratou-se igualmente, em dado momento, de cogitar uma saída da história – é claro que essa tentativa, como se constata, não foi levada adiante, já que a reflexão foucaultiana acabou por se desenvolver exatamente no sentido contrário, aprofundando a maneira pela qual seria possível praticar a história *de outro modo*, o que equivale a dizer fabricar *outra* história.

---

[55] Foucault, que se refere nas entrelinhas a numerosos historiadores dos *Annales*, não cita Paul Veyne, com o qual, no entanto, ele tem uma amizade pessoal de longa data. Mas não há como não pensar no livro que Veyne publicará pela editora Seuil em 1971, ao qual ele juntará, para a reedição de 1978, o belíssimo texto "Foucault revoluciona a história": *Como se escreve a história* (trad. António da Silva Moreira. Brasília: Ed. UNB, 2014). Nele, Veyne dedica páginas instigantes à *causalidade* e à *retroação* na análise histórica.

LOUCURA, LINGUAGEM, LITERATURA

LOUCURA E CIVILIZAÇÃO

BnF, Fonds Michel Foucault, NAF 28730, caixa 57, dossiês 5 e 6.

[I]

Há algum tempo já se sabe que as civilizações[1] se definem:

- não só por aquilo que aceitam e acolhem, por aquilo que valorizam;
- mas também e talvez sobretudo por aquilo que rejeitam e interditam.

O interdito era considerado pelos sociólogos e, de maneira geral, por todos aqueles que analisam as culturas como consequência natural de um fenômeno positivo.

Por exemplo, se o incesto era interdito, é porque violava o tabu do sangue, no qual se supunha que os indivíduos reconhecem a substância viva da sociedade.

O que a sociologia, a etnologia e a análise das culturas mostraram é que os fenômenos negativos (de escolha, de exclusão, de interdição, de rejeição):

- não são derivados dos fenômenos positivos (são apenas a face sombria destes);

---

1 O termo "civilização" é inesperado em Foucault, tanto mais por ser utilizado duas vezes, em duas intervenções sucessivas (ver também "Loucura e civilização [Conferência]", infra). Talvez tenha sido empregado como eco ao texto de Émile Benveniste, "Civilização: contribuição à história da palavra", in *Problemas de linguística geral I* [1966], publicado originalmente em *Éventail de l'histoire vivante: hommage à Lucien Febvre*. Paris: Armand Colin, 1954. O próprio Benveniste se apoia em uma exposição de Febvre publicada em *Civilisation: le mot et l'idée*. Paris: Publications du Centre International de Synthèse-La Renaissance du Livre, 1930, pp. 1-55.

- eles remetem, no mesmo plano dos fenômenos positivos e a mesmo título que eles, a um ato de recorte, mediante o qual uma sociedade estrutura suas condutas e escolhas.

De início não havia reconhecimento do sangue como substância da sociedade, depois, por consequência, regra da exogamia e, por fim, interdição do incesto.[2] Mas desde Lévi-Strauss sabe-se que há, em ato contínuo:

- obrigação contratual de adquirir um sogro
- e interdição de consumir a própria irmã, desposando-a.

De maneira geral, o que a sociologia e a etnologia nos ensinaram após trinta anos é que:

α. As sociedades procedem mediante atos complexos em que os diversos elementos são solidários uns com os outros.
β. Esses atos introduzem descontinuidades e rupturas, na medida em que não fundam uma conduta (ou uma série de condutas) sem excluir outras.
γ. Não é preciso compreender as formas culturais como resultado de um impulso contínuo, como a floração de um elemento positivo desdobrando-se a partir de si mesmo e afastando pouco a pouco os obstáculos com que se depara, mas sobretudo como uma espécie de grade que rompe o contínuo natural e jamais define uma possibilidade sem definir, ao mesmo tempo, uma impossibilidade que lhe é correlativa.

---

2   Foucault talvez faça referência aqui à teoria da proibição do incesto desenvolvida por Émile Durkheim em "La prohibition do inceste et ses origines". *L'Année Sociologique*, v. 1, 1896-97, republicado em *Journal Sociologique*. Paris: PUF, 1969. Ele se apoia igualmente nas análises de Claude Lévi-Strauss, cuja obra *As estruturas elementares do parentesco*, que havia sido publicada pela PUF em 1949, foi objeto de uma segunda edição com novo prefácio em 1967 pela editora Mouton. O livro não é explicitamente citado neste texto, embora o nome de Lévi-Strauss apareça; em compensação, ele está muito presente em outros textos do mesmo período (ver, por exemplo, infra, pp. 55-56, 136 e 155).

As culturas e as civilizações não são contínuas e evolutivas (como queria a grande metáfora do século XIX quando as comparou, explicitamente ou não, com organismos); elas são sistemáticas, isto é, procedem segundo um conjunto de escolhas em forma de sim ou não – escolhas que são solidárias umas com as outras.

Ora, por muito tempo, esse fato ficou mascarado por um aspecto singular de nossa cultura (da cultura que, a partir do século XVI, se desenvolveu de uma maneira que não foi homogênea em todos os lugares, mas seguiu um estilo bem comum em todo o continente europeu).

Pode-se dizer que a cultura europeia, em oposição à maior parte das culturas que puderam ser estudadas fora da Europa, é uma cultura inclusiva.

a. O caráter inclusivo se manifesta, primeiro, no desvanecimento dos rituais e das práticas de exclusão que se encontravam já na Idade Média, muitos dos quais conservaram a vitalidade até o século XIX.
   - Isso vale para as religiões, para as doenças, para as outras formas de cultura.
   - Restam apenas as raças para as quais essas práticas de exclusão ainda [desempenham um papel], mas, coisa característica,
     - num horizonte de escândalo
     - e num clima de violência sem justificação teórica.

   É fato que a civilização cristã medieval, sem dúvida, foi uma das que apresentou ritos de exclusão mais numerosos e mais violentos (numa época em que as culturas islâmicas eram, em contraposição, muito acolhedoras); e também é fato que ela se transformou em uma cultura muito mais acolhedora e "tolerante" do que essas mesmas culturas islâmicas.

b. Mas sobretudo esse caráter inclusivo se manifesta de maneira mais positiva e, para ser franco, mais interessante:
   - Adquirimos o hábito, desde o século XVIII, de dizer que nossa civilização é "tolerante".
   - Mas não é de tolerância que se trata: de fato, trata-se de inclusão. O que era excluído, o que estava do outro lado da divisão, não só é aceito, tolerado e acolhido, mas retomado

sob uma forma positiva, aprovado como fazendo parte de nossa cultura, pensado como pertencente a nós.

Por exemplo, as outras culturas não são simplesmente toleradas, mas são retomadas no interior de nossa cultura, e isso de duas maneiras:

- Como uma espécie de bem que se tenta assimilar: o pensamento indiano, a pintura japonesa, a arte negra.
  (Seria interessante comparar [estudar] esses processos de assimilação com aqueles que conseguiram produzir, durante a Idade Média, na bacia do Mediterrâneo, a arte a um só tempo cristã e islâmica; seria interessante investigar igualmente por que é sempre da arte que se trata.)
- Mas também como objeto de saber: e isso certamente é único. Não há outras culturas que tomaram as outras culturas como objeto de conhecimento autônomo.
  A etnologia é um dos traços absolutamente característicos de nossa etnia.

Esse processo estranho de inclusão (a um só tempo por assimilação e por conhecimento) não se dá unicamente por causa de nossa atitude em relação às outras culturas; ele também é encontrado a propósito de muitas outras exclusões:

- a das doenças,
- a dos criminosos,
- a dos loucos.

Há certa boa consciência que consistiria em dizer que esse processo é pura e simplesmente o resultado de um progresso, de uma humanização, de um reconhecimento de valores universais.

Ao passo que, na realidade, se trata de todo um domínio de problemas, sem dúvida, muito complexos:

a. No momento em que os processos de exclusão se apagam em nossa cultura, descobre-se que eles desempenham um papel capital nas outras culturas, em toda cultura, sem dúvida. E, em

consequência, [isso] faz nascer a ideia de que vivemos, sem dúvida, sobre mecanismos de exclusão que não conhecemos.
β. Em todo caso, quando a inclusão substitui a exclusão, não é simplesmente uma barreira que cai. São novos mecanismos que aparecem, provavelmente mais complexos.
- É evidente que nossa relação com outras culturas não é simplificada a partir do momento que as incluímos.
- Do mesmo modo, quando os loucos deixaram de ser os excluídos (em torno do fim do século XVIII), certo problema relativo à loucura foi posto no próprio interior de nossa cultura; certa maneira de se aproximar do louco e se desviar dele, reconhecê-lo e se diferenciar dele, é esboçada, fazendo nascer condutas, instituições bastante complexas.

O que eu gostaria de mostrar é que nossa maneira de incluir os loucos talvez não passe de uma modificação (em suma muito ligeira) da velha função de exclusão.

- Aparentemente aproximamo-nos deles pela descoberta de mecanismos como [a] psicologia, [a] psiquiatria.
- Aparentemente eles foram incluídos graças a práticas médicas adaptadas.

[Em vez de "O que eu gostaria [...] práticas médicas adaptadas":]

A título de comparação, as condutas de exclusão são como repressões neuróticas, cisões próprias dos histéricos; as condutas de inclusão se aproximam bastante da denegação psicótica quando se trata de tornar irreal aquilo que se é.

São alguns desses mecanismos que eu gostaria de estudar na sociedade europeia do século XX:
- relacionando-os com o que aconteceu em nossa cultura até o século XVIII
- e ao que pode acontecer em certas outras formas de cultura muito distantes das nossas.

Um primeiro fato é manifesto a propósito da loucura em nossa sociedade, a saber, que ela foi retomada no interior de um modelo médico.

Costuma-se dizer que a doença mental, ela própria uma doença em essência profunda, foi por muito tempo ignorada como fato patológico; e ainda o é em boa parte das culturas ditas primitivas; e que ela é interpretada não como fenômeno médico, mas como fenômeno religioso etc.

De fato, é preciso inverter a análise e dizer que a loucura é um fenômeno que se encontra em todas as culturas, e que só algumas dentre elas (muito parcialmente a civilização greco-latina, de modo bem mais completo a civilização islâmica e, por fim, de modo muito mais completo [a nossa]) lhe conferiram um status médico.

A medicalização não passa de uma das maneiras possíveis de decodificar o fenômeno da loucura.

II

A loucura é uma função constante que se encontra em todas as sociedades.

a. É lugar-comum desde o século XVIII europeu, e talvez até desde a Idade Média, dizer que a loucura está associada a certo estado de decadência ou, pelo contrário, a certa aceleração do progresso.
   E, portanto, que, no limite, certas sociedades particularmente simples e felizes não conhecem loucos.
b. Ora, percebeu-se na verdade que toda sociedade, por mais simples que se suponha que seja (por mais diferente que seja da nossa), sempre comporta uma categoria de indivíduos que não são considerados:
   - nem criminosos,
   - nem doentes,
   - **nem personagens sagrados.** [M: Por exemplo, entre os australianos há: os homens fortes investidos de poderes sobrenaturais: *margidjbu* // os homens perseguidos pelos

feiticeiros // e, ademais, os homens que "não agem como os outros", os *bengwar*.³]

E cujo status difere dos outros sob ao menos [cinco] rubricas:

a) as ocupações de produção (trabalho),
b) as ocupações lúdicas,
c) o status familiar,
d) o valor de sua linguagem,
e) o caráter não institucional de sua designação.

Duas observações a propósito dessa definição:

1) Esses critérios permitem definir em toda sociedade uma categoria de indivíduos que não é possível assimilar aos outros:
   - Sem dúvida, esses indivíduos se aproximam dos doentes por causa do status particular que têm em relação ao trabalho, ao jogo; e também por causa do caráter não institucional de sua designação.

   Mas distinguem-se deles, pois o status familiar dos doentes não é alterado, tampouco o valor de sua linguagem.
   - Eles também se aproximam de uma categoria de indivíduos que se encontram em muitas sociedades: desviantes sexuais ou familiares (que, em geral, possuem um status ocupacional particular):
     - os celibatários entre os Nambikwara,
     - os homossexuais na América do Norte,
     - talvez os monges na civilização medieval.
   - Esses indivíduos se aproximam também dos personagens sagrados em razão do status singular de sua linguagem, de seu status familiar, de suas ocupações.

   Mas distinguem-se deles pelo caráter não institucional de sua designação.

Tudo isso permite delimitar o "parentesco sociológico" do louco.

---

3 Foucault pode estar se referindo aqui a Roger Bastide, *Sociologie des maladies mentales*. Paris: Flammarion, 1965, p. 77.

2) É preciso observar ainda que essa definição não vale somente para a etnologia, mas permite definir a posição do louco em nossa civilização.
1. O louco possuiu um status ocupacional singular: no século XVII, os loucos eram recrutados entre os desempregados.
2. O louco possui um status singular nas instituições lúdicas:
   a) De início como objeto privilegiado: o louco é aquele com quem se brinca. De quem se ri. Ao passo que não [se] brinca com o doente (a não ser que seja imaginário). [M: desde o *Ájax*, de Sófocles][4]
   b) Em seguida como personagem que brinca com os demais, que zomba deles e detém sua verdade:
      • No teatro, na época barroca, o louco era um personagem que sabia mais do que os outros e do qual não se sabia nada.
      • A loucura aparece como o mundo posto em jogo (denunciação do mundo como jogo). Erasmo, *Elogio da loucura*.[5]
   c) Por fim, a loucura e a festa se identificam. Nossa cultura talvez seja a única em que a loucura e a festa sejam identificadas a esse ponto.
      • As únicas grandes festas não religiosas do Ocidente desde a Idade Média (exceto certas [festas] do trabalho) são as festas de loucura, caracterizadas pela inversão do status ocupacional, a suspensão das regras sexuais, a liberação da linguagem (injúrias aos bispos), o rompimento das instituições que designam o indivíduo (a máscara).[6]

---

4 Sófocles, *Ájax* [440 AEC], trad. Guilherme de Almeida Trajano Vieira. São Paulo: Pespectiva, 1997.
5 Erasmo de Roterdã, *Elogio da loucura* [1511], trad. Paulo Sergio Brandão. São Paulo: Martin Claret, 2012. Ver M. Foucault, *Folie et déraison: histoire de la folie à l'âge classique*, pp. 29-32 [*História da loucura*, pp. 15-17].
6 Ver M. Foucault, "Langages de la folie: la folie et la fête", transmissão radiofônica em 7 jan. 1963 pela RTF France 3 National. A transmissão, realizada por J. Doat, foi a primeira de um ciclo de cinco transmissões feitas pelo programa "L'usage de la parole". Ver também Jean-François Bert e Elisabetta Basso (orgs.), *Foucault à*

- Em nossos dias, a festa ainda se caracteriza por essa assimilação à loucura: embriaguez, droga. [M: Sade. Peter Weiss.][7]

3. Em nossa sociedade, o louco possui um status familiar singular:

α) Primeiramente a loucura foi por muito tempo designada e decretada pela família. Até o fim do século XVIII, uma demanda da família (ou do entorno imediato) era suficiente para provocar:
- uma *lettre de cachet*[8]
- uma intervenção da polícia.

β) De outro lado, a loucura modificava o status do indivíduo na família:
- Pela interdição, a família (ou um membro da família) tomava o lugar do louco como pessoa civil.
- O louco perdia seus direitos de marido e pai.

Ainda hoje, esses direitos familiares são consideravelmente modificados (sem divórcio).

γ) No nível não mais das instituições, mas dos fantasmas:
- A loucura é associada à delinquência sexual (a devassidão, à loucura; a castidade, à vida familiar normal e institucionalizada, e incompatível com a loucura).
- A loucura é a vergonha da família, é ocultada (a grande quantidade de loucos "absorvidos" pela família e "reclusos").

4. A fala do louco possui um status singular. Não que seja tida como nula e sem efeito, mas está presa em um sistema de parênteses ou aspas; induz uma série de reações que não são nem aquelas que respondem à fala cotidiana nem aquelas que respondem à fala religiosa.
- É o caso, por exemplo, da fala do bobo da corte:

Münsterlingen. Foucault à Münsterlingen: à l'origine de l'"Histoire de la folie". Paris: Éditions de l'EHESS, 2015.

7 Foucault fez referência à peça de Peter Weiss, *Perseguição e assassinato de Jean-Paul Marat* [1963], trad. João Marschner. São Paulo: Peixoto Neto, 2004.

8 Carta régia com ordem para prender ou exilar alguém. [N. T.]

- a um só tempo desprovida de poderes: se ofende, não machuca, não tem gume;
- e, no entanto, encarregada de dizer a verdade. É uma fala disfarçada:
  a) Quando diz uma mentira, é preciso procurar a verdade que ela esconde.
  b) Quando diz a verdade, foi dita sem seriedade, como por acaso. A fala do bobo da corte se torna mediadora de uma verdade que ela mesma não possui.
- Esta, sem dúvida, é a razão pela qual, no mundo ocidental, a fala do louco e a fala literária foram assimiladas uma à outra e muitas vezes somadas.
  - O tema tem sido constante,
  - mas houve períodos de culminância, de crise a cada época em que a fala literária mudou de status institucional.

   Toda vez que nos encontramos em uma situação em que não sabíamos mais como escutar a fala literária, o modelo da loucura desempenhou seu papel; e isso em muito sentidos:
   - ideia de que toda poesia é loucura,
   - vontade de escutar a loucura como poesia,
   - para o próprio escritor, a experiência da literatura como loucura.

   Foi o que sucedeu no século XVI com Le Tasse, mas também com o conde de Permissão.[9]
   Foi o que sucedeu no fim do século XVIII com Hölderlin e Blake.
   Foi o que sucedeu no século XX com Roussel e Artaud.

5. O último traço que caracteriza a posição etnológica do louco em geral, a saber, o fato de que sua designação como louco não é institucionalizada, também se encontra em nossa cultura.
   Há, no entanto, uma diferença notável: a de que isso só é verdadeiro em nossa civilização até o fim do século XVIII, ou mais exatamente até o fim da Idade Média.

---

9 Sobre Bernard de Bluet d'Arbères, conde de Permissão (1566–1606), ver *Folie et déraison*, p. 53 [*História da loucura*, p. 44].

Dito de outro modo, nossa civilização não foi a que mudou o status etnológico do louco em relação ao status que ele possa ter em outras sociedades; nossa sociedade tão somente ritualizou, codificou o ingresso no mundo da loucura; estabeleceu barreiras para evitar não só que os loucos invadissem o mundo e retornassem à sociedade, mas também que todo mundo possa entrar indiscriminadamente no mundo da loucura.

Portanto, é preciso inverter a análise corrente.

- Diz-se que nossa civilização descobriu sob esses personagens etnologicamente modelados e definidos verdadeiras doenças, cujo caráter patológico se ignorava até então.
- De fato, a esse personagem etnológico do louco, que parece ser constante em toda cultura, nossa civilização acrescentou uma modificação: ela adicionou algo que não se encontra em nenhum outro lugar.

Ela codificou o ingresso no mundo dos loucos e a saída do [desse] mundo. Mesmo que não se propusesse constranger os indivíduos a serem loucos (e isso ainda precisaria ser visto), ela assume daqui por diante a responsabilidade pelos critérios que permitem dizer quem é louco e quem não é louco. Essa operação é a medicalização dos loucos. É por meio dela que as formas de exclusão se tornam as da inclusão.

III

Devemos indicar agora, rapidamente, como isso pôde ser feito; e quais são as consequências desse estranho processo.

A. Histórico

1. O que é característico da posição do louco na Idade Média em nossa civilização é:

- de um lado, a precisão do papel que ele deve desempenhar: testemunha ingênua, anunciador da verdade, inocente;

- de outro lado, a indiferença em relação aos indivíduos que desempenham esse papel.

Daí:

- Grande rapidez de circulação, mobilidade.
  A nave dos loucos.
- O caráter muito limitado das medidas de coerção.
  a) Impossibilidade de exercer certas funções religiosas (um sacerdote *amens* não consagra verdadeiramente a hóstia) e cumprir certos atos civis.
  b) Algumas camas de contenção nos hospitais para os "furiosos" (que serão identificados com os pacientes febris).
  As celas nos portões das cidades são características dessa posição.

Daí a grande facilidade de circulação dos loucos, esse enxame de indivíduos dúbios, mal inseridos, "inadaptados", no século XVI.

2. O acontecimento que transformou esse status dos loucos de modo nenhum foi o advento do racionalismo clássico, mas uma modificação muito importante nas exigências de nossa sociedade em relação à ocupação das pessoas:

- a grande crise econômica do início do século XVII, [de onde provêm os] desempregados nas cidades;
- [a] constituição dos exércitos nacionais;
- [a] instauração de uma política mercantilista. [M: religião // lei trabalhista]

Tudo isso provocou uma sensibilidade nova para esse status profissional dos indivíduos; para a lei do trabalho.

(A ociosidade se torna o pecado mais importante, e não mais a concupiscência e o orgulho.)

Daí as medidas, que foram comuns em toda a Europa, de detenção de todos os indivíduos perigosos, ociosos, turbulentos, em grandes casas de internação (Hamburgo, Lyon, Paris, Londres). É preciso observar a esse respeito:

1) que essa medida foi correlativa à instauração de um aparato policial;
2) que nessas casas a lei do trabalho era obrigatória;
3) que ali se encontravam indiscriminadamente desempregados, anciãos incapazes de trabalhar, "libertinos" (foi o momento em que a palavra mudou de sentido: bêbados, devassos), pais de família que gastavam os bens da família e os loucos;
4) que essa população era extraordinariamente numerosa, dado que no fim do século XVII chegava a 6 mil pessoas em Paris.

Em todo caso, esse episódio foi importante por duas razões:

- Primeiro, porque apagou (mas parcial e superficialmente) o papel etnológico do louco, assimilando-o a certo número de pessoas que eram bem diferentes quanto ao seu status sociológico:
  - por exemplo, os anciãos,
  - por exemplo, os devassos,
  - por exemplo, os desempregados (que aparentemente não existiam ainda nas cidades da Idade Média). O desempregado citadino.
- E porque fez com que ele desempenhasse um papel puramente negativo: indivíduo inútil, indivíduo que não trabalha (portanto, que está à beira do pecado), indivíduo aparentado com o devasso. Indivíduo, portanto, do qual é preciso se desembaraçar, diante do qual é preciso tapar olhos e ouvidos.

O louco se tornou um personagem "sociologicamente neutralizado"; seu tipo se desbotou profundamente. Mas foi culpabilizado.

Mas isso não é resultado de uma análise ou reflexão médica; é o resultado de uma mutação nas exigências da sociedade.[10]

3. Por fim, houve um terceiro episódio que nos conduziu até a era moderna.[11]

---

10 Sobre a detenção dessas populações, entre as quais figuravam os loucos, ver "Le grand renfermement", in ibid., pp. 54-96 ["A grande internação", in ibid., pp. 52-89].
11 Sobre esse episódio, ver "La naissance de l'asile", in ibid., p. 556-612 ["Nascimento do asilo", in ibid. pp. 505-55].

Ele se produziu no fim do século XVIII, quando foram suprimidas as casas de internação que haviam resistido por toda a era clássica.

- Aparentemente num movimento de liberação,
- mas por razões das quais umas são políticas e outras econômicas:
  - as [razões] políticas: a diminuição do papel jurídico do Estado;
  - as razões econômicas: a necessidade de desemprego sentida pela sociedade industrial.
    - Já os conflitos no século XVIII com os empregadores.
    - Agora, essa intervenção no mercado de mão de obra não é mais tolerada.

Normalmente isso deveria ter levado a uma liberação geral de todas as pessoas internadas; os loucos foram os únicos que não foram liberados.

Ora, eles não o foram por causa da importância política e jurídica [assumida] pela família burguesa na época (o Código Civil é a prova).

- A internação foi disponibilizada às famílias para que elas se desembaraçassem de indivíduos cujo comportamento pusesse em risco o patrimônio, as alianças, em suma, o status econômico e social da família.

  Daí a interdição (que já existia).
- Ora, acontece que, na mesma época, por razões em parte diferentes, foi organizado um campo hospitalar que conferiu pela primeira vez ao doente um status social.

  Pela primeira vez, a sociedade em geral se viu preocupada com
  a doença em geral. Acontecimento muito importante para
  a história da medicina; mas que, ademais, desempenhou
  um papel a um só tempo decisivo e estranho na história
  da loucura.

  O hospital serviu de modelo para a internação (e de justificação).
  - Do mesmo modo que as famílias podiam encarregar o hospital do cuidado com os doentes,
  - elas podiam se livrar dos indivíduos perigosos que eram os loucos deixando-os num quase-hospital; ou melhor, numa organização mista que era a um só tempo internação e hospital.

Daí por diante, a loucura ficou presa ao modelo médico. E a equiparação "loucura-doença" tornou-se uma evidência sobre a qual dormimos tranquilamente.

É claro que não há do que se queixar. Mas não é preciso analisar essa equiparação como a descoberta de uma evidência; é preciso, antes, ver nela uma mutação no personagem etnológico do louco:

- Mutação que se deve à coalescência, à conjunção de diversos fenômenos de ordem sociológica, política, econômica;
- e que, no fundo, não altera o personagem do louco. Ela altera sobretudo a maneira pela qual o ingresso no mundo da loucura é ritualizado; além de certo número de elementos na função constante do louco.

B. As consequências do modelo médico

Portanto, estamos tratando, no mundo ocidental, a partir do século XIX, de uma responsabilização:

- da parte da função etnológica da loucura,
- da parte de uma prática e de um conhecimento médico nascidos em outro lugar,
- e isso num espaço privilegiado que se chama hospital ou asilo.

Não se trata de enumerar todas as consequências desse fenômeno, mas algumas apenas.

1. Primeiramente o fato de que a loucura se encontra dali por diante associada a um lugar privilegiado, que é o da internação:
   a) Ele funciona como lugar de exclusão (à maneira das prisões).
   b) Mas, ao mesmo tempo, como lugar de inclusão (já que é no interior do asilo que a loucura deve ser curada e o louco recuperado pela sociedade).
      Ora, é preciso observar que se trata de um lugar de inclusão (de recuperação) unicamente na medida em que é lugar de exclusão (é enquanto separa e isola que deve curar).

Não há terapêutica própria no asilo e é característico que todos os progressos feitos há cinquenta anos na organização manicomial têm a finalidade de transformar o asilo em algo o mais semelhante possível ao que ele não é.

Vê-se que a medicalização da loucura não tende a incluir o que outras civilizações excluem, mas a distribuir de outro modo o jogo da inclusão e da exclusão.

2. A instauração de um modelo médico da loucura traz uma modificação importante à personagem do médico. Em todo caso, foi jogado sobre ele um peso considerável.[12]
   a) O aparecimento [do] personagem do psiquiatra, que não existia no século XVIII.
   b) O paralelismo das práticas, métodos de diagnóstico e de análise etc.
   c) A resistência da medicina e da psiquiatria a toda forma de prática relativa à loucura que não seguisse o modelo médico.
   d) O aparecimento do personagem médico como instância de decisão, poder jurídico, policial; poder de internação e liberação. Todos os tipos de poderes que os médicos jamais tiveram antes. E dos quais curiosamente os médicos em geral se beneficiariam.
   A ideia de uma intervenção do médico na organização social da medicina, nos cuidados obrigatórios, na hospitalização forçada, toda essa personagem do médico, desconhecido em outras etnias, sem dúvida deve sua origem à existência dessa configuração que equipara loucura a doença.
3. Por fim, esse modelo médico certamente desempenhou um papel decisivo na modificação do personagem etnológico do louco.
   a) Primeiramente, dali por diante a loucura só será reconhecida na forma de uma doença. E, em consequência, pelo modelo da doença orgânica. Para ser um louco verdadeiro é preciso ser verdadeiramente doente.

---

12   Foucault desenvolveria esse tema alguns anos mais tarde em *Le pouvoir psychiatrique* [*O poder psiquiátrico*].

Daí, sem dúvida, a importância que tiveram, durante todo o século XIX, as doenças pseudo-orgânicas cujo modelo era prescrito (por Charcot e seus contemporâneos) aos doentes manicomiais.

Pode-se supor [que] atualmente as conversões ou síndromes psicossomáticas[13] têm origem similar.

b) O personagem do "doente" se propõe como solução para os indivíduos ou, em todo caso, como papel possível a ser ocupado. O doente mental tornou-se um personagem social, profundamente ambíguo:
- verdadeiramente doente e não verdadeiramente doente;
- vergonhoso e, no entanto, inocente;
- que deve ser escondido, mas deve ser levado em consideração.

c) Por fim, uma inversão importante em relação ao papel que o louco desempenhava no século XVI:
- O louco tinha a incumbência (no teatro ou na mitologia popular) de dizer a verdade. Ele era o instrumento de uma fala que o transcendia.
- Agora, já que é doente, o louco é objeto de um conhecimento verdadeiro (a medicina): esse verdadeiro objeto permite conhecer a verdade sobre o ser humano. Ele detém a verdade, mas como objeto.

Vê-se como, de fato, toda a medicalização do louco de modo nenhum representa a abolição de uma função etnológica fundamental. Ela apenas a encobriu e dissimulou; modificou alguns de seus traços; e, no fundo, o único traço que ela alterou em profundidade foi o que concerne à não ritualização do ingresso no mundo da loucura.

A medicina mental dos séculos XIX e XX não tem sido senão essa ritualização; a cerimônia de entrada e saída do enfermo (daí a importância dos procedimentos de internação, do diagnóstico, e a sacralização do personagem do médico).

---

13 A conversão psicossomática é a transformação de um problema psíquico em um problema somático. Ela foi analisada notadamente por Freud no caso da histeria.

Quando a medicina farmacológica tiver suprimido em certos indivíduos a motivação das condutas

- que os precipitam na loucura
- e que permitem reconhecer neles o personagem do louco,

será que a velha função etnológica desaparecerá? Ou adquirirá outra forma, fazendo surgir de novo outros desviantes, outros excluídos, outros indivíduos para os quais se criará um status particular no trabalho e no jogo, na sexualidade e na linguagem?[14]

---

14 O tema do "desaparecimento da loucura" não é novo em Foucault: ver, por exemplo, "La folie, l'absence d'œuvre" [1964], in Dits et écrits I, p. 448 ["A loucura, a ausência da obra", p. 193]. Nele, Foucault já evoca, ainda que sob um ângulo radicalmente distinto, as consequências de um controle farmacológico da doença mental.

LOUCURA E CIVILIZAÇÃO

*Conferência no clube Tahar Haddad, em Túnis, abr. 1967.
Registro conservado na Universidade da Califórnia em Berkeley. Uma transcrição parcial desta conferência foi publicada em Les Cahiers de Tunisie, v. 39, n. 149-50, 1989.*

Senhor Ministro, senhoras, senhores, meu querido amigo,[1]

É a você que me dirigirei em primeiro lugar, pois teve a gentileza de me apresentar. Agora já fazem – quantos? – doze anos, treze anos que nos conhecemos. Nós nos conhecemos na noite sueca e nos reencontramos sob o sol tunisiano, e você sempre teve por mim essa simpatia e essa compreensão que me tocaram nesta noite como em todas as outras vezes que você as manifestou; e eu lhe agradeço por isso com muita sinceridade.

Primeiramente, quero me desculpar por uma coisa: a de retornar a um tema do qual já tratei, sobre o qual já falei, [sobre o qual] já escrevi, que é o tema da loucura. Vocês sabem que há pelo menos um pequeno prazer quando escrevemos livros, há um atrativo em escrever livros, um atrativo que é o seguinte: os livros, como as besteiras e os pecados, são retomados sempre com prazer, mas sempre de outro modo. E, no fundo, eu gostaria de retomar agora esse livro que já escrevi há tempos,[2] gostaria de retomá-lo de outro modo, e é um pouco esse livro impossível que eu gostaria de expor esta noite. Queria lhes dizer, esta noite,

---

1 A propósito desta conferência, ver o artigo de Dominique Séglard, "Foucault à Tunis: à propos de deux conférences". *Foucault Studies*, n. 4, 2007. Segundo Séglard, o "querido amigo" poderia se tratar de Jean-Christophe Öberg, que Foucault conheceu durante sua estadia na Suécia.
2 M. Foucault, *Folie et déraison* [*História da loucura*].

como eu gostaria de escrever um livro que já escrevi há tempos e, é claro, já deixei para trás.³

O tema que escolhi para esse livro que não escreverei mais, pois já foi escrito e mal escrito, o tema que eu gostaria de tratar é mais ou menos o seguinte. No fundo, costumamos dizer que a loucura é evidentemente uma doença mental e que algumas civilizações mais ou menos primitivas, mais ou menos elaboradas, algumas civilizações não souberam reconhecer o fenômeno patológico onde ele existia, e essas civilizações deram à loucura uma interpretação, por exemplo, religiosa ou uma interpretação, por exemplo, mágica; e foram necessários alguns séculos, foram

---

3   Alguns anos mais tarde, em entrevista dada por ocasião da reedição de *História da loucura* pela editora Gallimard, Foucault evocou o que deveria ter sido esse "outro livro" que ele não escreveu: "Por que escrevi esse livro que traz esse título um tanto bizarro: *História da loucura*? Essencialmente porque não cheguei a escrever um outro livro; um outro livro que foi bastante tentador e que teria sido a história dos loucos, isto é, a história real dessa população que, se for considerada a partir do século XVIII, continuou vivendo, existindo, se desenvolvendo à margem da nossa sociedade, e da qual, no fundo, não sabemos nada. O que sabemos é tão somente como essa população foi recolhida, de que maneira foi enquadrada, classificada pelos médicos. Sabemos o que os médicos fizeram [dos loucos], sob que rubricas os puseram, que tratamentos, eventualmente que punições lhes impuseram. Mas, no fundo, o que eram, o que diziam, o que foi esse rebuliço, é isso que eu queria ter feito e não pude fazer, e que não pude fazer muito simplesmente porque foi um rebuliço que passou sem deixar vestígios, são gritos que não deixaram nenhuma memória, nenhuma lembrança. Não consegui encontrar nada além do molde oco no qual, de certa forma, eles foram metidos, mas não consegui encontrar eles próprios, a loucura, os loucos em sua existência objetiva, real, histórica" (M. Foucault, "Entretien avec Georges Charbonnier". *France Culture*, 8 set. 1972).

Em 1973, na primeira aula de *O poder psiquiátrico*, Foucault faria uma crítica diferente a *História da loucura* e se reprovaria por ter se "limitado a uma análise das representações" e ter pesquisado a origem das práticas implementadas com esse propósito. Durante o curso, portanto, ele apresentaria uma abordagem "radicalmente diferente", que consistiu em partir não mais das representações, mas de um dispositivo de poder que produz as representações que temos da loucura (*Le pouvoir psychiatrique*, pp. 14-18 [*O poder psiquiátrico*, pp. 16-21]).

Sobre a maneira como Foucault revisa retrospectivamente a *História da loucura*, ver, por exemplo, Philippe Artières e Jean-François Bert, *Un succès philosophique: L'"Histoire da folie à l'âge classique" de Michel Foucault*. Caen: Presses Universitaires de Caen, 2011, pp. 193-239. O movimento de "retorno crítico" ao livro de 1961 é igualmente central em *L'archéologie du savoir* [*A arqueologia do saber*].

necessárias algumas civilizações mais elaboradas para que, por fim, esse fato da loucura, tão mal interpretado no início, fosse reconhecido pelo que ele é realmente, isto é, uma doença.

De fato, gostaria de tentar mostrar exatamente o contrário... mostrar exatamente o contrário, isto é, mostrar que a loucura não é uma doença que se produz em toda parte e, além disso, que ela é simplesmente reconhecida como doença em certas civilizações mais avançadas e privilegiadas. Gostaria de mostrar que a loucura é, na realidade, uma espécie de *função social* que existe em todas as sociedades, quaisquer que sejam, com um papel perfeitamente preciso e, em suma, bastante uniforme em todas as civilizações. E que houve algumas civilizações, a civilização greco-romana, a civilização islâmica e a civilização cristã ocidental, que deram a essa função social um sentido, um significado, um status médico. Dito de outro modo, a medicalização da loucura não é tanto a descoberta de sua verdade profunda; a medicalização da loucura é um avatar possível, que efetivamente se produziu em certas civilizações, um avatar que se pode encontrar entre os islâmicos, entre os cristãos, que se encontrou entre os greco-romanos, mas que não se encontra em nenhuma outra parte. Dito de outro modo, a loucura como doença mental não é senão um caso particular dessa grande função social da loucura que se encontra em todas as civilizações. Eis o tema que eu gostaria de desenvolver, a tese que eu gostaria de demonstrar e da qual espero convencê-los. E, no fim, se vocês não estiverem convencidos, tanto melhor, porque não estou aqui para convencê-los. Vocês não estão aqui para serem convencidos, mas da minha parte vou tentar convencê-los, e vocês, vocês estão aqui para sair daqui céticos e críticos, e não contentes. É assim que são as coisas e é assim que devem ser.

Logo, primeira tese: a loucura é função constante que se encontra em todas as sociedades. Desde o século XVIII, muitas vezes foi dito na Europa que só se encontrava a loucura nas civilizações mais complexas, mais elaboradas e, ao mesmo tempo, mais decadentes, e que a loucura não para de crescer à medida que a sociedade se complica, à medida que a civilização se enreda e se dobra sobre si mesma, à medida que as condições de existência das pessoas se tornam mais complexas; mas que, nas civilizações mais simples, mais próximas da natureza, mais próximas do ser humano em sua verdade, não pode haver loucura. É provável que esse tema, que foi formulado com frequência no século XVIII, e desde o século XVIII, seja absolutamente falso.

Primeiramente, não é verdade que as sociedades mais simples, mais primitivas ou, como se diz, mais próximas da natureza estejam isentas de loucura; não há no mundo uma única sociedade, por mais simples que seja, [que não conheça o fenômeno da loucura]. Nem mesmo nas sociedades australianas mais primitivas, nem mesmo nas sociedades siberianas que mal conhecemos, nenhuma dessas sociedades desconhece o fenômeno da loucura.

Em segundo lugar, não é verdade que a quantidade de loucos aumenta à medida que a civilização se complica. Costuma-se dizer, por exemplo, que, em nossos dias, há muito mais loucos do que no século XIX e que, no século XIX, havia muito mais loucos do que no século XVIII. Ora, os estudos quantitativos que os historiadores iniciaram agora e que se referem ao passado provam muito curiosamente que a proporção de loucos (de loucos reconhecidos, diagnosticados e tratados como tais, evidentemente), que a quantidade de loucos praticamente não aumentou desde o século XVII nos países ocidentais. Em Paris, no século XVII, foram internadas 6 mil pessoas de uma população que não passava de 200 mil pessoas. Vocês podem ver que a proporção é alta, mais alta até do que nos dias atuais. Simplesmente internava-se uma quantidade maior de pessoas – voltaremos a isso mais adiante. Mas a proporção quantitativa de loucos não é maior hoje do que foi outrora. Por conseguinte, é provável que esse tema de uma loucura que cresce conforme o gradiente de civilização seja uma quimera inventada pelos ocidentais no século XVIII, e creio que é preciso admitir que a loucura é encontrada em todas as sociedades.

Mas sob que forma ela é encontrada? Essa é uma espécie de denominador comum que poderia permitir a descrição desse fenômeno tão geral da loucura. Creio que se poderia dizer o seguinte: em toda sociedade, qualquer que seja ela, simples ou complexa, pouco importa – tomo todas em bloco aqui –, há sempre uma categoria de indivíduos que são postos à parte; e esses indivíduos não são nem considerados nem tratados como criminosos, nem considerados nem tratados exatamente como os doentes, tampouco são tratados ou considerados como personagens sagrados. No entanto, eles se parecem um pouco com os criminosos, com os doentes, com os personagens sagrados, mas seu status é diferente. Por exemplo, numa sociedade australiana extraordinariamente simples, reconhece-se os indivíduos que são personagens sagrados no sentido de que eles têm poderes sobrenaturais, têm certo nome, detêm certo status na sociedade. Há igualmente indivíduos que são personagens de alguma maneira considerados doentes e atormentados, vítimas [das] manobras dos feiticeiros – essa é outra categoria. E, em seguida, vocês têm uma terceira categoria de pessoas que têm certo nome; e esse nome é o dos *bengwar*[4] – enfim, pouco importa – e quando se pergunta às pessoas dessa sociedade: "Mas o que são os *bengwar*?", elas não conseguem dar como definição mais do que: "São pessoas que não agem como as demais". Um título surpreendente, um título que designa bem um pouquinho do status estranho desses indivíduos denominados loucos.

Como esses indivíduos são reconhecidos, na sociedade da qual estou falando, mas também em outra sociedade, não importa qual? Em que consiste essa diferença? Creio que podemos caracterizá-los por cinco traços. Primeiro, esses indivíduos à parte, esses indivíduos que não agem como os outros, esses *bengwar*, como dizem os australianos, esses loucos, como nós dizemos, distinguem-se dos demais por não terem o mesmo status nas atividades de produção. Eles não são demandados e, ademais, não são capazes de fazer o mesmo trabalho que os outros. No ciclo geral do trabalho, no status das pessoas que trabalham, os loucos não têm o mesmo status que os demais. Segundo, nas ocupações lúdicas, nos jogos, nos divertimentos, nas distrações, nas festas ou, como diríamos hoje com nosso vocabulário um tanto raso, nos lazeres, o louco também não tem o mesmo status que os demais. Terceiro, o louco não tem o mesmo status que outro indivíduo, não importa qual seja, em relação à família e, de modo geral, a partir do sistema de regras sexuais que vigoram na sociedade; ele é um desviante do ponto de vista familiar e do ponto de vista sexual. Quarto traço: o louco é um indivíduo cuja linguagem, o que ele diz, suas falas, seu discurso, não têm o mesmo sentido, o mesmo status, a mesma função, o mesmo papel, as possibilidades de circulação, a

---

4 Ver supra, pp. 36-37.

mesma valorização que as falas dos demais indivíduos. Por fim, o quinto traço: esses loucos são designados pela sociedade de uma maneira um tanto espontânea, não institucional, sem que haja um ritual que os designe de uma maneira absolutamente certa. Dito de outro modo, o limite entre esses indivíduos e os outros, sendo bastante suscetível à percepção imediata, essa diferença não é absolutamente institucionalizada e sempre permanece um tanto flutuante. Esses [cinco] traços – diferença no trabalho, diferença no jogo, diferença no status familiar e sexual, diferença na linguagem e, por fim, o caráter não institucional de todas essas diferenças –, esses são, creio, os cinco traços que permitem caracterizar em todas as civilizações, quaisquer que sejam elas, o fenômeno e o fato da loucura.

Dada essa definição muito geral, um pouco negativa, eu gostaria de fazer duas observações a seu respeito.

Primeiramente, vocês veem que, em todas as sociedades, se ao menos a minha definição estiver correta – provavelmente não está –, existe uma categoria de indivíduos muito particulares que não podem ser equiparados aos outros, mas que, no entanto, têm afinidade com alguns outros indivíduos.

Para começar, os loucos são bastante próximos dos doentes, por causa do seu status particular, por exemplo, no sistema das ocupações e do trabalho: dos loucos não se demanda trabalho, do mesmo modo que dos doentes não se demanda trabalho. Da mesma maneira, o doente, em geral, não é designado, na maior parte das sociedades, por uma instituição precisa; isso é verdadeiro em quase todas as sociedades, exceto nas sociedades modernas, nas quais a hospitalização, e a instituição médica em geral, constituem esse ritual de eliminação, mas, em geral, o louco, do mesmo modo que o doente, é um indivíduo que se reconhece imediatamente como tal, mas sem um critério absolutamente seguro. No entanto, o louco não é como o doente, não podendo ser tratado nem considerado doente porque, primeiro, o doente não sofre modificação em seu status familiar, ele mantém no interior da família a mesma condição e o mesmo papel; e o valor do que diz o doente, o discurso do doente não é alterado como o discurso do louco. Portanto, há um parentesco em todas as sociedades entre o louco e o doente, mas com uma distinção muito nítida: não há diferença para o doente em relação ao seu status familiar e ao status do seu discurso, ao passo que há uma para o louco.

O segundo parentesco do louco é que este é bastante próximo de alguns indivíduos que, nas diferentes sociedades, são reconhecidos como desviantes sexuais e familiares. Por exemplo, existem sociedades como a sociedade dos Nambikwara, estudada por Lévi-Strauss,[5] que confere um status bem particular aos indivíduos celibatários, aos indivíduos que não são casados, aos indivíduos que não têm esposa, aliás, não tanto por não terem esposa, mas porque isso os impede de ter cunhados. Não tendo cunhados, eles não podem ingressar no circuito geral das famílias, das trocas etc., e, por causa disso, eles têm um status desviante. E, numa sociedade como a dos Nambikwara, os loucos são, até certo ponto, bastante próximos desses desviantes familiares e sexuais. Todavia, ainda há uma diferença: esses desviantes familiares e sexuais têm em geral – não sempre, mas em geral – o mesmo sistema de ocupação, de trabalho e de jogo dos demais; mas, sobretudo, o que eles dizem, seu discurso, não tem um status particular.

O terceiro parentesco, a terceira aproximação possível, é que os loucos são bastante próximos dos personagens sagrados que se encontram em todas as sociedades, personagens sagrados que podem ser magos, que podem ser possessos, que podem ser sacerdotes, que podem ser profetas, e esse parentesco entre o louco e o personagem sagrado é caracterizada por alguns traços. Primeiro, o personagem sagrado formula, articula uma linguagem que possui um valor muito particular, que não tem o mesmo valor que a linguagem dos outros e, sendo assim, o louco e o personagem sagrado compartilham um pouco as possibilidades de seus discursos. Todos sabem que, na história das religiões, seja da religião islâmica ou da religião judaica ou da religião cristã, por exemplo, a separação entre o discurso do louco e o discurso do

---

5 Ver, por exemplo, Claude Lévi-Strauss, "La vie familiale et sociale des Indiens Nambikwara". *Journal de la Société des Américanistes*, v. 37, 1948; *As estruturas elementares do parentesco* [1947] (trad. Mariano Ferreira. Petrópolis: Vozes, 2012); *Tristes trópicos* [1955] (trad. Rosa Freire D'Aguiar. São Paulo: Companhia das Letras, 1996), parte 7.

místico ou o discurso do profeta ou o discurso daquele que fala em nome de Deus, essa separação é tão difícil quanto o parentesco entre eles é grande. Mas há, não obstante, uma grande diferença entre o louco e o personagem sagrado em todas as sociedades: o personagem sagrado sempre é reconhecido como sagrado por certa instituição, uma instituição religiosa preexistente ou uma instituição religiosa que ele próprio forma, que é produzida, por exemplo, pelo Profeta [Maomé] que conferiu ele próprio um status institucional à sua fala religiosa, distinguindo-se, por conseguinte, de todas as outras falas desviantes que possam ser encontradas em seu meio. Portanto, vocês podem ver que o personagem sagrado se institucionaliza sempre, ao passo que o louco está, de certo modo, por sua própria conta e, diferentemente do personagem sagrado, não existe instituição que o designe como tal.

Vocês podem ver, por conseguinte, que se pode designar tudo isso que eu chamaria de parentesco sociológico do louco, esse personagem louco que é encontrado em todas as sociedades: ele é próximo do doente, próximo do desviante sexual e familiar, próximo igualmente do personagem sagrado e, no entanto, não se identifica exatamente com nenhuma dessas três categorias. Vocês têm toda uma constelação, uma distribuição, uma dispersão de personagens singulares na homogeneidade da sociedade. O louco faz parte de todo esse grupo, mas não se identifica com nenhuma das categorias fundamentais desse grupo. Figura ao lado delas, é certo, mas é distinto delas. Eis a primeira série de observações que eu queria fazer sobre essa definição do personagem louco em todas as sociedades.

A segunda observação é a seguinte: nas civilizações que chamarei, *por alto*, de ocidentais – ao dizer "ocidentais", penso também nas mediterrâneas, porque, quanto ao ponto que nos interessa no momento, praticamente não há grandes diferenças entre as civilizações árabes islâmicas e as civilizações europeias e cristãs, a não ser pelo fato de que as civilizações árabes islâmicas, especialmente as magrebinas, estão um bom século, às vezes até mesmo dois séculos, à frente da Europa no que diz respeito ao fenômeno que vou descrever; portanto, nada de diferenças quanto a esse ponto de vista e a esse momento; em todas essas civilizações, o que se pode observar (e o que digo vale igualmente para a época contemporânea) é que todos esses traços, os cinco traços mediante os quais tentei caracterizar o louco em todas as sociedades e, especialmente, nas sociedades primitivas, todos esses traços são encontrados exatamente assim em nossas civilizações. Ainda hoje, no mundo moderno, sob a forma homogeneizada pela qual os conhecemos, os cinco traços que acabei de expor, ou pelo menos quatro deles, pois o quinto é problemático, os quatro primeiros traços que caracterizam o louco nas sociedades primitivas, vocês os encontram exatamente da mesma maneira.

Primeiro, em nossas sociedades, o louco tem um status ocupacional bem singular. O que quero dizer com isso é que sua posição na rede de produção e trabalho é muito singular. Mencionarei apenas um exemplo: nas sociedades europeias, os loucos começaram a ser reconhecidos e designados como tais no fim do século XVI, início do século XVII; eles começaram a ser designados e reconhecidos como loucos na medida em que não eram capazes de trabalhar, na medida em que eram simplesmente desempregados. Foi a percepção econômica do desemprego que, na Europa, permitiu reconhecer o louco, designá-lo como tal e lhe aplicar um tratamento singular. Pode-se dizer que, em nossas sociedades, que são sociedades de trabalho, o louco é essencialmente, antes de tudo, aquele que não pode trabalhar, é essencialmente, fundamentalmente, o desempregado.

Segundo traço: em nossas sociedades, o louco, como nas sociedades primitivas, possui um status singular nas instituições de jogo, no lazer. Primeiro, é preciso frisar essa coisa estranha, a de que o louco é um objeto de divertimento. Brinca-se com o louco, mas não se brinca com o doente; nenhuma comédia tem o doente como tema. Vocês me dirão que há uma, sim, mas é *O doente imaginário*,[6] isto é, aquele que acredita que está doente, mas não está e, portanto, está louco pela doença, a sua doença faz parte da sua loucura e não o contrário. Ninguém ri do doente. Em compensação, do louco todos riem, o louco é objeto de zombaria, é objeto de brincadeira, é objeto de imitação, é alguém que se põe no teatro e do qual se ri. Portanto, a loucura é objeto de divertimento, ao passo que a doença não é.

---

6 Molière, *O doente imaginário* [1673], trad. Marilia Toledo. São Paulo: Editora 34, 2011.

E, em seguida, mais curiosamente ainda, o louco é um personagem que faz troça dos outros, que brinca com a seriedade da razão, que ri da seriedade daqueles que não são loucos e não se importa, e que, até certo ponto, detém a verdade dessa famosa razão que os outros acreditam ter. Em todo o teatro ocidental – e acho que ocorre o mesmo no teatro árabe e magrebino –, sobretudo no período barroco, no século XVII, encontramos com bastante regularidade a personagem do louco, do indivíduo que perdeu a razão. Ora, nessas peças, essa personagem tem sempre um papel muito particular: ser louco no teatro é saber mais do que os outros, é adivinhar a verdade onde os outros não a perceberam, é ser dotado, de alguma maneira, de uma segunda visão, de uma visão dupla, é ter, por trás do olhar um tanto cego da razão, um olhar mais perceptivo que vê as coisas, que desmascara, que denuncia, que percebe a verdade, que reconhece, sob a luz bruxuleante do delírio, aquilo que a razão, em seu longo discurso, não consegue formular. É nesses termos que a loucura, o louco é encenado no teatro, e ele é representado sempre fazendo troça dos outros e sabendo mais do que eles.[7] E, de maneira geral, aliás, a loucura no mundo, no pensamento ocidental, sempre serviu, de certa maneira, para ironizar o mundo inteiro. Pensem em Erasmo e no *Elogio da loucura*,[8] no qual, no fim das contas, todos os caracteres, todas as instituições da Europa do século XVI, tudo o que havia de mais sagrado, de mais sério, de mais aceito naquela Europa é ridicularizado por algo que é a loucura, e da qual se faz o elogio. Portanto, a loucura é o jogo, ela é posta em jogo, e então ela faz troça de quem não é como ela.

De modo geral, aliás, em todo o Ocidente – agora não sei, alguém me diga se nos países islâmicos existe isso –, nos países ocidentais é notório o extraordinário parentesco, pertencimento que há entre a loucura e a festa. Afinal, em toda a Idade Média ocidental, a única grande festa que não era uma festa religiosa, que não estava vinculada ao ritual cristão, a única grande festa era a festa da loucura, era a festa dos loucos ou, como era chamada em certas regiões da França, a Festa do Asno. E o que sucedia no

---

7   Sobre o lugar do louco no teatro barroco, infra, pp. 91-96.
8   Erasmo de Roterdã, *Elogio da loucura* [1511], trad. Paulo Sergio Brandão. São Paulo: Martin Claret, 2012 (ver supra, p. 38, nota 5).

decurso dessa festa? As pessoas imitavam os loucos e, nessas festas, encontramos exatamente todas as características que acabei de indicar: os loucos eram representados como diferentes de seu próprio personagem, trocavam, invertiam seus papéis sociais e status de trabalho e de ocupação; os pobres se fantasiavam e fingiam ser ricos; os ricos se disfarçavam de pobres; os que eram poderosos imitavam os que eram humildes e os humildes se vestiam por um dia com as roupas suntuosas daqueles que eram poderosos. Eram as grandes saturnálias do mundo medieval. Era também a suspensão, o parêntese de todas as regras sexuais. Era ainda a liberação da linguagem; naquele dia, era permitido dizer o que se queria; e nas cidades do norte da França, por exemplo, toda a população maquiada, mascarada, fantasiada, com todos os papéis invertidos, a população desfilava diante do palácio do burgomestre ou do prefeito ou do senhor ou do bispo e dizia tudo o que lhe amargurava o coração; é claro que era na base de injúrias e obscenidades que se fazia o carnaval dos poderosos. Era uma grande ruptura, uma grande deriva das instituições e até a perda da identidade dos indivíduos, já que não se sabia quem era quem, o que significa que todos estavam mascarados.[9]

Essa festa da loucura era uma instituição medieval que desapareceu relativamente cedo, mas que ainda hoje é encontrada, sob uma forma consideravelmente atenuada, em muitas cidades da Bélgica e da Alemanha. Mas, enfim, o Ocidente em geral não perdeu totalmente essa relação entre a festa e a loucura, pois os ocidentais, e talvez até outros que não são ocidentais, atualmente, quando querem festejar, o que eles fazem senão se embebedar ou, melhor ainda, como em certos países – penso na Suécia, é claro, mas [também] nos Estados Unidos etc., e até na França –, o que eles fazem senão se drogar? E o que é essa fascinação pela droga, que encontramos atualmente em todos os países do mundo, senão uma espécie de esforço um tanto nostálgico para recuperar esse velho parentesco entre a festa e a loucura que outrora marcou o ritmo da vida na Idade Média. Vocês podem ver, portanto, que, tanto em nossa sociedade como nas sociedades primitivas, a condição lúdica do louco é uma condição singular e privilegiada.

---

9   Ver supra, p. 38, nota 6.

Ainda outra característica do louco, que sinalizei em todas as sociedades e, singularmente, nas sociedades primitivas, e que ainda hoje encontramos em nossa sociedade, é a seguinte: o louco tem na nossa sociedade um status familiar absolutamente singular, absolutamente particular, status familiar e, ademais, um status em geral no conjunto das regras que definem a vida sexual. Durante um período bastante longo, no século XVI e sobretudo nos séculos XVII e XVIII, não podemos esquecer que era a própria família – e não o médico nem, é claro, a autoridade administrativa – que designava quais dos seus membros eram loucos. Na França, era suficiente que um pai de família dirigisse uma demanda ao rei para obter uma *lettre de cachet*, ou se dirigisse a um oficial comissionado da polícia, bastava esse decreto familiar, esse diagnóstico sustentado pela família, essa demanda de origem familiar, para que o indivíduo fosse enviado, no mesmo instante, para uma casa de internação, que podia ser Charenton, Salpêtrière, Bicêtre etc.[10] A loucura era essencialmente uma espécie de expulsão do indivíduo da constelação familiar à qual ele pertencia. Ademais, a loucura modificava e ainda modifica o status do indivíduo no interior de sua família. Há no Código Civil francês uma medida que, creio, dificilmente é aplicada, mas foi durante muito tempo – aliás, Balzac dedicou um texto a ela:[11] a interdição; a interdição graças à qual uma família ou um membro de uma família ou um conselho de família toma o lugar de um indivíduo louco e torna-se, de certa maneira, seu tutor, ou melhor, seu álibi civil. Aliás, o louco perde naturalmente seus direitos de marido e de pai. E vocês sabem que, nos dias atuais, por mais duro que seja em boa parte das situações, os direitos familiares do louco e até da família do louco são alterados profundamente:

---

10   Tema que Foucault retomaria bem mais tarde, alimentando-o com uma paciente pesquisa nos arquivos. Ver Arlette Farge e Michel Foucault, *Le désordre des familles* [1982]. Paris: Gallimard, 2014.
11   Honoré de Balzac, "A interdição" [1836], in *A comédia humana IV*, trad. Vidal de Oliveira. Rio de Janeiro: Globo, 1989. Foucault já evoca o texto em *Maladie mentale et personnalité*, 1954, p. 80, e depois em *Folie et déraison*, p. 112 [*História da loucura*, pp. 91-92]. Além de "A interdição", não há referência a Balzac nos textos foucaultianos até a conferência dedicada à obra *A procura do absoluto* em 1970 (ver, neste volume, o ensaio homônimo).

não há como se divorciar, por exemplo, de uma pessoa que esteja internada, mesmo que fique internada pelo resto da vida.

De modo ainda mais geral, podemos dizer que, em nossa sociedade, a loucura possui um parentesco muito curioso não só com a família, mas de modo geral com a sexualidade. E todas as pesquisas que foram realizadas praticamente desde o século XVIII até Freud, inclusive, é claro, todas as pesquisas que foram realizadas sobre a loucura e giram em torno desse curioso parentesco que há, que se suspeita que haja, que talvez se fantasie aliás, entre a loucura e o desvio ou a delinquência sexual. É a ideia que encontramos com muita frequência no século XVIII: a de que a devassidão, o excesso de devassidão, leva à loucura; depois é a ideia que encontramos entre os médicos positivistas de inclinação anticlerical do início do século XIX, que diziam, ao contrário, que a castidade é que levava diretamente à loucura. De qualquer forma, tanto num caso como no outro, admite-se que uma vida familiar normal e bem institucionalizada é, *grosso modo*, incompatível com a loucura; aliás, a loucura é a vergonha da família, é aquilo que se esconde etc. Como vocês podem ver, portanto, em nossas sociedades, assim como nas sociedades primitivas, o louco é um indivíduo que possui um status familiar muito particular.

Por fim, o último traço é que a fala do louco possui, em nossas sociedades, um status tão singular quanto nas sociedades primitivas. O status da fala do louco é um grande problema. Não quero dizer que nossas sociedades consideram nula e sem efeito a fala do louco, mas elas a colocam, de certa maneira, entre parênteses, entre aspas. A fala do louco provoca reações que não são aquelas que ordinariamente respondem à fala cotidiana e normal das pessoas. A fala do louco é ouvida, mas é ouvida de tal maneira que lhe é conferido um status muito particular. Pensem, por exemplo, naquele curioso personagem que existia não só na literatura, mas também nas instituições da Idade Média cristã – e creio que esse personagem tem seu correspondente nas sociedades islâmicas: o personagem do bobo da corte.

Esse bobo da corte, esse louco do rei, vivia nessas sociedades extraordinariamente hierarquizadas, extraordinariamente fechadas, nas quais cada qual tinha um papel muito particular. O bobo da corte estava lá. Estava lá, tinha seu papel ao lado do copeiro ou do chanceler, pouco importa. Ele tinha um papel quase tão preciso, tão definido quanto o copeiro ou o chanceler. E esse bobo da corte, por que estava lá? Estava lá para falar, para dizer, para fazer circular uma fala estranha, que tinha um status estranho; e essa fala era a fala louca, era a fala irracional. Ora, em que consistia essa fala? De um lado era, em certo sentido, esvaziada de poder, o que quer dizer que, quando o louco, quando o bobo do rei dizia uma maldade, ou então quando dizia uma obscenidade, ou ainda quando dizia a verdade a alguém que não era capaz de acolhê-la, isso não tinha importância, a fala do bobo da corte não ofendia, a fala do bobo da corte não bendizia, era uma fala sem gume como um florete. E, no entanto, essa fala assim destituída de poder, essa fala nua, essa fala sem importância que se escutava como o guizo que o louco usava – numa espécie de duplicação redundante de sua própria fala, ele se enchia de guizos e suas falas não deviam ser mais do que esses guizos que tilintavam em torno dele, pendurados em suas roupas e tilintando ao menor dos seus gestos –, essa fala, tão despida de poder, estava, no entanto, encarregada de dizer a verdade. Ela dizia a verdade, mas de maneira sutil, de maneira disfarçada, de maneira invertida. O louco dizia mentiras, mas sob suas mentiras havia sempre uma espécie de verdade que suas mentiras escondiam. E quando o louco dizia a verdade diretamente, a verdade nua e crua, ele a dizia de uma maneira desprovida de seriedade, como por acaso, e, no entanto, essa verdade dita ao acaso, que ninguém compreendia, tinha, não obstante, um destino certo; e aquilo que o bobo da corte dizia no ouvido incrédulo do rei que não queria reconhecer a verdade, essa fala era, não obstante, como a fala profética dos antigos adivinhos, que inscrevia definitivamente no tempo e no futuro o destino dali por diante selado do poderoso que permaneceu surdo e cego a essa fala. Essa fala do bobo da corte teve, creio, em muitas civilizações mediterrâneas, uma importância muito particular.

O personagem do bobo da corte desapareceu; ele desapareceu, *grosso modo*, no fim da Idade Média. Todavia, esse papel ambíguo de uma fala concomitantemente verdadeira e falsa, de uma fala sem seriedade e de uma fala que, não obstante, diz o essencial, o paradoxo de uma fala desprovida de poder e que, não obstante, desvela algo mais importante do que todas as verdades que circulam, esse tema, essa ideia de uma fala tão curiosa, tão privilegiada, vocês sabem que ela não desapareceu de nossa civilização e que, de fato, existe uma fala mais importante ainda do que a do bobo da corte e que ela tem precisamente esse papel: a herdeira da fala do louco do rei é a literatura. E o homem das letras, aquele que escreve, faz em nossa sociedade algo parecido com o que fazia o louco do rei. Porque, afinal, o que é a literatura senão uma espécie de fala vazia, vã, que não é feita para dizer a verdade, que não é feita para narrar aquilo que realmente aconteceu? O homem das letras, o romancista, aquele que inventa uma história não narra a história, ele não diz as coisas, ele diz algo que não existe e fala no vazio; e a fala literária é um guizo em nosso mundo. E, não obstante, a fala literária é feita para desvelar algo que nossas proposições cotidianas, que a verdade de nossas proposições científicas, que o peso pesado de nossas proposições filosóficas não é capaz de dizer; esse algo é uma espécie de verdade que vem de baixo ou do além e vocês sabem bem, afinal de contas, que o destino humano foi mais bem dito pelos grandes romancistas ou pelos grandes homens do teatro do nosso mundo do que pelos filósofos e pelos sábios. Em todo caso, esse parentesco entre a loucura e a literatura nunca foi esquecido. Ele foi, é claro, mencionado por Platão.[12] Como vocês sabem, ele não parou de assombrar todas as literaturas que eu chamaria, resumidamente, de mediterrâneas; vocês conhecem a importância que esse tema teve na civilização islâmica, vocês sabem da importância dele na nossa sociedade atualmente. E esses três temas – a ideia de que toda poesia e toda invenção verbal é vizinha da loucura, a ideia de que é preciso escutar a literatura e a poesia com a mesma seriedade e a mesma inquietude com que se escuta a loucura, a ideia de que o próprio escritor é alguém que está muito perto de ser louco –, esses três temas são incessantemente encontrados em toda essa grande tradição que agora é milenar.

---

[12] Aqui Foucault, sem dúvida, faz alusão à passagem do *Fedro* na qual Platão evoca o delírio inspirado pelas Musas. Ver Platão, *Fedro* [370 AEC], trad. Lavínia Fávero. São Paulo: Penguin-Companhia, 2016, 245a, p. 97.

E vocês sabem, aliás, que esse tema não cessa de ganhar mais intensidade e atualidade cada vez que a literatura entra em crise. Por exemplo, no Ocidente cristão, no século XVI, quando todo o status da linguagem literária mudou, no fim da Idade Média, na época do Renascimento, na época em que toda linguagem literária, toda linguagem de ficção se reequilibrou em torno de novas formas e adquiriu um novo status, naquele momento foi possível provar com uma intensidade toda particular o parentesco da literatura e da loucura. É claro que houve Erasmo e o *Elogio da loucura*, mas havia coisas muito mais estranhas: por exemplo, no início do século XVII, na França, havia um personagem louco, completamente louco – eu ia dizer como vocês e eu, mas ele era muito mais louco ainda –, alguém que seria internado hoje e que se autodenominava conde de Permissão,[13] e que escrevia textos completamente delirantes que eram publicados mediante pagamento e sob a pressão de algumas pessoas – no momento, esqueci quem era seu protetor, talvez o duque de Bouillon, que editou às suas expensas essa literatura, que é uma literatura propriamente demente. Vocês conhecem também aquele estranho parentesco que se redescobriu, no fim do século XVIII, início do século XIX, entre a loucura e a literatura na época de Hölderlin[14] e na época de Blake. E, ainda em nossos dias, com Raymond Roussel,[15] Antonin Artaud,[16] a experiência do escritor louco é uma experiência altamente privilegiada por nós; e pode--se dizer, em certo sentido, que Antonin Artaud é o mais decisivo de todos os escritores franceses modernos, na mesma medida em que ele chegou para furar, embaralhar todo o status, todo o velho status da língua literária, ele a libertou nesse espaço novo que é o da loucura. E, aliás, o fato de um escritor como Michaux escrever no interior de uma experiência que é uma experiência

---

13 Ver supra, nota 9, p. 40.
14 Ver M. Foucault, "Le 'non' du père" [1962], in *Dits e écrits I* ["O 'não' do pai"].
15 A referência, é claro, é M. Foucault, *Raymond Roussel*. Ver infra, pp. 112-15.
16 Ver mais adiante a análise da relação entre a loucura e a linguagem em Artaud, pp. 96-101. Sobre Artaud, ver também M. Foucault, "Langages de la folie: le silence des fous", transmissão radiofônica de 14 jan. 1963 pela RTF France 3 National (segunda transmissão do ciclo), republicada em M. Foucault, *La grande étrangère* ["A linguagem da loucura: o silêncio dos loucos", in *A grande estrangeira*].

de toxicômano, que se droga para escrever,[17] prova quanto, para ele e também para outras pessoas, a relação entre uma loucura sistemática e a pesquisa de uma escrita, quanto essas relações são extraordinariamente entrelaçadas. Portanto, como vocês podem ver, creio que é possível reconhecer nessas relações entre literatura e loucura esse traço geral que assinalei no início: a fala do louco, em toda sociedade e em nossas sociedades, possui um status muito particular, muito singular, que permite situar o próprio personagem desse louco.

Resta, portanto, o último traço, que é o caráter não institucional da designação do louco. Eu diria que, em todas as sociedades, o que caracteriza o personagem do louco, além dos quatro traços precedentes, é o fato de que, no fundo, ele não tem uma organização, não tem uma instituição, não tem uma instância que permite designá-lo, reconhecê-lo absolutamente como tal. Isso é verdadeiro, isso foi verdadeiro para, acredito, a esmagadora maioria das civilizações, isso foi verdadeiro para a nossa até o fim da Idade Média e começou a deixar de ser verdadeiro em torno do século XVI, [ou melhor] em torno do século XV nas civilizações islâmicas, em torno do século XVI nas civilizações ocidentais, nas quais se inventou, de certa forma, um meio para reconhecer ou, em todo caso, para tentar reconhecer o louco como tal; houve uma tentativa de institucionalizar a separação e a diferença que havia entre a loucura e a não loucura. E creio que a medicalização da loucura, a invenção de algo como a psiquiatria, como a psicopatologia, a organização desses grandes estabelecimentos que foram chamados de asilos, e que agora são designados com o termo mais nobre de "hospitais psiquiátricos", toda essa organização não é senão a institucionalização dessa separação entre loucura e não loucura, uma institucionalização que nenhuma outra cultura copiou, mas que os árabes começaram a implantar no Magrebe já no século XV e que foi implantada sob a influência árabe, por intermédio dos espanhóis, na Europa, no decorrer dos século XVI e XVII.

---

17 Henri Michaux explorou a experiência da escrita sob o efeito da droga: *Paix dans les brisements*. Paris: Flinker, 1959; *Connaissance par les gouffres*. Paris: Gallimard, 1961; *Les grandes épreuves de l'esprit*. Paris: Gallimard, 1966). Sobre a relação entre droga e loucura, ver infra, p. 77.

É essa institucionalização da separação entre os que são e os que não são loucos que eu gostaria de descrever o mais sucintamente possível. Mas antes de descrevê-la, vocês percebem agora como construí minha argumentação, que provavelmente é falsa, cheia de erros e armadilhas etc., mas, enfim, é isto: tentei mostrar que há cinco grandes características que permitem reconhecer os loucos em todas as sociedades, que definem o status dos loucos em todas as sociedades; tentei mostrar que encontramos as quatro primeiras características na Europa ou no mundo moderno exatamente como as encontramos em qualquer outra sociedade, não importa qual. Apenas a quinta constitui uma variável; e a variação consiste no seguinte: o último traço, ou seja, o caráter não institucional da designação do louco, esse traço é que foi modificado. Ele foi modificado e precisamente nele foram inseridos o papel e a função da medicina mental. De tal modo que, se a minha demonstração é verdadeira, chega-se à conclusão de que não foi a medicina mental que descobriu, afinal, a verdade por muito tempo ocultada, por muito tempo esquecida e obliterada da loucura, é na realidade no interior de um estatuto etnológico e sociológico da loucura, que é constante e universal, [que] a medicina mental desempenhou certo papel, e sua importância advém do fato de que ela se inseriu no interior de uma estrutura que era uma estrutura universal. Dito de outro modo, a medicina mental é apenas uma das funções no interior da estrutura sociológica geral da loucura; e longe de descobrir a verdade dessa loucura, a medicina mental nada fez além de ocupar uma das funções possíveis, aquela que está inscrita nessa estrutura geral.

Agora, tendo dito isso e posto as cartas na mesa, vou tentar esboçar rapidamente um pouquinho dessa constitucionalização da separação entre os loucos e os não loucos.[18] Pode-se dizer, resumidamente, que na Idade Média – e creio que é verdade tanto para as civilizações islâmicas quanto para as civilizações ocidentais – o status do louco, [ou melhor] a separação entre o louco e o não louco era uma separação extraordinariamente incerta e flutuante. E, no fundo, podemos dizer que até os séculos XV-XVI

---

18 Nas páginas seguintes, Foucault retoma algumas análises de *Folie et déraison* [*História da loucura*].

era louco quem queria ser, e não se exigia de ninguém que designasse os loucos, e então, quando alguém quisesse deixar de ser louco, podia; dito de outro modo, não havia porta, não havia guichê entre a loucura e a não loucura. Esse status de certa forma livre da loucura no mundo medieval é caracterizado por algumas coisas. Por exemplo o fato de que os loucos eram reconhecidos de bom grado, acolhidos de bom grado, designados como tais de bom grado, até ouvidos de bom grado, mas não havia nenhuma instituição para recolhê-los. Constatou-se que, mesmo nos hospitais de uma cidade tão importante quanto Paris naquela época, havia no total quatro leitos no Hôtel-Dieu, que era o único hospital existente, nos quais havia um sistema de correntes e gaiolas para trancar e amarrar nesses leitos os indivíduos furiosos. Aliás, o furor era mais considerado uma espécie de febre do que uma categoria da loucura. Quanto aos loucos propriamente ditos, aqueles loucos que eram reconhecidos, designados, escutados, esses loucos eram absolutamente livres para circular pela cidade como quisessem e por onde quisessem. O status da loucura era inteiramente livre e, quando um louco ficava um pouco mais agitado, ou quando queriam se livrar dele, costumavam entregá-lo a pessoas que estavam de passagem, seja comerciantes, seja sobretudo marinheiros, seja barqueiros que desciam os rios com mercadorias, seja ainda homens do mar. E se vocês leram a lenda de Tristão, sabem que Tristão desembarca nas terras não sei de quem[19] – pouco importa – disfarçado de louco, raspa a cabeça em forma de cruz e, no mesmo instante, é reconhecido como louco; e alguém lhe pergunta: "Mas qual foi o marinheiro que trouxe você aqui?", pois só os marinheiros podiam trazer os loucos. Portanto, os loucos circulavam assim, desse jeito, pelas estradas, pelos meios de transporte, agarrados às caravanas, agarrados às colunas de mercadores, agarrados aos barcos, e essa circulação sem fim do louco, esse rebuliço de indivíduos flutuantes, mal inseridos, inadaptados, como se diria no século XIX, esse rebuliço indicava muito bem que a separação se fazia de maneira espontânea, livre, não institucional.

---

19   Trata-se do rei Marcos da Cornualha. Ver M. Foucault, *Folie et déraison*, p. 15 [*História da loucura*, p. 12].

Como surgiu a institucionalização? Como foi que as nossas sociedades, em dado momento, acharam a situação intolerável e decidiram que era preciso encontrar sem falta um meio de separar de maneira clara aqueles que eram loucos daqueles que não eram? Qual foi o processo pelo qual a razão tentou se desfazer da loucura? No mundo europeu, a razão, o processo foi, creio, relativamente simples e fácil de apontar. A importante modificação que ocorreu por volta do finalzinho do século XVI [e do] início do XVII não foi de modo nenhum um progresso da razão, não foi de modo nenhum o interesse por um conhecimento mais exato desse fenômeno tão curioso e enigmático da loucura, os médicos não começaram a se preocupar com a loucura pensando: "Mas o que é essa curiosa enfermidade?"; de modo nenhum. Se eles começaram a tentar separar os loucos dos que não eram loucos, foi por razões essencialmente econômicas.

A grande crise econômica que durou a maior parte do século XVII – pois, por mais que o século XVII tenha sido na Europa, sobretudo na França, a era de ouro da literatura e da arte, ele foi um período de crise econômica extraordinariamente aguda –, essa grande crise econômica gerou um enorme fenômeno de desemprego nas cidades, um fenômeno de desemprego que foi acentuado pelo término de todas as guerras, guerrilhas, lutas religiosas e outras que haviam ensanguentado a Europa no século XVI e no início do século XVII. Daí a aparição, nas cidades, de todo um bando de gente inadaptada e sem ofício. E, terceiro fator, a instauração de uma política mercantilista, o que quer dizer que a burguesia, começando a tomar, se não o poder político, pelo menos o poder econômico, necessitava de toda uma massa de mão de obra para fabricar pelo melhor preço possível produtos que ela poderia vender para o exterior e, assim, adquirir esse famoso metal precioso que, como vocês sabem, se tornou bastante raro naquela época. Toda a política europeia do século XVII foi regida pela necessidade de juntar o metal precioso.

Então, o que fizeram com esses desempregados? É muito simples: toda essa massa enorme de população flutuante que podia circular na Idade Média e ainda no século XVI por todas as estradas e por todos os canais da Europa, toda essa população foi pura e simplesmente trancafiada. Foram construídas – e observem a lista das cidades – em Hamburgo, um porto, em Londres, um porto, em Paris, cidade muito importante, em Lyon, que foi a primeira cidade, se não industrial, pelo menos manufatureira da França naquela época, nessas quatro cidades, foram abertas – ou melhor, fechadas! – imensas casas capazes de recolher milhares e milhares de pessoas. E esses milhares de pessoas – eram 6 mil pessoas trancadas desse jeito em Paris em 1660 – quem eram? Eram essencialmente desocupados, eram pessoas sem ofício, eram anciãos, eram libertinos, devassos, bêbados, eram pais de família perdulários, que gastavam os bens da família, ao invés de fazê-los render, e, finalmente, eram os loucos. Todas essas pessoas, todos esses inadaptados às condições e às normas de trabalho da época, foram essas pessoas que foram trancafiadas. Podemos dizer, resumidamente, que todo o sistema ético, todo o sistema moral da Idade Média e ainda no século XVI virou de cabeça para baixo quando, no mundo cristão do pecado, a ociosidade ganhou a primazia sobre as demais faltas e aos demais pecados, quando o pecado principal se tornou, no mundo burguês, não mais o orgulho, mas a preguiça. E, a partir daquele momento – isso evidentemente é triste[20] –, as pessoas foram trancadas, e todo esse mundo econômico e ético que se constituiu naquele momento excluiu e expulsou de seu campo de atividade e de luz esses indivíduos, que eram indivíduos inúteis, indivíduos que não trabalhavam, indivíduos que não podiam figurar no grande ciclo da produção econômica.

Em Paris, foram abertas três grandes casas: Charenton, que era um hospital, mas que se tornou uma casa de internação para toda essa gente incerta e duvidosa; Salpêtrière; e Bicêtre. Portanto, um total de 6 mil pessoas numa população que não chegava a 200 mil indivíduos: vocês podem ver que a proporção é alta. É claro que essas 6 mil pessoas não eram todas loucas no sentido que atribuímos ao termo, mas – é este ponto que eu gostaria de sublinhar – pela primeira vez no mundo ocidental o louco é equiparado a certas pessoas com as quais, até aquele momento, ele não havia sido equiparado, isto é, ele foi equiparado aos anciãos, ele foi equiparado aos devassos, ele foi equiparado aos desempregados, às

---

20 Essa observação é feita em tom jocoso: a preguiça parece ter se tornado o pecado principal.

pessoas que não tinham trabalho, aos doentes etc. E, de repente, o louco perdeu esse tipo de especificidade sociológica, quase etnológica, pela qual ele era conhecido na Idade Média, quando ainda era um personagem tão pitoresco, tão altamente valorizado, esse personagem do qual se esperava que dissesse com suas palavras delirantes algo parecido com a verdade. Bruscamente o louco foi desvalorizado, foi, ao mesmo tempo, neutralizado, tornou-se inútil, tornou-se a boca a mais; a boca a mais em todos os sentidos do termo, isto é, ele comia, mas não trabalhava, e falava, mas devia ficar calado. O louco se tornou, portanto, esse personagem neutralizado, esse personagem ao mesmo tempo culpado; o louco deixou o velho mundo paradoxal da verdade escondida e ingressou no mundo da culpa, no mundo do pecado, no mundo da preguiça, no mundo da ociosidade.

Esse é o primeiro momento dessa grande institucionalização da separação entre os loucos e os não loucos. Vocês podem ver que essa separação não foi feita diretamente. A sociedade europeia do século XVII não isolou os loucos dos outros; na realidade, ela isolou da população que trabalha a população que não é capaz de trabalhar, a população que não faz parte, que não obedece às normas econômicas; e, então, no meio dessa população, na qual se encontram os doentes, os devassos, os anciãos etc., estavam os loucos. Essa foi a primeira divisão, não, portanto, razão/desrazão, mas a divisão trabalho/não trabalho, trabalho/ociosidade.

E, agora, o segundo episódio dessa institucionalização. O segundo episódio é do início do século XIX, quando, no momento da Revolução Francesa, mas não só na França, também na Europa, todo esse status da internação clássica foi revisto. Ele foi revisto e começaram a abrir todas essas grandes casas de internação que envolviam todos os desempregados. Por que elas foram abertas? Essencialmente por duas razões. Por uma razão política, que foi o fato de o Estado ter perdido, o aparelho de Estado, o Executivo, como diríamos nós, ter perdido o papel muito importante e de peso que ele tinha sobre a instância judiciária e [que], na mesma medida, diminuiu o papel da polícia, que tinha sido muito importante nos séculos XVII e XVIII; e não foi mais possível ao aparelho de Estado, mesmo a pedido da família, prender alguém e trancá-lo até o fim da vida. Essa limitação do poder do Estado e, por conseguinte, do poder da polícia, essa diminuição foi importante, desempenhou um papel importante nessa reavaliação da divisão entre loucura e não loucura.

Mas houve também uma razão econômica, que foi pura e simplesmente a seguinte: a industrialização nascente, aliás, mais do que nascente naquela época, a industrialização em pleno crescimento do mundo ocidental estava ligada, entenda-se bem, à famosa necessidade de desemprego. Era preciso que houvesse desempregados para que os industriais pudessem ter à sua disposição uma mão de obra barata que garantisse, por conseguinte, o nível baixo do preço de custo e, por conseguinte, a possibilidade de grandes lucros. A necessidade de ter uma massa de desempregados como volante de regulação econômica fez com que, em todos os países da Europa, no fim do século XVIII, início do século XIX, as casas de internação fossem abertas, pondo para fora todas as pessoas que estavam trancadas nelas; todos aqueles enfermos, todos aqueles devassos, todos aqueles que não serviam para nada, todos aqueles ociosos, foram devolvidos às ruas, porque eles eram necessários dentro do ciclo da produção econômica.

Naquele momento, os loucos deveriam ter sido liberados com todo mundo. Ora, eles não foram liberados, eles foram mantidos no mesmo lugar onde estavam internados. Foram os loucos que, de certa forma, se tornaram os únicos titulares, os únicos ocupantes daquelas grandes casas de internação que haviam sido construídas em meados do século XVII. Por que isso? Por que foram os únicos que continuaram internados em uma época em que todo mundo foi liberado? Isso não ocorreu sem problemas. Muitos reformadores do fim do [séc.] XVIII exigiram que os loucos fossem liberados como todo mundo. Isso, de fato, não aconteceu; os loucos foram mantidos no mesmo lugar e continuaram internados; eles ficaram no mesmo lugar e continuaram internados simplesmente por uma razão que não tem nada a ver com aquela que acabei de citar e que consiste no seguinte: a sociedade burguesa europeia, aquela mesma que se formou no fim do século XVIII, início do século XIX, aquela mesma que se outorgou um código próprio na forma do Código Civil napoleônico, que foi adotado, como vocês sabem, em tantos países da Europa, essa sociedade era, no fundo, essencialmente uma sociedade [*breve interrupção da gravação*] da família. Ora, sucedeu que, na mesma época e por razões em grande parte diferentes, a sociedade e a família precisaram de instituições hospitalares para oferecer cuidados médicos, naquele momento, não aos doentes mentais, mas aos doentes em geral. Então ocorreu uma espécie de contaminação: para justificar que as famílias se desembaraçassem daquela maneira dos loucos, das pessoas que eram perigosas para o [seu] status econômico ou outro, para justificar, portanto, essa exclusão do louco do seio da família, para justificar o fato de ele ser internado, foi dado à internação um status médico, foi dado ao asilo e à casa de internação um status puramente análogo ao do hospital. Fizeram *como se* a internação fosse, na realidade, um processo de medicalização e *como se* internassem para curar, quando, na realidade, internavam para se desembaraçar das pessoas. Daí decorre o fato de a casa de internação ter se tornado pouco a pouco um hospital psiquiátrico, de a internação ter se tornado algo como uma hospitalização. Mas esse fenômeno foi extraordinariamente longo, lento, e demandou não só dezenas de anos, mas quase um século, pois, durante todo o século XIX, por mais que a internação apresentasse justificativas médicas, de fato os cuidados prestados aos doentes mentais durante todo o século XIX europeu, esses cuidados foram praticamente iguais a zero. Tratava-se essencialmente de internar as pessoas, classificá-las, acalmá-las, distribuí-las segundo suas doenças, mandá-las embora assim que pudessem se readaptar à vida ou vigiá-las até a morte, quando não fossem realmente capazes de se adaptar.

E foi só no decorrer do século XX que essa falsa instituição, ou melhor, que essa instituição falsamente médica que era o hospital psiquiátrico tornou-se verdadeiramente um empreendimento médico, que o lugar de internação se tornou verdadeiramente um lugar terapêutico. Para isso, foi preciso esperar, na realidade, dois grandes acontecimentos: um que data do fim do século XIX, mas só se difundiu no decurso do século XX, que foi a psicanálise e, de modo geral, a psicoterapia e a difusão dos métodos psicoterapêuticos, que começaram a transformar o hospital psiquiátrico em algo que é realmente um hospital; e, em segundo lugar, as grandes descobertas biológicas da farmacologia dos anos 1950-60, que permitiram uma intervenção estritamente médica no fenômeno da loucura.

Foi, portanto, mais uma série, não vou dizer de acasos, mas de acontecimentos econômicos, políticos, institucionais, jurídicos etc. que acabaram por definir a loucura como uma doença mental, que houve uma descoberta propriamente científica da loucura como enfermidade até então não reconhecida. E se essa espécie de demonstração que acabei de tentar fazer diante de vocês for verdadeira, vocês podem ver, resumidamente, qual foi o processo e qual foi o esquema. Não uma loucura progressivamente reconhecida como doença por uma ciência médica em constante crescimento, mas uma estrutura sociológica complexa, com diversos ritmos, com diversas características, com diversos traços, uma estrutura sociológica universal que é encontrada praticamente em todas as sociedades e que, a partir do século XVII, em nossas sociedades, foi modificada em um ponto por razões econômicas, sociológicas, jurídicas etc.; esse ponto foi a necessidade, a obrigação das nossas sociedades de definir uma separação entre as pessoas que podiam trabalhar e as pessoas que não podiam trabalhar. E, assim, pouco a pouco, graças a isso, [a] uma série de novos enquadramentos ao cabo dos quais os loucos como tais foram isolados, os loucos como tais receberam um lugar de acolhida ou, se quiserem, um lugar de confinamento – era o manicômio. E, por fim, por causa desse modelo médico que era não inerente, mas paralelo, o manicômio se tornou parecido com um lugar terapêutico. Foi preciso, resumidamente, todo o século XIX para que finalmente a loucura se tornasse algo como uma doença mental.

Mas se o que eu disse for verdade, não penso, não posso pensar que a loucura seja simplesmente, mesmo em nossas sociedades, uma doença que apareceria nas mesmas condições que qualquer outra doença, não importa qual, e poderia desaparecer nas mesmas condições. É bem provável que, se o que eu disse for verdade, a loucura seja uma função sociológica constante, uma função sociológica que se encontra em toda sociedade, qualquer que seja, por mais medicalizada que se possa imaginá-la. E quando a psicanálise, quando sobretudo as medicações farmacológicas tiverem triunfado sobre alguns fenômenos da loucura, podemos pensar ou podemos esperar que voltarão a existir novos meios de ser louco que manterão ainda no mesmo nível essa grande função universal da loucura.

LOUCURA E SOCIEDADE

BnF, Fonds Michel Foucault, NAF 28730, caixa 57, dossiê 6. Após o título, Foucault menciona que se trata de uma conferência.

I

Sob a divisão normal/patológico, desenterrar uma divisão diferente; fazer aparecer uma função mais antiga, mais geral, mais rudimentar, mais complexa.

Mais antiga:

A oposição normal/patológico é uma oposição recente que foi conectada à oposição saúde/doença em meados do [séc.] XVIII (escolas italiana e vienense). Ela só foi enxertada na oposição loucura/razão algumas décadas depois.

Mais geral:

Ela se encontra em todas as culturas em que a oposição normal/patológico é bem localizada.

Ela se encontra em nossa cultura aplicada a domínios que não têm relação com a doença: a coisas, a discursos, a obras.

Mais rudimentar:

O par loucura/razão possui uma estruturação interna muito débil. A loucura é uma função monótona que se aplica indiferentemente a um conjunto de coisas.

Ao passo que o patológico é um conceito estruturado com diferenciações internas.

Mais complexa:

> O sistema de valores para a oposição normal/patológico é simples; é complexo para a loucura (relação da loucura com a verdade, com a beleza, com a inocência, com a perversidade, com a criminalidade).
> O sistema que se manifesta na oposição loucura/razão é totalmente diferente daquele que sustenta a oposição normal/patológico, saúde/doença.

Ora, essa autonomia – o caráter, sem dúvida, originário e geral da oposição loucura/razão – foi esquecida.

Ela foi sobreposta pela oposição *normal/patológico*, cujo atual imperialismo se conhece. Ela está em vias de se sobrepor:

α. à oposição criminalidade/legalidade,
β. à oposição sexualidade interdita/sexualidade permitida,
γ. à oposição entre as práticas religiosas regulares e aquelas que manifestam um irredentismo.

Ora, olhando um pouco mais de perto:

- Podemos perguntar o porquê dessa extensão da oposição normal/patológico:
  1. Porque ela é diferenciada (ou operacional para muitas análises).
  2. Porque ela nos coloca na presença de um sistema de valor muito simples.
  3. Porque ela deixa supor uma técnica de redução. Há um corpus de técnicas que fazem o patológico passar para o lado do normal.

  É por isso que se tende a reduzir todas as oposições a essa. Até mesmo, no fim das contas, as oposições políticas.
- Mas também podemos perguntar como se fez essa sobreposição, essa confiscação de todas as outras oposições por essa. Como se pôde medicalizar o erro político, o crime, o irredentismo religioso, o desvio sexual?

  O instrumento é a oposição loucura/razão:

- No pensamento teórico, ela é inteiramente codificada pela oposição normal/patológico.
- Mas é ela que, implicitamente, serve de código geral para traduzir as diversas oposições, como a do criminoso e do lícito, do desviante e do conforme (no campo sexual ou religioso).

A oposição loucura/razão funciona como um código intermediário que deve sua posição privilegiada:
- à sua falta de estruturação interna, que lhe permite se estender indefinidamente. Sendo simplesmente binária, ela pode traduzir qualquer oposição;
- à sua tradutibilidade no código explícito e controlado teoricamente e controlável na prática do normal e do patológico;
- ao seu caráter arcaico, primitivo, originário, implícito. Essa velha oposição entre loucura e razão (que parece ser uma função absolutamente universal de toda cultura), parece-nos que a afastamos, depois de muito tempo, para substituí-la por uma oposição mais racional; de fato, nós nos servimos dela sub-repticiamente como relé para traduzir e ordenar todas as outras oposições no sistema do normal e do patológico.

É uma velha oposição que foi reativada para servir de relé implícito, de língua de tradução, de língua jamais falada em função de si mesma.

É uma oposição "transoposicional" (para distingui-la da oposição normal/patológico que será metaoposicional).

Daí o fato de que ela desempenha agora, sem dúvida, um papel muito importante; mais importante até do que no passado.

E de que talvez tenhamos de nos debater com ela de maneira bem mais premente do que na época em que ela era uma oposição clara e dada por si mesma.
- Continuamente, nós a vimos aflorar e reivindicar sua independência em relação à oposição normal/patológico. Os direitos de uma loucura que não seria uma das categorias do patológico:
  - Roussel
  - Artaud
  - as drogas
  - a arte bruta.

- Mas na mesma medida em que se liberta, ela se generaliza; ela se aparta do hospital e das instâncias da medicalização para vir a frequentar a arte, a literatura, a pintura.

    Fazendo isso, ela prepara, de uma maneira ambígua, a codificação médica e a retomada das obras, das condutas, da linguagem em termos de patologia.

Esta é, sem dúvida, a razão da importância da droga:

α. Ela começa a se tornar na Europa o que ela era na China: um fato cultural global.

β. Diferentemente do uso extremo-oriental da droga (uso que era o dos europeus até 1950), não se trata tanto
- de tirar a irrealidade do mundo e sua loucura para que apareça uma verdade que seria a individualidade dissoluta,
- mas antes de libertar a região muda da loucura e devolver a ela seus poderes de contestação.

A utilização real, explícita, voluntária, refletida da droga confronta o uso teórico, implícito, espontâneo, irrefletido da loucura.

A droga decodifica a loucura (isto é, liberta-a de sua codificação nos termos do normal e do patológico). Ela pode fazer isso porque, em princípio, pode ser usada de forma voluntária, limitada no tempo (LSD/ópio). Mas esse empreendimento de decodificação é, ele próprio, codificado pela sociedade como "doença social".

II

• Acabamos de ver como a oposição loucura/razão desempenha o papel de código em relação às outras grandes divisões funcionais (às da moral, da justiça, da política, da sociedade). Ela permite que essas divisões passem para a oposição entre o normal e o patológico (que é uma oposição funcional e técnica).

Ela é um código entre dois grupos de oposições funcionais.

• Mas, em contrapartida, essa oposição loucura/razão tem um papel a desempenhar em relação aos códigos que estão em ação em nossa cultura; e, em particular, em relação a esse código de todos os outros códigos: a linguagem. Ela é código em relação a sistemas funcionais, mas é função em relação a códigos linguísticos, ou melhor, o código linguístico e a loucura mantêm entre si relações funcionais complexas.

O estudo desse funcionamento poderia ser programado assim:

1. Como a loucura vem a perturbar o código linguístico estabelecido? O que é um discurso louco em relação [a] um conjunto de mensagens normalmente informativas?
   a. Pode-se dizer, *grosso modo*, que, até Freud, a loucura foi interpretada sobretudo como um *ruído* que causava interferência na mensagem; enquanto Freud [pensava] que o efeito de interferência se devia ao fato [de que não havia] senão uma única corrente de sinais
      • portando diferentes mensagens,
      • cada uma com seu código,
      • mas comportando um código mais geral que permite traduzi-las umas nas outras.[1]
   b. Aliás, é preciso observar que uma dada língua pode ter:
      • uma configuração que é percebida como uma interferência em dado momento
      • e que em outro momento não é mais.
      Roussel.
2. Como o discurso louco pode ser um instrumento de identificação da loucura?
   a. Seu papel em relação a outros signos: muito importante no século XVII, menos importante agora.
   b. O que, em um discurso, é imediatamente identificado como desviante? Insensato, irracional, quimérico, obstinado.
3. Como a loucura modifica a circulação, a difusão, a valorização, o registro, a conservação de um discurso?
   As modalidades de existência do discurso louco em uma cultura:
   • Um discurso pode se tornar verdadeiro a partir do momento que pode ser classificado como louco.

---

1 Foucault evoca de maneira mais detalhada esse deslocamento operado por Freud na relação da loucura com a linguagem em "La folie, l'absence d'œuvre" (1964), in *Dits e écrits I: 1954-1975*, orgs. Daniel Defert e François Ewald. Paris: Gallimard, 2001, n. 25, pp. 445-46.

- Ele se torna sagrado ou, ao contrário, perde sua sacralização (a missa cristã).
4. Como a linguagem pode funcionar como instrumento de cura da loucura – em todo caso, como via de acesso a ela?
    - A realização teatral.
    - A confissão.
    - A linguagem hipnótica antes da psicanálise.
5. Por fim, que relação existe entre a loucura e essa linguagem singular que é a literatura?
    - Problema que vem se somar aos demais;
    - mas que vem cruzá-los, confirmá-los, duplicá-los, na medida em que o discurso literário tem relação com todos os outros discursos;
    - e, além disso, esse problema tem uma importância singular no mundo ocidental, por razões históricas que é preciso analisar.

O discurso literário e o discurso insensato estão entre nós, depois de dois ou três séculos, em relações muito específicas. [Não se pode dizer que sejam mais densos, já que o desvio do contista, do poeta, do profeta, o desvio de todos aqueles que utilizam singularmente a linguagem, quase sempre e em toda a parte foi atribuído à loucura.][2]

De modo geral, dificilmente haverá literatura sem loucura:
1) sem a apresentação de um personagem que, em relação aos outros, é louco;
2) sem a inserção de uma linguagem que vale como linguagem de um louco;
3) sem a atribuição de certa relação entre o ato de escrever e o fato de ser louco.

O Ocidente, aparentemente, passou da técnica n. 1 para a técnica n. 3 (o teatro da Idade Média; *O sobrinho de Rameau*;[3] Strindberg[4]).

---

2 Entre colchetes no original.

3 Denis Diderot, *O sobrinho de Rameau* [1805], trad. Daniel Garroux. São Paulo: Editora Unesp, 2019. Ver M. Foucault, "Langages de la folie: le silence des fous", in *La grande étrangère* ["A linguagem da loucura: o silêncio dos loucos", in *A grande estrangeira*].

4 Ver a passagem dedicada a *Inferno* de August Strindberg em M. Foucault, "Langages de la folie: la persécution", transmissão radiofônica de 21 jan. 1963 pela RTF France 3 National (terceira transmissão do ciclo).

De fato, esses três elementos, sem dúvida, estiveram constantemente presentes; mas suas relações receberam no Renascimento, na era barroca, uma configuração que jamais foi totalmente deslindada.

1) Nessa literatura, o personagem do louco se manifestava por uma linguagem que era a do mal-entendido.

O louco é aquele que toma uma coisa por outra, uma pessoa por outra:

Dom Quixote:[5] ao longo de todo o romance (e, na segunda parte, é preciso evitar que alguém se faça passar por ele).

[As] *loucuras de Cardênio*.[6]

(Essa é a matriz do tema teatral do disfarce. E é provavelmente derivação do desconhecimento no romance de cavalaria.)[7]

2) O louco pratica a denegação de si mesmo:
- seja por uma identificação com o outro (Dom Quixote),
- seja pela supressão mágica de si mesmo (isto é, por se crer morto como em *O hipocondríaco*).[8]

(É a derivação da prova do herói que se disfarça, se faz passar [por] outro e enfrenta a morte, nos romances de cavalaria. É a matriz do desconhecimento cômico.)

3) O louco ultrapassa os limites:
- os limites da insolência, da temeridade, da coragem,
- os limites do conhecimento,
- os limites da morte (Hamlet),[9]
- os limites da verdade: pois o que ele diz é verdadeiro (mas vale como [mentira] e aqueles que fingem estar

---

5 Miguel de Cervantes, *O engenhoso fidalgo D. Quixote de La Mancha* [1605–14], 2 v., trad. Sérgio Molina. São Paulo: Editora 34, 2011–12.

6 Pichou, *Les folies de Cardenio*. Paris: François Targa, 1630. Ver infra, p. 93: "Cardênio [...] se acreditou abandonado por Lucinda: ele se refugiou na floresta, onde as árvores, os rochedos e até o barbeiro que vem lhe dispensar seus cuidados aparecem-lhe sob os traços de sua bem-amada".

7 Foucault faz alusão a esse personagem tradicional dos romances de cavalaria que é o "cavaleiro desconhecido".

8 Jean Rotrou, *L'hypocondriaque, ou Le mort amoureux*. Paris: Toussaints do Bray, 1631.

9 William Shakespeare, *A tragédia de Hamlet, príncipe da Dinamarca* [1599–1601], trad. Bruna Beber. São Paulo: Ubu Editora, 2019.

loucos podem dizer verdadeiramente a verdade, mas de uma maneira falsa).

O louco comunica o que é incomunicável; ele perturba as fronteiras do mundo e as divisões mais bem estabelecidas. (É derivação do mago, do encantador do romance medieval.

É a matriz do herói apaixonado que vê e não vê, que sabe, só que em estado de cegueira, que comunica o amor e seu contrário, a morte e a vida.)

4) Ora, essa presença do personagem louco no meio dos outros, essa presença do discurso insensato no meio dos outros – eles têm uma função bem precisa, eles são operadores da verdade.

O mundo fictício, o discurso literário no qual o louco aparece com a sua linguagem sofrem (não por culpa ou virtude sua) modificações muito estranhas em seu status de verdade:

1. Revela-se aos olhos do louco que tudo no que ele acreditava não passava de erro. O louco jamais permanece louco: ele mesmo sempre reduz suas próprias quimeras.

    Dom Quixote na hora de sua morte.[10] [M: Autorredutor.]

2. Mas ele permite a revelação de uma verdade que não apareceria sem ele:
    - que Lucinda não morreu;[11]
    - que o pai de Hamlet foi assassinado;
    - que as filhas do rei Lear[12] não têm os sentimentos que se acreditava que tinham.

    O louco é *revelador*.

3. Ele mostra que, na linguagem insensata, há sempre um vínculo profundo, secreto, difícil de decifrar, com a verdade. Como, sem querer e sem saber, o louco dizia a verdade.

---

10 Sobre Dom Quixote tomar consciência da própria loucura no momento de sua morte, ver M. Foucault, "Langages de la folie: le silence des fous", in *La grande étrangère* ["A linguagem da loucura: o silêncio dos loucos", in *A grande estrangeira*].

11 Pichou, *Les folies de Cardenio*, op. cit.

12 W. Shakespeare, *Rei Lear* [1606], trad. Barbara Heliodora. Rio de Janeiro: Nova Fronteira, 2018. Ver M. Foucault, "Langages de la folie: le silence des fous", in *La grande étrangère* ["A linguagem da loucura: o silêncio dos loucos", in *A grande estrangeira*].

- O hipocondríaco tem razão [de crer] que todo mundo está morto; pois todos somos sepulcros caiados.
- Dom Quixote tem razão de crer que todos os albergues são castelos, pois todos os castelos, afinal, não passam de albergues.
  Nisso, o louco tem o poder de alegorizar. Ele é a potência alegórica.
4. Por fim, ele mostra que todos os personagens que o cercam e em relação aos quais ele é louco foram cegados, na realidade, por uma estranha loucura.
   Muito loucos eram aqueles que acreditavam que Hamlet era louco.
   Função profética do louco.

Assim, o louco é o grande operador da verdade: ele é o alternador: ele estabelece e apaga a verdade de cada nível do discurso.

- Ele estabelece a verdade de seu próprio discurso [pela] função alegórica 3; a vaidade pela função autorredutora [*i.e.*, função 1].
- Ele estabelece a verdade do discurso dos outros personagens que o cercam pela função 1; ele estabelece o erro pela função 4.
- Ele estabelece a verdade do discurso do autor pela função 2; o erro pela função 3 (já que o autor cometeu o erro de apresentá-lo como louco).

Todos os discursos aparecem de uma só vez como verdadeiros e falsos.

Ora, nessa posição, o louco é o análogo do autor. Análogo complexo, espécie de ludião perverso, pequena imagem traiçoeira, *daimon* ardiloso que brinca de autor; ele desfaz o que ele faz, fazendo como ele.
   É um contra-autor, como Hamlet, que faz uma peça na peça de Shakespeare, como Dom Quixote, que faz um romance da mais humilde criada que cruza seu caminho.
   Daí algumas consequências:

- A literatura, a partir desse episódio, ingressa no domínio ambíguo da *representação*:

- representação do verdadeiro,
- representação inverossímil do verdadeiro,
- representação verdadeira do não verdadeiro.

Talvez ainda não tenhamos saído dessa era da representação.
- A loucura e a literatura têm uma relação de mal-entendido.
- Não é a "loucura" que faz com que a literatura mude; mas a introdução de um discurso supostamente insensato é correlativa de toda uma reorganização.

Encontra-se aí o funcionamento recíproco do discurso.
- Ora, de onde vem esse louco, esse discurso louco? Da festa – onde o louco é um alternador de realidade (a festa dos loucos).

E quando o louco, alternador de realidade, ingressa no domínio dessa quase linguagem que é a literatura, ele faz cintilar a sua quase verdade.

Ele diz adeus ao fantástico, aos poderes de invenção e repetição indefinida; ele faz atuar dentro dela a pequena festa interior de uma verdade que não é verdadeira.
- O mundo épico desaparece, do mesmo modo que a festa.
- A festividade acontecerá dali por diante somente na linguagem.

No mundo moderno, não há senão a linguagem pode dar verdadeiras festas. São as festas da verdade, isto é, as festas da representação.

A LITERATURA E A LOUCURA
[A LOUCURA NO TEATRO BARROCO E NO TEATRO DE ARTAUD]

BNF, Fonds Michel Foucault, NAF 28730, caixa 57, dossiês 1 e 7.

Não há sociedade sem loucura. Não que a loucura seja inevitável, não que seja uma necessidade da natureza, mas porque não há cultura sem divisão. Quero dizer que uma cultura não se distingue simplesmente em relação às outras (em face de, contra as outras), mas que, no interior de seu espaço, de seu domínio próprio, toda cultura estabelece limites.

Não penso simplesmente naqueles do permitido e do proibido, do bem e do mal, do sagrado e do profano. Penso nesse limite obscuro, indefinido, mas constante que separa os loucos daqueles não são loucos.

Ora, por onde passa esse limite e a que ele é concernente?

Os sociólogos e os etnólogos têm uma resposta simples, evidente: os loucos são os inadaptados, os desviantes, os que não agem como todo mundo.

Essa resposta é muito cômoda: uma lástima que seja profundamente insuficiente e não dê conta do caráter sempre muito singular, muito diferenciado dos parâmetros pelos quais uma cultura define a loucura.

Se a resposta dos sociólogos fosse correta, a loucura seria uma variedade mais ou menos atenuada, mais ou menos bizarra do crime. De fato, é verdade que a loucura é associada com muita frequência a condutas de culpa e culpabilização. Mas não há sociedade, por mais primitiva que seja, que não distinga, da maneira mais meticulosa possível, os loucos dos criminosos. A designação dos loucos constitui sempre uma função social específica.

Essa função se exerce pela linguagem. A loucura é percebida através de uma linguagem e sobre o fundo da linguagem.

Houve uma grande crise na consciência europeia a respeito da loucura: isso foi em torno de 1820-30, quando se descobriu as loucuras sem linguagem, sem delírio, a loucura muda dos gestos e das condutas. Foi uma crise surpreendente, na qual a distinção entre crimes e loucuras se turvou repentinamente, pondo em dúvida a maior parte das práticas penais; introduzindo nos asilos usos penitenciários.[1]

E, para dizer a verdade, a psicanálise trouxe a concepção da loucura de volta à sua tradição, mostrando que ela é sempre mais ou menos uma linguagem; e que aquilo que se oculta sob os transtornos da conduta é sempre um transtorno da expressão.

E então se descobre um fato que permanece obscuro até o presente para os sociólogos: que a linguagem, em uma sociedade, é um lugar de interdições privilegiadas e particulares, um domínio em que se estabelecem divisões singulares.

O mesmo ocorre com a linguagem e com a sexualidade: do mesmo modo que não existem sociedades em que todas as condutas sexuais sejam permitidas e do mesmo modo que em cada uma existem transgressões, não existem culturas em que toda linguagem seja autorizada; e, em toda cultura existem transgressões de linguagem. E a loucura é, sem dúvida, apenas uma dentre elas.

A loucura, ela é uma linguagem outra.

Ora, agora é preciso constatar [várias coisas].

A primeira é que a loucura exerce sobre toda linguagem uma estranha fascinação: há literaturas sem amor, sem trabalho, sem miséria, algumas sem guerra. Não há nenhuma sem a loucura e sem a morte. É como se a literatura estivesse vinculada de modo geral ao que constitui a loucura e a morte.

A segunda é que esse vínculo é curiosamente um vínculo de imitação e reduplicação. É estranho constatar a afinidade temática,

---

1 O tema da descoberta da loucura sem delírio seria retomado bem mais tarde; ver Michel Foucault, "Cours du 5 février 1975", in *Les anormaux* ["Aula da 5 de fevereiro de 1975", in *Os anormais*], em particular a análise de Foucault do caso de Henriette Cornier, pp. 103-25 [pp. 154-68].

na literatura, nas narrativas lendárias, no folclore, entre a loucura e o espelho:

> Ficamos loucos porque nós nos olhamos no espelho.
> Passe muito tempo na frente do espelho e você verá o diabo.
> A forma típica da loucura é ver a nós mesmos ao nosso lado (Dostoiévski).[2]
> Ou então o louco é uma espécie de espelho que, passando diante das coisas e das pessoas, [enuncia] a verdade sobre elas (*O idiota*;[3] os loucos no teatro de Shakespeare).
> Ou então (mas trata-se de uma variação do mesmo tema) o louco é aquele que perdeu a própria imagem (Maupassant);[4] aquele que se dividiu (doutor Jekyll).[5]

A loucura é algo que tem a ver com o duplo, o mesmo, a dualidade compartilhada, o análogo, a inatribuível distância do espelho. Enquanto a loucura nas sociedades é a diferença absoluta, a outra linguagem, ela está *no interior da linguagem*, representada como a mesma coisa, verdade refletida, película duplicada.

O *Elogio da loucura*[6] é a verdade representada dos homens.
Cervantes[7] é a própria literatura na literatura.
O sobrinho de Rameau[8] é a imitação universal (ele imita o músico, ele imita o filósofo, ele imita a dança, a natureza).

---

2 Fiódor Dostoiévski, *O duplo: poema petersburguense* [1846], trad. Paulo Bezerra. São Paulo: Editora 34, 2011. Cf. M. Foucault, "Langages de la folie: le corps et ses doubles", transmissão radiofônica de 28 jan. 1963 pela RTF France 3 National (quarta transmissão do ciclo).

3 F. Dostoiévski, *O idiota* [1869], trad. Paulo Bezerra. São Paulo: Editora 34, 2002.

4 Guy de Maupassant, "Horla (primeira versão)", in *As grandes paixões*, trad. Léo Schlafman. Rio de Janeiro: Record, 2005, pp. 235-45. Cf. M. Foucault, "Langages de la folie: le corps et ses doubles", transmissão citada.

5 Robert L. Stevenson, *O estranho caso de dr. Jekyll e sr. Hyde* [1886], trad. Jorio Dauster. São Paulo: Penguin-Companhia, 2015.

6 Erasmo de Roterdã, *Elogio da loucura* [1511], trad. Paulo Sergio Brandão. São Paulo: Martin Claret, 2012.

7 M. Cervantes, *O engenhoso fidalgo D. Quixote de La Mancha*, op. cit.

8 Denis Diderot, *O sobrinho de Rameau* [1805], trad. Daniel Garroux. São Paulo: Editora Unesp, 2019. Lembramos que *O sobrinho de Rameau* foi objeto de análises

E, inversamente, nesses loucos, nossa cultura procura como que a imagem de sua linguagem. O que lemos na loucura de Hölderlin ou na de Roussel é, em suma, toda a nossa literatura.

Seria preciso esclarecer essas estranhas relações (de espelho e diferença, de limite e identidade) entre loucura, linguagem e literatura. Talvez eu tenha manipulado as cartas. Para tentar não resolver esse problema, mas avançar nele, escolhi dois exemplos que pertencem ambos ao mundo do reflexo e do duplo: quero dizer, ao teatro.

O risco é que isso complique o problema (multiplicando os espelhos), mas talvez também o simplifique, descartando os elementos estranhos.

Paroxística teatral, que não se conecta com nenhuma experiência subjetiva. Um fato de pura representação.

[No dossiê 1 da caixa 57 encontra-se um texto que parecer ser uma versão do início desta conferência:]

Não há sociedade sem loucura. Não que a doença mental seja inevitável; não que seja uma necessidade da natureza.

Mas antes porque não há cultura sem divisão. Quero dizer que uma cultura não se distingue simplesmente em relação às outras (em face de, contra as outras), mas que, no interior de seu espaço, de seu domínio próprio, toda cultura estabelece um limite.

Ao falar desse limite, não penso no que se estabelece entre o permitido e o proibido, entre o bem e o mal, ou entre o sagrado e o profano. Penso nesse limite indefinido, mas constante, que separa as pessoas razoáveis e os loucos.

De imediato, vocês farão duas objeções:

---

pungentes desde a *História da loucura* – bem como as duas referências que o precedem imediatamente no texto, Erasmo e Cervantes. Ver M. Foucault, "Langages de la folie: le silence des fous", in *La grande étrangère* ["A linguagem da loucura: o silêncio dos loucos", in *A grande estrangeira*].

- Pode muito bem haver sociedades sem loucura (já que toda organização social pressupõe uma lei, portanto uma divisão entre o permitido e o proibido). Aqueles que chamamos de loucos são, sem dúvida, aqueles que fazem certas coisas proibidas.
- Reconhecemos os loucos por seus gestos, por sua conduta, por seus atos. E se são declarados loucos, é porque cometem atos, adotam condutas ou fazem gestos que são estranhos às regras ou às normas da sociedade. Portanto, o essencial é a regra, a lei. A loucura não é senão o resultado de uma divisão mais profunda e de uma limitação mais essencial.

Eu responderia que, de modo geral, o que designa um louco em uma sociedade qualquer não é a sua conduta, é a sua linguagem.

Vou dar um exemplo preciso. Até 1830, na Europa, os loucos eram reconhecidos apenas por seu discurso. É claro que condutas bizarras, estranhas às normas, podiam fazer "suspeitar" de loucura: e essas irregularidades de conduta estavam codificadas, por exemplo, no direito canônico. Mas sempre se supunha que esses desvios visíveis se sobrepunham a um fato de linguagem, que constituía a fonte secreta, o centro inesgotável. Não há loucura sem delírio.

Foi somente em torno de 1830 que se descobriu a loucura moral: uma loucura sem discurso, feita inteiramente de gestos e condutas, silenciosamente investida na plástica do corpo.

Mas essa ideia foi de pouca duração, pois cinquenta anos depois a psicanálise descobriu que toda loucura fala.

Se preferirem, [é] porque alguém fala que ele é louco – é no espaço da linguagem que todas as culturas (inclusive a nossa) reconhecem a loucura. A ideia de um gesto louco, de uma conduta demente, é secundária, é derivada em relação à ideia de um limite próprio da linguagem, de uma divisão absoluta da fala.

Isso tem relação com a ideia de que há uma transgressão própria desse limite da linguagem; e que essa transgressão é a loucura.

Ora, em toda sociedade há loucos.

E talvez, no fim das contas, ocorra com a linguagem o mesmo que com a sexualidade: do mesmo modo que não existe sociedade em que todas as condutas sexuais sejam permitidas, e do mesmo modo que não existe, por conseguinte, cultura sem transgressão sexual, não existe linguagem em que seja autorizada qualquer fala, não importando qual.

Não existe cultura em que toda linguagem possível seja efetivamente possível. Evidentemente não estou falando das impossibilidades atinentes ao próprio código linguístico: há, em toda sociedade, qualquer que seja ela, certa quantidade, ou melhor, uma quantidade indefinida de frases perfeitamente corretas do ponto de vista da gramática, da fonética e da sintaxe, e que não são aceitas. Retira-se delas o que constitui a essência de toda fala: o direito de se manifestar, circular e ser entendidas.

Esse é um fenômeno evidente, e familiar a todos nós. E, no entanto, talvez jamais tenhamos refletido muito sobre as interdições da linguagem. Sobre o que é um limite de linguagem. E a transgressão desse limite.

Certamente esses limites estão relacionados com os interditos práticos (não temos o direito de dizer o que não temos o direito de fazer), mas não é tão simples. E falta muito para que os limites da linguagem coincidam com os preceitos negativos da conduta.

As populações nas quais as regras de proibição do incesto são muito severas têm epopeias em que o incesto é muito importante.

Inversamente, a homossexualidade na França não é proibida desde o Código Penal; mas o tabu de linguagem sobre sua forma masculina durou até depois de Zola.

Portanto, seria preciso fazer todo um estudo sobre os interditos de linguagem e sua transgressão. Em todo caso, sobre os modos de limitação que foram impostos à fala como tal. [M: Esse problema foi encoberto pelo da liberdade de pensamento, que é outro.]

1. Há a limitação crítica que incide sobre o sentido ou a forma do que é dito. Referimo-nos, então, às regras de sintaxe ou de lógica. À ordem do sentido e da forma.
2. Há a interdição propriamente dita que condena o enunciado de uma palavra ou de um sentido. Os tabus verbais e as censuras.
3. Por fim, há uma terceira forma de limitação, mais discreta, porém mais maciça, mais imperceptível e silenciosa, porque é mais geral, mais imediata e menos fácil de justificar no discurso.

   Essa limitação procede, com efeito, por exclusão, por um não reconhecimento obstinado e quase mudo, por uma constatação monossilábica de não validade. Não se contesta o significado, ou o significante, ou a relação entre eles, mas o próprio fato de existirem como sentido ou como signo. Como se não fosse linguagem, mas uma concha vazia, uma fala sem linguagem, a forma oca das palavras.

É a exclusão do não sentido.

Ora, vou pedir que por um instante vocês aceitem isso como um fato, como um fato para o qual não procuraremos explicação (e talvez jamais a encontremos), a literatura lida com essas três formas de limitação de que acabo de mencionar.

Ela está sempre nos confins desses limites e em vias de efetivar o gesto de transgressão deles. Mas, coisa curiosa, enquanto a transgressão dos tabus, das censuras, das regularidades morfológicas ou semânticas possui uma função muito visível em certos momentos da história, a relação com o insano é muito mais enigmática.

E isso por duas razões:

[inicialmente, MF escreveu este parágrafo:]

porque se trata de uma relação de imitação. Por uma reduplicação muito curiosa ou fenômeno do espelho, a literatura imita, acolhe, toma para si o não sentido, como se pudesse descobrir nele um de seus segredos, como se, em todo caso, houvesse no insano algo que concerne ao próprio ser da literatura. E a outra razão é que a relação com o insano...

A primeira razão é que a relação com o insano é constante na literatura (pelo menos na do Ocidente). Curiosamente há literaturas que ignoraram o amor; há outras que ignoraram o trabalho, outras, a história ou a guerra; outras, a miséria, o desejo, a feiura. Nenhuma ignorou a loucura (tampouco a morte).

A loucura e a morte parecem profundamente ligadas ao que há de essencial na literatura em geral.

É claro que esse vínculo não se oferece, idêntico a si mesmo, ao longo de toda a história. Ele não parou de se modificar a cada instante, sem jamais desaparecer. Essa obstinação móvel e maleável da loucura na literatura chega até mesmo ao paradoxo.

Por exemplo, no século XVI e na primeira metade do [séc.] XVII, o saber médico sobre a loucura, o *status* social dos loucos não mudou nem uma vírgula. Para dizer a verdade, a loucura jamais causou menos problemas do que nessa época.

Ora, naquele momento, a presença da loucura na linguagem jamais foi tão insistente; sem dúvida, jamais a literatura experimentou mais profundamente seu parentesco com a loucura (Shakespeare, Cervantes): como se o vínculo da loucura com a literatura fosse um vínculo fundamental, autônomo, e não dependente da história dos conhecimentos, das técnicas, das sociedades.

Entendam bem: se, em um dado momento dentro de uma literatura, a loucura tem uma cara e não outra, é por razões que se devem à densidade da história.

Mas que a literatura em geral tenha ligação com a loucura em geral, com uma constância que não foi (ou quase não foi) discutida em toda a história ocidental, isso é, sem dúvida, uma evidência enigmática.

[Aqui o texto é interrompido. O fim da folha está riscado:]

Esse enigma e essa evidência, sem dúvida, só podem ser aclarados e só podemos fazê-los falar a partir de alguns exemplos precisos.

Gostaria de pegar dois exemplos, um emprestado da literatura contemporânea, que sabemos quanto é vigilante em relação a todos os fenômenos da loucura, o outro emprestado da literatura do século XVII, de uma experiência literária contemporânea da decisão cartesiana que exclui, no início das *Meditações*, a possibilidade da loucura.

Num dos casos (o mais recente), a loucura é o próprio tema da experiência literária: trata-se de Artaud, para quem toda tentativa da ordem da linguagem ocorreu em comunicação direta com sua loucura.

No outro (e eu começaria por este), a loucura é representada da maneira mais exterior possível como uma coisa estranha e uma bizarrice, um fato...

[I.] A LOUCURA NO TEATRO BARROCO

É curioso constatar que as cenas de loucura no teatro da primeira metade do século XVII são tão frequentes e tão necessárias à economia dramática quanto as cenas de confissão no teatro de Racine. A confissão raciniana, ao nominar ritualmente, cerimoniosamente, a verdade, aciona o mecanismo trágico. A loucura barroca, suscitando, ao contrário, um mundo fantástico de erros, de ilusões, de quiproquós, comanda todo o movimento dramático (e, se olharmos de perto, descobriremos que a confissão clássica nada mais é que o inverso da loucura barroca, e que aquela se situa no mesmo ponto que esta, com efeitos dramáticos que muitas vezes são os mesmos).

Mas como funciona a loucura barroca?

1. Ela introduz a um mundo da morte, ou da quase morte.

Uma das situações mais frequentes é a seguinte: o protagonista recebe uma notícia que o aflige; ele sente que vai morrer; ele desmaia no palco; e levanta-se pouco depois, mas duplamente modificado:

- de um lado, está louco
- e, de outro, ou melhor, ao mesmo tempo, sua loucura consiste em se crer morto.

É o que sucede desde a primeira cena de *O hipocondríaco*, de Rotrou,[9] e o restante da peça se desenrola sob o signo da morte. Pois, para vencer o delírio do herói, ou para que ele lhes dê ouvidos, os outros personagens fingem se considerar mortos.

Daí parte toda uma encenação de tumbas, de esqueletos, do Inferno, que ocupa a peça até o fim, até a cura do herói. [M: ela desenha o espaço a partir do exterior // o espaço trágico]

Vejam que a iminência mortal que define o espaço trágico de *Andrômaca, Mitrídates, Fedra, Atália*[10] é estruturalmente idêntica a essa loucura barroca.

Vejam também que essa loucura desempenha o papel de análogo em relação à Paixão de Cristo, tal como era representada nos teatros da Idade Média: a morte de Cristo, a descida ao Inferno, o julgamento pronunciado por ele, a ressurreição.

---

9 Jean Rotrou, *L'hypocondriaque, ou Le mort amoureux*. Paris: Toussaints do Bray, 1631.
10 Jean Racine, "Andromaque", "Mithridate", "Phèdre et Hippolyte", "Athalie", in *Œuvres complètes*, v. I. Paris: Gallimard, "Bibliothèque de la Pléiade", 2004, respectivamente nas pp. 193-256, 627-86, 815-76 e 1007-84.

De um ponto de vista formal, a loucura barroca é exatamente intermediária entre a Paixão cristã e a paixão trágica.

Ela é o equivalente estrutural disso: a presença no homem da potência da morte.

2. A loucura introduz um complexo jogo de máscaras. Com efeito, a loucura na época barroca é o poder da ilusão:

- O louco faz o mundo que o rodeia vestir a máscara do seu delírio. Cardênio (da peça de Pichou, segundo um episódio de Cervantes)[11] "se acreditou abandonado por Lucinda: ele se refugiou na floresta, onde as árvores, os rochedos e até o barbeiro que vem lhe dispensar seus cuidados aparecem-lhe sob os traços de sua bem-amada".
- E assim quem resiste à sua loucura é reconhecido, no mesmo instante, como louco. O hipocondríaco de Rotrou, ao ver o pai de sua amada, tratou-o como morto; e como este quer convencê-lo de que está vivo, Cloridan o toma por um morto – mas por um morto que estaria louco.
- E depois o próprio louco aparece mascarado para os outros. Porque estes não querem acreditar que ele é louco. E o acusam de usar voluntariamente, por astúcia, maldade ou interesse, uma máscara de loucura fingida. E o tratam como um homem racional que estaria se fingindo de louco, enquanto ele é, na realidade, um louco que se crê racional.

  Daí um emaranhado inextricável de erros, quiproquós, reduplicações, pessoas que tomam o lugar umas das outras (numa dessas peças há dois gêmeos).

  Ora, todas essas frágeis (e inverossímeis) arquiteturas têm a propriedade de se anular pelo jogo da intriga e de se resolver subitamente na verdade pela mera multiplicação dos erros.

Mais uma vez, as sucessivas declarações do teatro clássico, que pouco a pouco se encaminham para o anúncio final da verdade, [são] como o reflexo invertido dessa proliferação mascarada da loucura barroca.

---

11   Pichou, *Les folies de Cardenio*. Paris: François Targa, 1630.

3. A loucura assegura comunicações impossíveis, ultrapassa limites que, de ordinário, são intransponíveis. A loucura é o encontro impossível e é o lugar da impossibilidade.

Na loucura, o sonho se comunica com a vigília (ninguém sabe quem está vivo e quem está morto, quem vela e quem dorme, quem raciocina e quem delira):

> Os personagens são confundidos uns com os outros.
> Ele se tomam por outros que não eles próprios.
> Eles fazem coisas diferentes do costumeiro etc.

Daí duas situações privilegiadas nesse teatro:

1) o disfarce que confunde as identidades, as idades e os sexos;
2) a bestialidade que transforma os homens em feras selvagens e os faz cometer monstruosidades.

Em *A tragédia maometana*[12] (peça anônima de 1612), uma sultana enlouquece por causa do assassinato do filho e mata o homicida em cena, corta-o e come-o em pequenos pedaços (ainda em cena).

Tudo que o teatro clássico confiará [à] violência irreal do discurso (sonho, ameaça, narrativa, lembrança), a tudo isso a loucura oferece presença visível no palco do teatro barroco.

4. E assim somos conduzidos à quarta grande função da loucura no teatro barroco.

Quando o herói fica louco em cena e se instaura esse mundo de confusões, disfarces, desordem, falsa morte e quase ressurreição, o que se constitui nesse momento é uma espécie de segundo teatro no interior do primeiro, um teatro mais onírico, mais fantástico que o primeiro; e que tem a função de fazer com que ele pareça o lugar da verossimilhança e da realidade.

Mas, ainda assim, esse segundo teatro, interior e delirante, sob seu aspecto fantástico nada mais é que a verdade exemplar e ampliada do primeiro; e o papel do que acontece no pequeno palco da

---

12 Anônimo, *La tragédie mahométiste*. Rouen: Abraham Couturier, 1612.

loucura é dizer a verdade e desvendar o que não havia encontrado nem formulação nem solução no grande palco do teatro.

Tanto que o lampejo de verdade que jorra desse microcosmo louco ilumina o macrocosmo do teatro com uma luz feliz ou cruel.

Portanto, a loucura tem uma função de autorrepresentação do teatro: a loucura no teatro do teatro. É o teatro duplicado com o pequeno palco que mostra a verdade invisível, a inverossimilhança decifrável e o grande palco que circula ao redor desse espetáculo interior e se representa em sua verdade de teatro por meio da atuação própria da loucura.

Dessa duplicação o teatro clássico guardará apenas uma estrutura muito delgada. Não há teatro interior em Racine. Mas a tragédia deve se atar e se desatar em um dia de festa (as regras talvez não sejam mais do que a consequência, não desse dia, mas dessa *festa*: casamento, cerimônia religiosa, coroação, pacto ou tratado).

A cerimônia raciniana (sempre evocada no discurso, jamais mostrada e sempre impedida pela tragédia), essa forma vazia da festa é a própria estrutura da loucura que faz nascer o teatro no teatro, o tempo figurado da representação dentro do tempo real do debate.

A festa raciniana e a loucura barroca representam no próprio teatro a teatralidade do teatro.

Se me alonguei a respeito da loucura no teatro barroco, foi por duas razões:

- Mostrar primeiro que o louco não é um personagem entre outros numa época dada da história do teatro (ao lado do fanfarrão ou [do] inocente), mas que a loucura é [uma] função do teatro como tal e que a encontramos, muito mais investida, em um teatro sem personagens loucos (o Orestes de *Andrômaca* é o último).
- E, segundo, mostrar que essa loucura tem uma função curiosa: ela atua como um espelho da linguagem. Ela a duplica e a reduplica. Esse personagem extremo, inverossímil do louco no teatro é, na realidade, o próprio teatro anunciando-se em seu nascimento e em sua verdade.
  (É por isso que não há nenhuma verdade psicológica, patológica ou médica no louco do teatro: seus caracteres distintivos

são teatrais. Quero dizer que, do fundo de seu ser e de sua paixão, do fundo de sua existência dramática, ele próprio é teatro.)

[II.] O TEATRO E SEU DUPLO

Gostaria de me colocar agora em um ponto extremamente distante daquele. Num momento em que a loucura não é mais representada de nenhuma forma, mas vivida de dentro, sentida no nível da linguagem, ou melhor, já antes da linguagem, quando é roída a partir de dentro e só pode sair à luz já em ruínas.

Certamente me refiro a Artaud, para o qual a loucura não é a sutileza extrema de uma representação duplicada, mas aquilo que faz corpo com o pensamento mais originário; aquilo que faz corpo com o corpo.

De fato, se escolhi Artaud (poderia ter sido Roussel ou J.-P. Brisset),[13] é porque está claro que, também para ele, o problema do teatro foi central.

Ainda que em uma relação inversa àquela de que vínhamos falando – quero dizer que o empreendimento de teatro (o teatro e seu duplo) estava situado, para ele, no interior do mal de que ele sofria (no centro desse Vazio, como ele próprio chamava sua loucura); e que não foi a loucura que cavou o teatro a partir de dentro e que o duplicou.

1. Não mencionarei o conhecido episódio das cartas a Rivière.[14] Rivière recusou os poemas de Artaud em razão, dizia ele, de uma

---

13 Sobre Jean-Pierre Brisset, ver M. Foucault, "Le cycle des grenouilles" [1962] e "Sept propos sur le septième ange" [1970], in *Dits et écrits I* ["O ciclo das rãs" e "Sete proposições sobre o sétimo anjo"]. Ver também M. Foucault, "Langages de la folie: le langage en folie", transmissão radiofônica de 4 fev. 1963 por RTF France 3 National (quinta e última transmissão do ciclo), reproduzida em M. Foucault, *La grande étrangère* ["A linguagem da loucura: a linguagem enlouquecida", in *A grande estrangeira*].
14 Antonin Artaud, *Correspondência com Jacques Rivière*, trad. Olivier Dravet Xavier. Belo Horizonte: Editora Moinhos, 2020. Ver também M. Foucault, "Langages de la folie: le silence des fous", in *La grande étrangère* ["A linguagem da loucura: o silêncio dos loucos", in *A grande estrangeira*].

certa discordância, uma divergência formal quase estilística. E Artaud respondeu que não era questão de perfeição ainda não adquirida, mas de erosão interior, um mal que corroía seu pensamento, ou melhor, que o removia a tal ponto que ele se encontrava privado do que constituía o próprio cerne de sua existência.

Ora, nada consegue apagar esse vazio interior, nem mesmo a linguagem. E, na linguagem, menos que tudo, a literatura. De modo que todas as palavras que Artaud escreve falam desse vazio, referem-se a esse vazio, nascem dele, só para voltar a se precipitar nele, e só escapam dele no movimento de sua perda.

2. Ora, esse vazio, que jamais pode ser abolido e deixa toda linguagem em um suspense derrisório, também é experimentado como algo que vem do mundo: é o vazio das coisas, das instituições, das culturas, de todas as palavras escritas, muito além de toda memória. É o deserto reinante.

Mas, coisa estranha, Artaud experimenta esse deserto irremediável a propósito do teatro de modo duplo. No teatro, mais do que em qualquer outro lugar, o vazio é vazio; o teatro contemporâneo é para ele o ponto paradoxal em que culmina o vazio: desolação absoluta. E o teatro, malgrado isso ou talvez por causa disso, é exatamente a forma de expressão pela qual se poderá voltar desse vazio da melhor maneira e o mais depressa possível. Ele é concomitantemente o ponto culminante e o ponto de inflexão do vazio. Sendo o ponto mais oco, é também o do apelo mais premente.

"Em meio à confusão, à *ausência*, à desnaturação de todos os valores humanos, [...] a ideia de teatro é provavelmente a mais atingida." E mais adiante: "O teatro é a coisa mais impossível de salvar no mundo".[15]

No entanto, alguns meses mais tarde: "Na época de confusão em que vivemos, época toda carregada de blasfêmias e das fosforescências de uma renegação infinita, [...] tive a fraqueza de pensar que eu poderia fazer um teatro, que eu poderia pelo menos

---

15 A. Artaud, "O teatro Alfred Jarry", in *Linguagem e vida*, trad. J. Guinsburg et al. São Paulo: Perspectiva, 2004, pp. 29-30.

encetar essa tentativa de devolver vida ao valor universalmente menosprezado do teatro".[16]

Qual é para Artaud, nesse vazio extremo, nesse vazio do pensamento e da linguagem, a possibilidade do retorno? Contra o mal que corrói as palavras e o mundo, o que pode fazer o teatro, "uma arte baseada inteiramente em um poder [de] ilusão"?[17]

Para dizer a verdade, o que Artaud encontra no teatro, o que ele procura encontrar, não é com o que preencher esse vazio, mas percorrê-lo até os seus limites, cavar até o fundo dele e encontrar ali, em estado selvagem, uma afirmação.

Primeira técnica essencial no teatro da crueldade: a restituição da fala à voz, da voz ao corpo, do corpo aos gestos ou aos músculos, ao próprio esqueleto. Uma espécie de recaída geral, sistemática e violenta dos poderes da ilusão da linguagem no que pode haver de mais gritante no corpo. Reconduzir a fala da magia das palavras a uma espécie de arquejo e dança macabra.

Não é o sentido nem o espírito do texto que existe, mas o "deslocamento de ar que sua enunciação provoca. E ponto final".[18] É preciso "empreender numa dança nova do corpo do homem uma derrota desse mundo dos micróbios que não passa de um nada coagulado. O teatro da crueldade quer que as pálpebras dancem aos pares com os cotovelos, as rótulas, os fêmures e os dedos do pé, e que isso seja visto".[19]

Segunda técnica: nada no cenário, nos acessórios, nos objetos deve ser alusivo ou simbólico. Todas as coisas em cena devem ser o que são. Nada fantástico, a mais escrupulosa realidade, de tal maneira que o palco esteja em comunicação espacial absolutamente direta com o auditório.

Mas, em compensação, a encenação, os movimentos dos atores, suas evoluções, os pontos do espaço cênico em que eles param e recomeçam devem ser simbólicos: isto é, falar uma lin-

---

16 Id., "Manifesto por um teatro abortado", in *Linguagem e vida*, op. cit., p. 37; trad. modif.
17 Id., "O teatro Alfred Jarry", op. cit., p. 30.
18 Id., "Teatro Alfred Jarry (II)", in *Linguagem e vida*, op. cit., p. 35.
19 Id., "Le théâtre de la cruauté" [1931], in *Pour en finir avec le jugement de dieu*. Paris: Gallimard, 2014, p. 168 [ed. bras.: *Para acabar com o juízo de Deus e outros escritos*, trad. Olivier Dravet Xavier. Belo Horizonte: Editora Moinhos, 2020].

guagem muda que não passa pelas palavras. Falar uma linguagem diferente, direta e violenta; uma linguagem concomitantemente augural e divinatória que desvele de repente "a fatalidade da vida e os misteriosos encontros dos sonhos".[20]

Dito de outro modo, trata-se de substituir a estrutura teatral habitual (gestos e falas reais em um cenário fictício) por uma estrutura inversa: em um espaço impiedosamente real, ostentar gestos, movimentos que falam uma linguagem diferente.

Substituir esse poder de ilusão das falas verdadeiras pela magia das operações simbólicas em cima dos objetos verdadeiros.

3. Daí o desaparecimento disso que se entende ordinariamente por representação, para que em seu lugar surja a cada noite uma operação absolutamente perigosa, na qual se encontram violentamente engajados os atores e os espectadores, presos na fatalidade dessa operação que os sobrepuja. "[...] em cada espetáculo encenado desempenhamos uma parte séria [...]. Não é ao espírito ou aos sentidos dos espectadores que nos dirigimos, mas a toda a sua existência. À deles e à nossa. Representamos nossa vida no espetáculo que se desenrola sobre o palco [...] [O espectador] vai ao teatro como vai ao cirurgião ou ao dentista."[21]

4. Daí a descoberta de que o coração do teatro, seu foco [*foyer*] (no verdadeiro sentido da palavra), onde nasce o jogo e onde ele ganha vida constantemente, não é o palco, mas a sala. A sala onde os espectadores confinados são o ponto de convergência de raios talvez fatais. Esses raios, para ameaçá-los absolutamente, devem vir de todos os lugares, como uma espécie de coroa que os domina.

O verdadeiro teatro seria aquele em que os espectadores estão no centro e o [espetáculo][22] à sua volta, numa galeria onde as cenas sucessivas se desenrolam simultaneamente e o olhar pode percorrê-las em um sentido arbitrário, mas sempre significativo.

---

20   Id., "Manifesto por um teatro abortado", op. cit., p. 38.
21   Id., "O teatro Alfred Jarry", op. cit., p. 31; trad. modif.
22   Conjectura: primeiro Foucault escreveu "teatro", depois riscou e substituiu por "espectador"; pelo desdobramento, é provável que Foucault quisesse dizer "espetáculo".

Igualmente livre de toda lei temporal, soberano em relação a todo olhar, o espetáculo adquire então seu verdadeiro poder de alucinação. Ele reina em torno e acima desse vazio central, ao qual os espectadores estão condenados.

E esse vazio corrosivo que Artaud experimenta continuamente, o teatro não passa de um meio de lhe conferir um espaço próprio, meticulosamente organizado, absolutamente perigoso e absolutamente ritual ao mesmo tempo. Não é um vazio a preencher, e sim a reabrir sempre.

Em 1937, em *As novas revelações do ser*, ele diz: "Já faz tempo que estou sentindo o Vazio, mas me recusei a pular no Vazio. [...] O que tenho sofrido até agora é por ter rejeitado o Vazio, o Vazio que já estava em mim".[23]

[MF acrescenta na parte inferior da folha:]

    1) É a imagem de sua loucura,
    2) mas ao mesmo tempo é um teatro [impossível]
- não porque é um louco,
- mas porque se trata da representação da literatura em sua essência:
  - uma linguagem originária, mais perigosa do que as palavras,
  - um poder mágico,
  - sagrado e religioso.

Uma coisa estranha é que esse teatro, que foi a grande preocupação positiva de Artaud, o que ele construiu contra a sua loucura (enquanto ela durou e para vencê-la), possui uma estrutura exatamente inversa à do teatro barroco.

Observem, por exemplo, esse teatro de galeria com os espectadores no centro; é a figura negativa do palco dentro do palco que é tão frequente no século XVII.

Essa ameaça, mediante a qual Artaud compromete a própria existência do espectador, é o contrário do anel de proteção tra-

---

23 A. Artaud, "Les nouvelles révélations de l'être" [1937], in *Oeuvres*. Paris: Gallimard, 2004, pp. 787-88 [ed. bras.: "As novas revelações do ser", in *Para acabar com o juízo de Deus e outros escritos*, op. cit.].

çado pelo teatro barroco quando apresenta o monstruoso, o insuportável, dentro do parêntese da loucura.

E o jogo barroco das ilusões, dos personagens confundidos, das máscaras, dos corpos que se dissipam pelo simples poder das palavras, é a contrapartida exata desses corpos reais, irrecusáveis, aguçados, dos quais Artaud quer fazer a única verdade teatral.

É como se o teatro barroco e o de Artaud fossem duas figuras simétricas e invertidas de cada lado de uma linha enigmática, de um espelho imperceptível.

Que linha é essa, então?

Lembrem-se: o papel da loucura no teatro pré-clássico era o de manifestar a teatralidade do teatro. Mostrar [o teatro] em seu poder de ilusão: isto é, desativá-lo e reproduzi-lo ao mesmo tempo.

Em Artaud, o teatro consiste em conferir um espaço ao seu mal, reproduzi-lo invertido; dar ao colapso central de sua alma um corpo (ou melhor, milhares de corpos) e ele próprio dançar, nos limites desse espaço, a dança de sua perseguição. De maneira que esse empreendimento não se destina de modo nenhum a conjurar sua loucura, fazê-la sair, como diríamos, mas manter-se nela e mantê-la com muito esforço.

III

Mas vocês me perguntarão: de que servirá essa estranha aproximação? O que mais saberemos sobre a loucura e a literatura em geral?

[MF complementa trecho acrescentado na p. 100:]

Primeiramente por antipsicologismo.

Os homens racionais e que não sabem nada sobre a loucura nem sobre o louco que, do fundo de sua loucura, elabora uma teoria do teatro, [veriam] a loucura funcionar de maneira similar na linguagem.

Isso quer dizer que a loucura não é um tema cultural indiferente e variável; não é uma experiência individual transposta para a literatura. É uma função autônoma e constante da linguagem em relação a si mesma

- como a crítica
- como a morte

que a psicologia não conseguirá elucidar (Roussel).

Mesmo que seja verdade que a loucura do drama barroco e a experiência teatral de Artaud têm alguma semelhança, supondo que, na pior das hipóteses, eles têm esse parentesco, isso nos deixa mais perto de descobrir o pertencimento comum da literatura e da loucura?[24]

Retornemos por um instante, se me permitem, aos interditos da linguagem.

Vocês sabem que há muito tempo se faz uma distinção entre a língua (isto é, o código linguístico que se impõe a todos os indivíduos que falam uma língua: vocabulário, regras de fonética e de gramática etc.) e a fala (isto é, aquilo que é pronunciado efetivamente em dado momento e que obedece mais ou menos a um código, em todo caso o suficiente para ser compreendido por outra pessoa que fala ou compreende a mesma língua).

- Pois bem, o que as sociedades rejeitam pode ser a transgressão da fala: aquilo que o código verbal permite dizer, mas é tornado tabu por um outro código (religioso, político, familiar, ético). É chamado de "bruxo" aquele que quebra o tabu, pronunciando a palavra que não deve ser dita (Belzebu no Pai-Nosso) ou invertendo a ordem dos elementos (recitando a missa ao inverso).
- Mas elas rejeitam também as modificações de sentido; isso quer dizer [que] elas se opõem, em certa medida, a que as palavras digam algo diferente do que elas dizem. Em suma, que a língua seja afetada enquanto código. Esse ultraje semântico é a heresia (que chamo assim por convenção, pois pode se tratar de sociedades laicas e transgressões não religiosas).
- Por fim, há um terceiro tipo de transgressão (uma transgressão por autoimplicação): consiste em que a língua (ou o código) é implicada na fala, ameaçada (supõe-se que a palavra seja, ago-

---

[24] Sobre esse pertencimento comum da literatura e da loucura, que é um tema recorrente em Foucault, ver, por exemplo, M. Foucault, "La folie, l'absence d'œuvre" [1964], in *Dits e écrits I* ["A loucura, a ausência da obra"].

ra e no momento em que reina, detentora de todas as regras do código) e, em contrapartida, a fala deve valer como uma língua.

Essa inversão e esse perigo extremo que a fala faz correr à língua, quando os encontramos, senão em três casos?

- Em um caso puro: o esoterismo; quando uma fala esconde o próprio código (mas esse código é mantido em outro lugar por outras falas).
- Em dois outros (que nem sempre são fáceis de distinguir do primeiro): a loucura e a literatura. Desde Freud, sabemos bem que a fala da loucura possui um código próprio.
  Quanto à literatura, não é o caso de dizer que as regras da língua não se aplicam a ela: sem dúvida, não há lugar melhor do que ela (quando se trata de um bom escritor). Mas, a partir do momento que a literatura começa (para o escritor e para o leitor), aí está o perigo ou, em todo caso, o risco de que a língua seja absolutamente comprometida e engolida pela palavra escrita. Quer saia transfigurada (como em Ronsard e Chateaubriand) ou idêntica a si mesma (como em Voltaire, Gide ou Camus), ela corre o mesmo risco.

Isso explica por que a literatura é parente próxima do esoterismo (sob o qual ela se esconde, fazendo crer que obedece a um código externo e oculto quando, na verdade, ele está lá, imperceptivelmente visível). Isso explica também por que tantas vezes ela parece quebrar tabus de linguagem (praticando a bruxaria do que não é enunciável – do inefável ou do inominável); e por que tantas vezes ela tangencia a heresia (a imaginária do fantástico ou a conceitual do pensamento).

Mas a essência da literatura não está nem aqui nem lá. Ela possui essa essência mais próxima da loucura, pela qual a língua é exposta a um perigo radical pela fala.

E se tantas vezes ela tem necessidade de a representar (se desde Homero e a grande embriaguez de Ájax,[25] [ela] de fato não

---

25 A loucura de Ájax não é narrada por Homero, mas por Sófocles. Ver Sófocles, *Ájax* [440 AEC], trad. Guilherme Trajano Vieira. São Paulo: Pespectiva, 1997, pp. 185-89.

parou de representar), é porque ela encontra ali seu reflexo, seu duplo, sua imagem. Isto é, sua própria chave.

Se é verdade que a literatura coloca seu código no que ela fala e não entrega seu código, ela, no entanto, mostra o que ela é; diz claramente que possui seu código nela mesma ao se representar na loucura (nesse duplo involuntário dela mesma). É por isso que, no teatro barroco, a loucura representa sempre a teatralidade do teatro; é por isso que, ao falar de seu teatro, Artaud o chama de "o teatro e seu duplo".

A diferença, a inesquecível diferença consiste, no entanto, em que, na época barroca, estava-se em vias de constituir uma literatura: e a loucura era apenas uma tênue figura em eclipse, presente somente pelo tempo necessário para mostrar o teatro do teatro, a linguagem da linguagem; e, no mesmo instante, ela desaparecia para que reinasse a linguagem calma e suave da literatura clássica.

Para Artaud, um teatro da alucinação não era uma figura interior ao teatro; ele era a abertura, a fenda, o abismo. Não era mostrar ironicamente o que era a literatura no interior de uma fala literária, mas forçar a literatura a voltar ao que ela é, ao seu ser mais cru, a esse algo que está infinitamente abaixo dela e é infinitamente menos do que ela. Ao grito simples da loucura, que é seu duplo soberano.

Vê-se por que a loucura exerce sobre a literatura a sabida fascinação e por que a literatura sempre reconhece nela o tema do espelho.

É que a loucura é de fato o espelho da literatura, o espaço fictício que reflete a própria imagem dela:

- na medida em que a literatura representa a si mesma em sua [construção] voluntária na regra da língua, a loucura é sua imagem: loucura [sábia] que mostra a teatralidade do teatro, o literário da literatura;
- na medida em que a literatura se sente como perigo absoluto em que a língua corre o risco de perecer, a loucura é ainda sua imagem: loucura que mostra o grito sob a fala e a derrota de todo sentido.

A loucura é de fato o espaço de jogo da literatura, a extensão que ela percorre e que é limitada em cada extremidade apenas por esse duplo obsessivo, derrisório, que detém, com toda a crueldade, sua verdade fictícia.

[No dossiê 1 da caixa 57 há uma folha solta que parece ser outra versão do fim desta conferência:]

Para a literatura, representar a loucura, ou se constituir a partir de uma experiência da loucura, no fundo é apenas mostrar o que ela é, enunciar sua verdade em uma imagem. Não é de se admirar que, na literatura, a loucura esteja sempre organizada em torno do tema do espelho. Ela deve dar, em seu espaço fictício, a verdade do mundo; na verdade, ela diz obscuramente algo que concerne ao ser da literatura.

Mas, é claro, não faz isso sempre da mesma maneira:

- Na época barroca, ela era o reflexo lúdico de uma linguagem em vias [de se] constituir como obra. Era a tênue figura em eclipse que mostrava a teatralidade do teatro, a linguagem da linguagem.
- Na época de Artaud, em nossa época, a loucura reconduz violentamente a literatura a essa verdade simples, a esse rochedo do seu ser onde ela descobre o que ela é, a esse movimento que a corrói e esvazia, quando ela descobre que é pura e simplesmente linguagem.

Mas sob essas duas formas (uma que multiplica os poderes ilusórios da representação e outra que renova a festa perigosa, única e indefinidamente repetida), a loucura, sem dúvida, define o espaço de jogo da literatura. A distância que ela não para [de] percorrer. Os limites além dos quais ela vê se desenhar, *en abyme*, como no fundo muito próximo e muito distante de um espelho, uma imagem estranha que é ela própria. E, em cada um desses pontos extremos, nessas regiões de fronteiras, onde o fim coincide com o começo, onde a aurora coincide com a noite que a encerra, a literatura é assombrada por esse duplo obsessivo, derrisório, que detém e rouba, com toda a crueldade, sua verdade fictícia, sua ficção verdadeira.

A LITERATURA E A LOUCURA

[A LOUCURA NA OBRA DE RAYMOND ROUSSEL]

BNF, Fonds Michel Foucault, NAF 28730, caixa 57, dossiês 1, 3, 6 e 7.

[I]

Não há sociedade sem loucura; não há cultura que não abra espaço, em suas margens, para as pessoas que são chamadas, em suma, de loucas.

Não há sociedade no mundo em que não exista essa categoria estranha, não há língua que não possua uma palavra para designá-la. Não é possível evitar os loucos em uma sociedade, como poderiam ser evitados os tuberculosos ou os cancerosos: existem agora e, ao mesmo tempo, estão fadados a desaparecer quando tivermos encontrado o medicamento adequado contra essas doenças.

A existência dos loucos é de outra natureza.

- Primeiramente porque, na ordem da loucura, há não só os doentes mentais (no sentido médico do termo), mas também pessoas que não são doentes e coisas (obras de arte, frases, livros, toda sorte de produções) que chamamos de "loucas".
  Por abuso de linguagem? Certamente não. Mas talvez porque a loucura é mais ou menos secretamente e mais ou menos manifestamente um princípio de classificação e de organização; a regra de distribuição binária que as sociedades operam espontaneamente entre duas regiões da existência: a razão e a desrazão.

- Em seguida, é preciso lembrar que essa distribuição não é a mesma nas diversas sociedades. Excetuando talvez um pequeno grupo de pessoas que seriam consideradas loucas tanto aqui quanto nas sociedades da Melanésia, a definição de loucura é eminentemente variável. Os etnólogos observaram muitas vezes que os indígenas que eles escolhem como informantes, os que lhes parecem mais capazes de dizer coisas razoáveis sobre o grupo ao qual pertencem, são precisamente os que o grupo considera desviantes e irracionais.

Com o passar do tempo, pode-se constatar importantes variações em uma mesma sociedade. Nas sociedades cristãs ocidentais, certas práticas religiosas ou pararreligiosas, como a magia ou a feitiçaria, figuraram por muito tempo no domínio do interdito. Só bem recentemente ingressaram no domínio do irracional.

Não há dúvida de que a loucura não é um fenômeno natural – um risco patológico ao qual todos os indivíduos sobre a face da Terra estão uniformemente expostos. A loucura é uma função geral de divisão que existe em toda cultura humana, mas não é exercida em uma cultura da mesma maneira que em outra. Cada forma de sociedade, cada civilização tem leis próprias de divisão e critérios próprios. No nível global de uma sociedade, a loucura não é um acidente; é um fato de distribuição.

Essa evidência foi obnubilada porque agora consideramos estruturalmente idênticas a loucura e a doença.

Mas não foi assim em todos os lugares nem em todos os tempos.

Até em torno do ano 1780, havia duas funções sociais e duas regiões de experiência perfeitamente distintas na Europa Ocidental.

- Uma delas dizia respeito à doença mental e comportava toda uma série de medidas jurídicas e médicas.
- A outra concernia a uma categoria de pessoas que eram chamadas de insensatas, irracionais, alienadas. Não se aplicava a elas nenhum tratamento médico, nenhuma medida jurídica estrita. Elas eram encerradas em condições que hoje nos parecem absolutamente arbitrárias, mas que obedeciam a imperativos perfeitamente claros para a época.

Ora, o que ocorreu no fim do século XVIII foi a sobreposição e a confusão no pensamento ocidental entre a divisão da loucura e a definição da doença mental. Pensava-se que seria possível adequar estritamente as categorias da desrazão às da patologia. E formulou-se o seguinte axioma, que para nós ainda é evidente: *os loucos ou os insensatos das épocas precedentes não passavam de doentes que ainda não se era capaz de reconhecer como tais.* Pensava-se que a medicina era demasiado rudimentar para reivindicá-los e anexá-los ao seu campo. Mas esperava-se que dali por diante toda experiência da loucura fosse reabsorvida pela ordem da doença.

Mas não se levou em conta a autonomia dessas funções sociais, que podem acomodar um saber objetivo sobre a vida, o corpo, a doença, mas nunca se reduzem inteiramente a ele.

Observem o que acontece com a morte: ela é o fato biológico mais forçoso. E, no entanto, jamais, em nenhuma sociedade, um indivíduo morre sem que se acione uma função precisa que é bem diferente da pura constatação da morte. Essa função aparece no ritual que cerca a morte e que muitas vezes só decreta a morte social muito tempo depois da morte biológica (o luto), mas às vezes já a decreta antes do falecimento (em caso de doença, de condenação ou mesmo de velhice). Hoje, por mais que a medicina seja a instância que define cientificamente a morte (o momento da morte, a causa da morte), a função social que delimita a morte, que a exalta e consagra, essa função está longe de ter desaparecido.

O mesmo vale para a loucura: a medicina até tentou vincular a experiência da loucura à da doença mental; mas a experiência da loucura continua excêntrica à patologia das condutas.

Daí essas sobreposições, essas áreas cinzentas, esses fenômenos marginais, mas insistentes, que manifestam a irredutibilidade da loucura à medicina mental. Dificuldade para dizer se certos desvios criminosos ou sexuais são ou não doenças. Ambiguidade da atitude em relação aos loucos (considerados concomitantemente perigosos e em perigo). E, sobretudo, a experiência muito curiosa das relações entre a loucura e a literatura (ou, mais precisamente, da loucura e da arte; mas o tema seria demasiado vasto, infinitamente [vasto], para uma conferência despretensiosa).

II

As relações entre a loucura e a literatura não datam do século XIX. Podemos até mesmo dizer que essas relações são constantes – estranhamente constantes. Existe literatura sem guerra, existe literatura sem amor; mas nunca existiu uma literatura que não tenha nomeado, em um ou outro momento, a morte e a loucura.

Desde os acessos de fúria de Ájax,[1] a loucura sempre esteve presente na literatura ocidental, mas com momentos privilegiados, períodos de clímax. Talvez jamais tenha sido representada tantas vezes como hoje e em todo o século XVI: penso em Erasmo, em Cervantes, é claro, mas também no teatro elisabetano e no que podemos chamar de teatro barroco, no início do século XVII francês.

Mas me parece que a experiência contemporânea da loucura é de caráter bastante diferente da dessa longa tradição.

Lançando mão de alguns exemplos, gostaria de caracterizar brevemente essas experiências antigas e atuais da loucura (tendo bem em mente que jamais, nem outrora nem agora, tratou-se da representação realista, médica de um doente mental).

[A.] No século XVI, o louco é aquele que se toma por um outro:

- estando vivo, acredita estar morto (cf. *O hipocondríaco*, de Rotrou);[2]
- sendo rico, acredita ser pobre; sendo um cavaleiro miserável, acredita ser o grande reparador das injustiças (Dom Quixote);
- sendo amado, acredita ser odiado; ou sendo velho e feio, acredita ser amado.

Inversamente, toma as pessoas umas pelas outras. Em *As loucuras de Cardênio*,[3] este toma todo mundo por Lucinda (até as árvores da floresta onde ele buscou refúgio, até o barbeiro).

---

1 Ver Sófocles, *Ájax* [440 AEC], trad. Guilherme de Almeida Trajano Vieira. São Paulo: Pespectiva, 1997, pp. 185-89.
2 J. Rotrou, *L'hypochondriaque, ou Le mort amoureux*, op. cit.
3 Pichou, *Les folies de Cardenio*, op. cit.

O louco é, portanto, o grande instrumento das metamorfoses mais surpreendentes. Ele organiza o grande jogo do mesmo e do outro. E como, em geral, esses episódios de loucura se combinam com peripécias que envolvem disfarces, fantasias, mal-entendidos, imagina-se o emaranhado inextricável que tudo isso pode provocar.

Mas todo esse jogo extremamente complexo tem um só resultado: trazer à tona uma verdade mais profunda e mais oculta – uma verdade que não é conhecida. A loucura revela o invisível. Tomando as pessoas pelo que elas não são e a si mesmo por algo que diferente do que ele é, o louco paradoxalmente faz aparecer a verdade em estado puro. [M: O louco é como o verídico.] Dom Quixote faz surgir o pequeno mundo fervilhante, miserável, ávido e muitas vezes grotesco da Espanha do século XVI; e, ao mesmo tempo, denuncia o que os romances de cavalaria que encantam essa mesma Espanha são em sua realidade de mentiras. Da mesma maneira, do fundo de sua melancolia, Hamlet traz à tona a verdade invisível: o assassinato de seu pai, que no início é apresentado por ele como simples ficção teatral e pouco a pouco se torna a própria verdade da peça.

De modo que a loucura adquire um papel duplo: ela mostra a verdade das coisas e das pessoas; denuncia e desvela; e, ao mesmo tempo, constitui uma imagem da literatura, uma espécie de duplo interior a ela. *Dom Quixote*[4] é um romance que representa outros romances por intermédio da loucura; *Hamlet*[5] é uma peça que representa outra peça. Como se a literatura se duplicasse e se contemplasse pelo jogo da loucura; como se a loucura colocasse diante da literatura um espelho no qual ela se refletisse. O papel da loucura não é só mostrar, como por astúcia, a verdade das coisas, mas também falar a verdade da literatura, do teatro, do romance (manifestá-la em seu papel ambíguo de verdade mentirosa e de mentira verdadeira). [M: O espelho interior à linguagem. Como nas pinturas que representam espelhos.]

---

4 Miguel de Cervantes, *O engenhoso fidalgo D. Quixote de La Mancha* [1605-14], 2 v., trad. Sérgio Molina. São Paulo: Editora 34, 2011-12.

5 William Shakespeare, *A tragédia de Hamlet, príncipe da Dinamarca* [1599-1601], trad. Bruna Beber. São Paulo: Ubu Editora, 2019.

B. Ora, desde o século XIX, a loucura desempenha um papel aparentemente muito diferente na literatura. Não mais um papel de representação e imagem: a loucura não é mais representada para representar a literatura; é no próprio cerne da loucura que é feita a experiência do que é a literatura.

A loucura se torna uma experiência subjetiva do próprio autor: como se a loucura e a escrita fizessem parte uma da outra desde as suas origens. Penso, é claro, naqueles autores que fizeram a experiência da loucura na forma de doença mental, como Nerval ou Artaud, mas também em todos aqueles que fizeram experiências indefinidas em termos médicos (doença ou não?), mas que para eles valeram como experiências gêmeas da loucura e da linguagem (Flaubert na época de *Memórias de um louco*,[6] Mallarmé na época de Tournon, quando passou por algo que talvez possa ser chamado de crise de melancolia e escreveu *Igitur*);[7] penso em todos aqueles que invocaram, no horizonte da linguagem, o incêndio promissor da loucura, como os surrealistas; naqueles que a agenciaram artificial e meticulosamente com o auxílio da droga, como Michaux.

Trata-se, sem dúvida, de uma experiência bastante complexa em que a escrita, a loucura e a doença mental se entrecruzam e se emaranham. E, de imediato, surge a pergunta: a experiência da loucura era mesmo necessária para alguém como Artaud se tornar escritor, ele que, antes das primeiras crises, nunca tinha escrito nada além de poemas de adolescente? Mas, afinal de contas, há muitos doentes mentais que não escrevem nada de valor. É preciso, portanto, já ser um grande escritor para ser concomitantemente louco e grande escritor.

Na verdade, essas discussões intermináveis não têm grande significado: não têm nem mais nem menos sentido (ou seja, muito pouco no total) do que os debates para saber em que condições nasce o gênio.

---

6 Gustave Flaubert, "Mémoires d'un fou", in *Œuvres de jeunesse*, v. I. Paris: Louis Conard, 1910.

7 Stéphane Mallarmé, "Igitur, ou a folie d'Elbehnon", in *Œuvres complètes*. Paris: Gallimard, 1961.

E, no entanto, há nessa conexão atual entre a escrita e a loucura algo de enigmático e que, sem dúvida, traz a questão do que é a literatura hoje.

Eu gostaria de dar um exemplo ao mesmo tempo muito puro e, por isso mesmo, bastante complexo. Evidentemente não para resolver o problema, mas para tentar determinar suas dimensões.

Trata-se de um desses casos, sem dúvida bastante raros, em que a obra, a experiência da loucura e a doença mental se sobrepõem precisamente para formar algo como uma figura única.

Trata-se de Raymond Roussel,[8] ou seja, de um escritor que, em sua época, era conhecido praticamente só pelos surrealistas (ele viveu de 1877 a 1933). Mas sua importância e sua estatura só cresceram desde então. E foi pelo *nouveau roman*, pelas obras de Robbe-Grillet[9] que se percebeu que Roussel fez com a linguagem uma experiência que é a da literatura contemporânea.

A partir dos dezessete ou dezoito anos, Roussel foi o que podemos chamar de doente no sentido estrito do termo. Aliás, ele foi classificado e tratado como tal por Pierre Janet.[10] Ele apresentava o que pode ser identificado como sintomas obsessivos (psicastenia, dizia Janet; neurose, disse mais tarde Freud; talvez "esquizoneurose", como se diz atualmente no caso de todas as formas limítrofes entre a neurose e a esquizofrenia, às quais a

---

8   É sabida a importância da figura de Roussel para a reflexão foucaultiana. Ver, em particular, M. Foucault, *Raymond Roussel*, bem como "Dire et voir chez Raymond Roussel" [1962] ["Dizer e ver em Raymond Roussel"], primeira versão do capítulo 1 do livro de 1963, e "Pourquoi réédite-t-on il œuvre de Raymond Roussel? Un précurseur de notre littérature moderne" [1964], in *Dits et écrits I* ["Por que se reedita a obra de Raymond Roussel? Um precursor de nossa literatura moderna"]; e, bem mais tarde, "Archéologie de une passion" [1983], in *Dits et écrits II* ["Arqueologia de uma paixão"]. Há igualmente diversas intervenções radiofônicas dedicadas a Roussel: M. Foucault, "Raymond Roussel", programa transmitido em 21 nov. 1962 pela RTF France 3 National, bem como duas entrevistas com Roger Vrigny (11 jun. 1963) e Roger Grenier (27 jun. 1963), ambas transmitidas pela RTF France 3 National.
9   Sobre Alain Robbe-Grillet, ver, por exemplo, M. Foucault, "Distance, aspect, origine" [1963], in *Dits et écrits I* ["Distância, aspecto, origem"]. Ali Foucault comenta em particular *La jalousie* [1957] e *La chambre secrète* [1959].
10   Pierre Janet cita o caso de Raymond Roussel, sob o nome de Martial, em *De l'angoisse à l'extase*, v. I. Paris: Félix Alcan, 1926, pp. 116-19.

psiquiatria contemporânea está muito atenta, no que se refere tanto às condutas obsessivas quanto aos sinais histéricos).

- Ele teve uma experiência de iluminação aos dezessete, dezoito anos de idade. A impressão de que uma luz prodigiosa emanava de
[*Uma folha do manuscrito não foi encontrada.*]
[...] minúscula fotografia contida na lente de uma caneta-tinteiro de lembrança.
- A outra parte de sua obra é igualmente obsessiva e mais estranha ainda. Ele escolhia ao acaso frases feitas ("Tenho tabaco do bom"), extraía sonoridades aproximativas delas e, a partir daí, construía uma série de palavras que serviam de fio condutor para uma nova história. Ocorre um tratamento do acaso na linguagem: submeter as frases a explosões fonéticas e, uma vez lançados os dados sonoros, construir um novo edifício verbal a partir da figura assim constituída.[11]

Ora, esses dois aspectos da obra coincidem exatamente com as experiências mais importantes da literatura moderna:

- A introdução do acaso na linguagem literária e o nascimento do fantástico, não mais a partir das velhas constantes da imaginação, mas a partir das rupturas, lacunas e choques da linguagem.
- A constituição de uma linguagem que não se apresenta mais como invenção ou expressão primeira, matinal, de uma subjetividade, mas [como] repetição de uma linguagem já dita (repetição sistematicamente variada): essa ideia de que a literatura não se faz nem com ideias, nem com sentimentos, nem com impressões, mas com a linguagem e as leis imanentes dessa linguagem. Só existe literatura em um certo espaço de jogo dentro da linguagem.

---

11 Foucault faz referência aos procedimentos que Raymond Roussel utilizou para compor suas obras, e que o próprio Roussel descreveu em *Como escrevi alguns dos meus livros*, trad. Fabiano Barboza Viana. Florianópolis: Cultura e Barbárie, 2015. Ver M. Foucault, *Raymond Roussel*, pp. 21-64. O tema dos procedimentos de escrita será retomado por Foucault a propósito de J.-P. Brisset (e, de maneira menos extensa, a propósito de R. Roussel e L. Wolfson) em "Sept propos sur le septième ange", in *Dits et écrits I* ["Sete proposições sobre o sétimo anjo"].

- A descoberta de uma relação estranha entre as coisas: o objetivo da literatura não é engrandecer nem desmistificar nem fazer as coisas vibrarem ou cantarem, mas, antes de tudo, dizê-las: introduzi-las na linguagem e introduzir a linguagem nelas – constituir um espaço ou um tecido comum às coisas e às palavras.
- A descoberta também de uma escrita inteiramente branca e transparente. A literatura não é feita da beleza intrínseca nem do esplendor das palavras, mas sobretudo de uma mutação no próprio ser da linguagem. A literatura não é uma escolha na esfera do vocabulário ou da sintaxe: ela é certa maneira de ser da linguagem em relação a si mesma e às coisas.

[Em uma folha solta, inserida neste ponto, MF escreveu:]

Ora, tudo isso só domina a literatura contemporânea na medida em que constitui o seu reflexo subjacente; quero dizer que a experiência de Roussel é o espanto diante do poder absoluto e originário das palavras; esse poder tão familiar, mas tão enigmático que faz com que as palavras nomeiem as coisas e as façam aparecer, que os jogos de palavras e suas rupturas possam produzir o impossível; e que esse instrumento tão útil, inteiramente destinado ao intercâmbio, seja suscetível, por uma alteração de seu ser, a se transformar nessa figura retilínea, intransitiva, inútil, que se chama literatura.

A loucura de Roussel confere à literatura uma imagem em estado de emulsão; narra, da maneira mais primitiva, como a literatura pode nascer; oferece a representação espelhada do poder mais primevo das palavras.

E o que eu disse a respeito de Roussel pode ser dito também a propósito de Artaud.

Excetuando o fato de que a experiência de Artaud não é a do poder inicial da linguagem, mas, pelo contrário, a de seu colapso.

Colapso, impotência, anfractuosidade central que Rivière observou nas primeiras poesias de Artaud. Mas Artaud não pode compensar; sua linguagem é o próprio colapso de sua linguagem. E é esse vazio que ele percorre em sua obra que paradoxalmente ele [quer] mostrar em seu teatro.

Ora, tudo isso estava na obra de Roussel e foi encontrado pelos surrealistas, por Michel Leiris,[12] Butor[13] e Robbe-Grillet. A tal ponto que Robbe-Grillet quis intitular *Le voyeur* o projeto em homenagem a Raymond Roussel.[14]

É nesse momento que aparece em toda a sua pureza o seguinte problema:

- Um homem que até seus dezessete anos de idade só havia composto cantigas fica doente, doente do ponto de vista médico. Ele começa a escrever em conexão direta com sua loucura uma série de obras que não constituem (como em Nerval ou Artaud) um debate com sua loucura, mas a tradução serena, para a linguagem, das grandes estruturas clássicas da obsessão.
- E, consequentemente, ele inventa aquilo que constitui o essencial da literatura moderna, antes mesmo de ela existir (entre 1897 e 1914), a ponto de Breton,[15] Leiris, Robbe-Grillet e Butor o descobrirem sucessivamente como o "descobridor" do que eles próprios são.

III

Não há nenhuma dúvida: um fenômeno como esse jamais sucedeu. E, em todo caso, ele conduz, de maneira muito clara, à questão das relações da literatura contemporânea com a loucura.

Não há subterfúgios: dizer que se estava lidando com um escritor que ficou louco, uma vez que para ele a experiência da loucura e a da literatura resultaram na mesma coisa. Também não se pode dizer que se trata de um homem que, por intermédio da loucura, alcançou uma experiência estética já existente. É preciso admitir que se trata de um doente mental em sentido estrito que desco-

---

12 Michel Leiris, *Roussel & Co*. Paris: Fayard, 1998.
13 Michel Butor, *Essai sur les modernes*. Paris: Minuit, 1957, pp. 199-221.
14 Alain Robbe-Grillet, *Le voyeur*. Paris: Minuit, 1955.
15 André Breton, *Anthologie de l'humour noir*. Paris: Le Livre de Poche, 2013, pp. 289-303.

briu, no espaço organizado por sua doença, certa experiência da linguagem em que a literatura depois se reconheceu.

Ora, se prestarmos um pouco de atenção à obra de Roussel, perceberemos que se trata de uma literatura, ao mesmo tempo, bastante enigmática e bastante clara.

Bastante clara porque não diz nada de ambíguo, confuso, alusivo. Todas as palavras são cotidianas e a sintaxe é límpida.

Mas bastante enigmática porque levanta de imediato a questão: por quê? Por que essas descrições intermináveis? Por que essas histórias fantásticas e absurdas construídas a partir de jogos de linguagem?

Essa obra é tão enigmática que Breton e os surrealistas acreditaram que fosse esotérica e animada por um sentido místico.

A obra de Roussel, de fato, oculta alguma coisa, mas o que ela oculta é também o que ela mais mostra, ou seja, a linguagem. O segredo de cada um desses textos é a exploração das propriedades e possibilidades da linguagem, isto é, Roussel faz, por baixo da literatura, o inventário da linguagem (de suas capacidades de nomeação, descrição, transformação, construção arbitrária).

Ora, o que a literatura está em vias de descobrir no século XX, provavelmente desde Mallarmé, mas sobretudo desde os surrealistas e os autores contemporâneos, é que ela é feita com linguagem; e que, longe de ter de dizer coisas mais ou menos novas com uma linguagem mais ou menos modificada, seu papel atualmente é aprofundar, desvelar e modificar sua relação com a linguagem e sua existência como linguagem.

Para empregar o vocabulário dos linguistas, poderíamos dizer que a literatura contemporânea não é mais um ato de fala que se inscreve em uma língua já feita; é uma fala que compromete, questiona, envolve a língua da qual ela é feita. É uma fala que contém a sua própria língua.

Ora, sabemos desde Freud que a loucura é precisamente uma fala desse gênero. Não é uma fala insensata, mas uma fala que contém seu código em si mesma; e, por conseguinte, só pode ser decifrada a partir do que ela diz. A loucura não obedece a nenhuma língua (e é por isso que ela é insensata); mas contém seu código nas palavras que ela pronuncia (e é nisso que ela faz sentido).

Compreendemos, então, como essa enigmática convergência de loucura e literatura pode se dar em nossos dias. Elas são duas experiências vizinhas da linguagem, provavelmente contíguas. E são como duas imagens uma da outra que se refletem, de modo que esse espaço irreal do espelho entre elas abre e abole a cada instante distância e identidade.

Na literatura clássica, a loucura era somente representada; era, no interior da obra literária, uma pequena imagem (frequente, mas jamais absolutamente indispensável) da obra; fazia-se o duplo da obra para mostrar o poder dessa última e, ao mesmo tempo, desmantelar seu prestígio. A loucura denunciava e repetia a obra e, assim, manifestava sua verdade paradoxal (um pouco como, nos quadros, a presença do espelho onde o próprio quadro se refletia).[16]

Na literatura contemporânea, a loucura e a literatura ainda estão em uma situação de espelho; ainda são o duplo uma da outra. Mas, dessa vez, não estão mais alojadas no interior de uma linguagem estabelecida (a literatura usando essa linguagem em que ela se aloja e a loucura alojando-se na literatura); essas duas experiências estranhas, marginais, um tanto transgressivas que detêm, em seu espaço, seus códigos, suas cifras e sua língua, estão ambas fora da linguagem.

No início, eu disse que não há sociedade sem loucura. Poderia dizer também, ou deveria dizer, que não há uma única sociedade em que seja permitido dizer tudo. A linguagem é como a conduta: não é um domínio ilimitadamente aberto em que tudo é possível.

Mas as limitações que uma sociedade impõe à linguagem são diversas.

---

16 A referência é naturalmente a representação pictórica de um reflexo similar no quadro *Um bar no Folies-Bergère*, de Manet, ao qual Foucault dedicaria uma conferência em Túnis em 1971. O filósofo planejara dedicar um livro a Manet, *Le noir et la couleur* [O preto e a cor], do qual os arquivos da BnF ainda conservam alguns vestígios. Sobre Manet, ver Maryvonne Saison (org.), *La peinture de Manet suivi de Un regard*. Paris: Seuil, 2004. Em seu *Journal intellectuel*, conservado no acervo da BnF, Foucault se refere igualmente ao quadro *O casal Arnolfini*, de Van Eyck, e a *Viscondessa de Haussonville*, de Ingres. Estamos, portanto, diante da configuração inversa de *As meninas*, de Velázquez, do qual Foucault oferece uma análise magistral no início de *Les mots et les choses* [As palavras e as coisas] e que situa no centro do quadro o reflexo do que acontece *fora* do quadro (o casal real).

- Há as limitações devidas à própria língua (à sua estrutura e leis). Se as transgredimos, não somos punidos, não somos compreendidos.
- Há as limitações que dizem respeito a palavras gramaticalmente possíveis, mas que estão marcadas por uma sobrecarga religiosa, sexual, moral, mágica. De modo que não podemos empregá-las (palavras ou expressões tabus). E podemos ser diversamente [castigados].
- Há as coisas gramaticalmente [corretas] que dizemos com palavras aceitas, mas cujo sentido é rejeitado. Trata-se dos fenômenos de censura que, sob formas institucionais diversas, existem em todas as culturas.
- Por fim, há as condutas verbais que as culturas raramente condenam, mas dificilmente toleram. Essas condutas consistem em empregar uma linguagem que é mais ou menos correta (pela forma, palavras, sentido), mas obedece apenas aparentemente à língua falada por todos; de fato, essa linguagem contém em si mesma um código e uma língua e, em consequência, só é acessível aos que os compreendem.

Isso nunca é inteiramente admitido por uma sociedade. É claro que, pelo menos hoje em dia, isso não é punido; mas é mantido à margem, cercado e marcado com sinal de algo desviante.

[Aqui encontra-se intercalado o seguinte texto:]

Ora, há apenas duas linguagens desse tipo: a loucura e a literatura (não o esoterismo, que obedece a um outro código).

Cada vez que a literatura põe a si mesma em questão, pergunta o que ela própria é, ela oferece de si mesma essa imagem, esse duplo, esse análogo que é a loucura.

- Quando, no fim do século XVI, a ficção teatral e romanesca, toda essa grande linguagem de ficção que foi a do Renascimento e da era barroca, interrogou-se sobre os poderes da ficção, ela se representou nessa fala que continha um código próprio, que enunciava sua verdade. Ela própria se simulava na loucura. Não é a literatura que simula a loucura, mas a loucura que simula a literatura.

- Em nosso tempo, a literatura se põe novamente em questão, não mais como verdade, mas como linguagem. É numa experiência da linguagem envolvendo-se sobre si mesma que ela vai se interrogar e se criticar.
Em sua zombaria, a loucura é a consciência crítica da literatura. [Diferentemente d]a filosofia (Descartes e Nietzsche).
E se considerarmos que, desde Freud, a doença mental voltou a ser loucura, entenderemos por que a consciência crítica da literatura se tornou infinitamente [próxima] da consciência lírica do louco. E que não é mais a imagem da loucura que pode refletir a imagem da literatura, mas é a própria experiência da loucura que é capaz de dizer e enunciar o ser próprio da literatura.

Desde o dia em que a literatura, deixando de ser submissa ao código da retórica, das imagens ou das ideias, tornou-se sua própria língua (isso aconteceu em torno do fim do século XIX, mais ou menos com Mallarmé), desde o dia em que a loucura apareceu como um estranho fenômeno de fala em que a língua seria interna à fala, uma certa experiência [comum] à loucura e à literatura estava se desenhando.

A loucura e a literatura se tornaram duas figuras gêmeas, pelo menos no nível da experiência que as faz nascer – no nível dessa língua perdida na fala que as faz surgir uma da outra.

Mas talvez um dia a literatura volte a se metamorfosear, deixando a experiência da loucura para trás, separando-se completamente dela, a menos que seja o destino da literatura ter sempre a loucura como sua imagem e seu duplo – mas quem poderá dizer?

A EXPERIÊNCIA FENOMENOLÓGICA: A EXPERIÊNCIA EM BATAILLE

BnF, Fonds Michel Foucault, NAF 28730, caixa 54, dossiê 9.

Para a fenomenologia, a experiência filosófica é um caminhar pelo campo de possibilidades necessárias – percurso que se deixa guiar, com todo rigor e por deliberação, pelo desdobramento inevitável de todas as variações possíveis; esse caminhar se situa, de imediato, sob a constelação de uma necessidade de essência que a precederá, um pouco, mas constantemente, até o fim de seu caminho. A experiência de Bataille segue nada mais que o desejo de Blanchot – de ser ela mesma a autoridade, invertendo assim o *sentido*, a orientação da marcha filosófica, envolvendo suas estrelas e seu céu na iniciativa absoluta de seu passo. Não basta dizer que ela encontra sua liberdade: seria preciso dizer que ela inverteu a lâmina de sua liberdade: não mais livre exercício da necessidade ou a felicidade da autoridade recebida – mas gesto original de autoridade, ela faz autoridade, autoridade *criadora* de si mesma, repousando sobre si, recolhendo-se em si, exercitando-se na expansão de si: uma liberdade de experiência que não traça mais a linha reta que separa, mas ergue o cetro que cerca, congrega e reina. Ela não é mais um espírito carente de reconciliação, uma consciência fiel que escuta a si mesma, nem um sujeito sempre se deslocando rumo ao mais originário de si mesmo, mas ela dissipa, pela autoridade *da qual ela dá prova* e que *constitui sua prova*, todas as mitologias da origem, todos os fantasmas da alienação: ela rompeu todas as formas de consciência esquecidas de si, apagou todas as faces da consciência escrava; torna vãos todos os esforços de advertência ou livramento; pois não perdeu nada de si mesma, nenhuma pátria a precedeu, nenhum céu fixou o destino de seu nascimento: ela carrega toda sua soberania desde o instante da sua iniciativa; e o que ela instaura não é uma prática, nem um exercício, nem uma tarefa, é um reinado.

Mas o reinado também é um jogo com o possível; e se o seu movimento livre não acompanhar os caminhos da necessidade com uma fidelidade paralela, ele não deve cruzar com eles nas encruzilhadas do destino? A soberania não encontra no acontecimento aquilo que a fidelidade persegue em sua tarefa? A soberania não é, afinal de contas, uma fidelidade, um momento separado de seu destino? Isso só é verdade para as soberanias adormecidas, para aquelas que se exercem – jogos infantis – no interior dos jardins do possível: soberania dos juízes, soberania dos políticos, soberania daqueles que sondam rins e corações, soberania dos filósofos: se eles tivessem contornado os possíveis, ainda restaria a possibilidade das possibilidades: e é aí que todos tropeçam; é aí que está o tormento: os juízes que não superam a morte, os políticos que não superam a história, os sacerdotes que não superam a vida e os filósofos – que não superam a filosofia. Para a justiça viver, é preciso matá-la pela vingança e fazer com que pereça cada dia em sangue; para a política viver, é preciso sufocá-la no fim da história; para a religião dos corações viver, é preciso matá-la no perdão; para a filosofia viver, é preciso torná-la impossível e prometer-lhe realização plena em uma ontologia. Esse é o elemento de *decisão* que revela que o *decisivo* falha de maneira *decisiva*. Pois a experiência e o peso de sua autoridade não consistem em contornar o possível, mas em atravessar o campo do possível e atingir *efetivamente* a linha, impossível de atingir, do impossível. A fenomenologia, ao fim de seu percurso através do possível, encontra-se com o *Urgegebene* [dado primordial], o ponto em que a possibilidade das possibilidades se espatifa na densidade de uma ontologia que permanece implícita. A experiência de Bataille percorre o possível em um instante, e sua soberania sobre o possível consiste em atingir de um só golpe os limites e velar a partir de então, como a aurora no horizonte que não cansa de repelir a noite até as fronteiras externas do possível: e o que ela encontra, o que ela aclara, não é o dia já alto do ser, mas uma ausência do ser – ou melhor, uma ausência em que se asfixiam os possíveis;

isso quer dizer que o ser *não é possível* e a noite que faz reinar a impossibilidade soberana carrega, em sua densidade mais profunda, o enigma do ser impossível como presença absoluta do ser. É para essa profundeza sem esperança do raiar do dia que deve se manter aberto o olhar da experiência.

Trata-se da descoberta do que só existe como silêncio: o erotismo, a obscenidade, Klossowski em *Roberte-nessa-noite*:[1] essas coisas que só existem silenciadas – e que a fala dessacraliza, viola, torna obscenas, eróticas. A sexualidade deve ao silêncio seu peso de sagrado que a fala profana a cada instante. Mas a fala "se consagra" ao dizer o ser, e o ser, na cerimônia em que é dito, recebe o sagrado da verdade. A verdade do erotismo nasce já verdade profanada: e o que há de decisivo no escândalo da linguagem erótica é que ele designa o que há de secretamente profanador em toda verdade; o constrangimento insuportável – não a vergonha, mas um sufocamento que deixa o discurso preso na garganta – é o de ver, em câmera lenta, esse voo e esse deslocamento do sagrado, do qual só pode se originar a verdade. É por isso que a linguagem e a literatura eróticas possuem uma vaidade tão suntuosa: porque são as primeiras a se desnudar – elas, linguagens "verídicas" entre todas: o que elas afrontam não é aquilo que não se tem o costume de dizer; é aquilo que, por natureza, eu deveria dizer por uma ausência fundamental de natureza, [aquilo que] manifesta à luz do dia essa violação do sagrado pela qual a linguagem levanta seu voo. Não se trata da moralidade que trai, nas palavras eróticas, aquilo que não deveria ter sido dito, mas de um silêncio sem medida comum com as omissões do pudor: o silêncio no qual repousa o ser que imperiosamente rejeita toda designação, todo sentido, toda linguagem e que vem à luz na noite absoluta da fala.

O erotismo constitui a borda externa da ontologia: o paredão vertical em que o ser, a pique, se precipita em si mesmo, libertando-se de repente do pavor do *Logos*. A literatura erótica é a prova, pelo absurdo, da impossibilidade originária de uma ontologia da qual ela constitui fidedignamente a caricatura: simulando, por sua incansável repetição, a impossibilidade de o ser oferecer toda

---

1 Pierre Klossowski, *Roberte ce soir*. Paris: Minuit, 1953 [ed. port.: Pierre Klossowski, *Roberte-nessa-noite*. Lisboa: Livros do Brasil, 1976].

a sua presença no espaço do *Logos*; simulando pelo prodigioso esgotamento de suas palavras, que ela deixa exangues e que ela deve repor a cada dia, que nenhuma delas, no fim das contas, carrega o cobiçado núcleo do silêncio.

Há algo tão simples nisso, tão rudimentar quanto "o ser é" da trajetória parmenidiana; mas a tautologia do ser envolve em seu círculo imediato muito de linguagem para dar lugar à filosofia e desenvolver em seu espaço religioso todas as cerimônias formuláveis, todos os hinos do ser. E se "o ser é – o não ser não é" convidasse ao silêncio, seria porque ele exige o recolhimento, indicando, como campo da ontologia, o silêncio, secundário, do *pensamento*; a obra do pensamento não é senão a falsa obra da graça – o favor de um silêncio concedido à linguagem.[2] E é a mesma decisão que, antes mesmo de Parmênides, para que Parmênides pudesse pensar sobre o ser em seu poema, optou absolutamente pela linguagem, pela esfera sem ruptura do ser e pelo pensamento. Retornar ao instante dessa decisão para ver reaparecer, ao seu lado, a aresta onde o ser mergulha na noite da linguagem e cuja borda afiada limita, mas somente do nosso lado (do lado do nosso pensamento e da nossa linguagem), o espaço, indefinidamente aberto *do outro lado*, onde a possibilidade da ontologia é impossível – isso só pode significar, concretamente, para nós, levar a sério o erotismo e avançar, cegos, com as mãos estendidas, com a noite entrando até as bordas nos nossos olhos perfurados, por esses campos perdidos em que o ser se manifesta silenciosamente.

---

2 A referência a Parmênides e o tom do comentário de Foucault fazem pensar em Heidegger, que dedicou o curso de 1942-43 precisamente a Parmênides. Mesmo tendo de esperar anos até que o curso de Heidegger estivesse disponível (M. Heidegger, *Parmênides* [1982], trad. Sérgio Mário. Petrópolis: Vozes, 2008), Foucault podia muito bem se referir às passagens de *Ser e tempo* em que a questão do ser em Parmênides já havia sido abordada, ou aos trabalhos que recuperaram sua importância. Ver, por exemplo, Alphonse de Waelhens, "Heidegger et le problème de la métaphysique" (*Revue Philosophique de Louvain*, v. 33, 1954), em que a referência a Parmênides é central. Ver também, do próprio Heidegger, "Moira (*Parmênides*, frag. VIII, 34-41)", in *Ensaios e conferências*, trad. Emanuel Leão et al. Petrópolis: Vozes, 2002. A precisão das leituras heideggerianas de Foucault transparece nas anotações dos anos 1950, conservadas no fundo Michel Foucault da BnF.

Essa escolha confere seu peso definitivo, sua força irresistível de equilíbrio, e até de desequilíbrio, a todas essas formas de místicas rubras e obscuras, nas quais nosso pensamento certamente não pôde se reconhecer e que constituem para o pensamento ocidental algo como uma fímbria da noite. Oculta no fundo de nossa cultura, ela não para de designar, de *revelar* uma escolha que se dissimulou como escolha. Há tempos ela foi revelada – por mágicos quase todos; do mesmo modo que a revelaram em nossos dias aqueles que levam o erotismo a sério, como alguns homossexuais. Eles a revelaram por terem denunciado, por terem desvelado, por manifestarem e conduzirem à plena luz do dia, deslizando pela rede bastante frouxa das palavras, linguagens imensas às vezes de noite. Nós clamamos do alto do nosso pensamento que isso não é verdade. É precisamente isto: não é verdade. Peso absoluto do ser escuro.

É lá mesmo, nesses primórdios, que termina a filosofia, ou melhor, que ela se apoia definitivamente na própria impossibilidade, deixando atrás de si esse espaço vazio para o qual ela não pode mais recuar – a ontologia traçando justamente a linha última de seus recuos possíveis até sua origem, mas projetando também a divisão arbitrária de sua possibilidade e de sua impossibilidade.

OS NOVOS MÉTODOS DE ANÁLISE LITERÁRIA

BnF, Fonds Michel Foucault, NAF 28730, caixa 54, dossiê 1.
Parte dos temas tratados nesta conferência são encontrados, embora abordados de maneira diferente, em M. Foucault, "Littérature et langage" [1964], in La grande étrangère ["Linguagem e literatura", in A grande estrangeira].

Aparentemente, a crítica jamais ocupou um lugar tão amplo quanto o que ocupa hoje. Nunca antes cobriu tanto papel impresso.

E, no entanto, no mesmo momento, há uma espécie humana que está em vias de desaparecer: o *homo criticus*. Quero dizer que está desaparecendo a categoria de gente que apareceu pela primeira vez no fim do [séc.] XVIII e início do [séc.] XIX, cuja função precisa, determinada e obstinada era fazer crítica – falar dos livros dos outros, julgá-los, compará-los entre si, recomendá-los ou condená-los. O papel irrisório ou aterrorizante, como queiram, mas, apesar de tudo, majestoso que tiveram outrora Sainte-Beuve e, mais tarde, Sacy, Brunetière, Thibaudet[1] – esse papel, atualmente, não tem titular. Não é que não haja candidatos; é que, pura e simplesmente, o próprio papel não existe mais.

Poderíamos caracterizar a situação com uma frase: os atos críticos se multiplicam no momento mesmo em que o sujeito desses

---

1 Charles-Augustin Sainte-Beuve (1804–69) foi um dos fundadores da crítica literária no século XIX e deu ênfase sobretudo aos laços entre a obra e o autor; Samuel Silvestre de Sacy (1904–75) editou textos clássicos da literatura francesa e foi redator-chefe da revista *Mercure de France*; Ferdinand Brunetière (1849–1906) se interessou principalmente pelos gêneros literários e sua evolução; Albert Thibaudet (1874–1936), autor de estudos sobre a literatura e a história das ideias filosóficas e políticas, também fez crítica literária na *Nouvelle Revue Française*.

atos está se extinguindo. Como se esses atos se originassem de si mesmos em uma espécie de anonimato, a partir da linguagem. Função geral sem organismo próprio.

Os verdadeiros críticos da época não são X e Y encarregados nos jornais e nas revistas de escrever notas ou resenhas. Os verdadeiros críticos são Sartre (no passado) ou Blanchot (hoje) – isto é, pessoas cujos atos críticos fazem parte de condutas filosóficas ou literárias. Mas, para dizer as coisas de modo mais preciso, atualmente os verdadeiros críticos são os próprios textos (os romances de Robbe-Grillet, as peças de Beckett ou os textos de Blanchot).

A crítica tornou-se certa função constante da linguagem em relação a si mesma. A crítica é a rede que a linguagem trama espontaneamente e sem cessar entre cada um de seus pontos. Ela não é mais uma instância de decisão, mas uma forma de coexistência.

Vocês me dirão então: voltamos à situação do século XVII, quando ainda não existiam encarregados da crítica e quando toda obra era endereçada (de uma maneira mais ou menos direta, mais ou menos enviesada) a todas as obras que a precediam ou acompanhavam. Voltaire se dirigiu assim a Leibniz; Diderot aos cartesianos; Rousseau a Helvécio etc.

De fato, atualmente, a atividade crítica tem uma forma própria, que não permite que ela se confunda nem com a crítica espontânea e constante do século XVIII nem com a solene instituição do século XIX.

Mas talvez, para definir o que é hoje a crítica, seja preciso perguntar rapidamente o que ela era há não muito tempo – no início do século XX e, sem dúvida, até em torno dos anos 1940.

1. Primeiro, ela era julgadora: fazia um juízo de qualidade, de valor, de importância sobre as obras. Tinha relação com certo gosto. É claro que às vezes, até muitas vezes, reconhecia que esse gosto era singular, relativo, que ele ia passar ou era anacrônico (representava as normas de uma geração passada). Mas esse reconhecimento de [valor] subjetivo não passava de uma forma de afirmação. Era o caráter despótico da crítica.
2. Ela era terrorista e discreta de uma só vez:
    - Terrorista porque admitia um vínculo imediato, uma semelhança sem opacidade entre a obra e o autor. O senhor Zola

era um homem indecente porque narrava coisas impróprias. Exagero, mas nem tanto.
- Discreta, pois jamais buscava nada por detrás da obra, algo que estaria presente nela, mas oculto. Sua verdade implícita. Para ela, a obra (e o autor) estavam inteiros na leitura que se fazia deles.
3. Era o reino do consumo hierarquizado.

A crítica não se comunicava com a obra no nível do ato de escrever. Não se apresentava como uma escrita ao lado da própria obra ou posterior a ela.

Era uma conduta de leitura, um consumo da obra paralelo ou anterior ao consumo da parte do público. Não era uma escrita secundária, mas uma "pré-estreia" da leitura.

Essa pré-estreia da leitura tinha um sentido mais hierárquico do que cronológico. Supunha que os leitores em sentido amplo poderiam ser enganados; que sua leitura era ingênua e desarmada; e que, para servir de retransmissor e de defesa entre eles e a obra, era necessária uma leitura privilegiada – a da crítica.

Talvez se possa propor uma explicação histórica simples. Parece-me que, sendo simples e histórica, ela tem boas chances de não ser muito inexata.

- Enquanto a burguesia (nos séculos XVII e XVIII) foi a titular da sua linguagem, a crítica foi dirigida, e pelas próprias obras, contra as ideias, as coisas e as instituições.
- Mas, quando o trabalho da linguagem foi feito longe daqueles que poderiam lê-lo, tornou-se necessária uma crítica que tratasse das relações da obra com a leitura; uma crítica que regulasse o consumo das obras.

Era essa a crítica no século XIX; era essa ainda a crítica até meados do nosso século.

Ora, aconteceram algumas coisas, e isso muito recentemente, que modificaram de alto a baixo não só o estilo da crítica, mas o seu próprio ser.

Vou citar esses fatos um pouco ao acaso e sem ordem, porque, sem dúvida, estamos próximos demais deles para colocá-los numa sequência definitiva:

1. Penso, de início, na irrupção, longe de todo filtro crítico, de uma literatura tida como esotérica ou, em todo caso, difícil. O livro de bolso é, de uma só vez, o símbolo e o canal dessa irrupção.
   A tiragem dos livros é de dezenas, de centenas de milhares que, por meio da crítica, só chegaram a um punhado de leitores. Como se o consumo literário tivesse se tornado um fenômeno social cuja regulação é econômica, talvez política, e não mais estética.
2. Ao mesmo tempo, a crítica perde a transparência necessária à sua antiga vocação mediadora. Muitas vezes ela se adensava em um discurso extremamente complexo, muitas vezes bem mais difícil que a própria obra da qual [ela fazia] o comentário ou a exegese.
   (Afinal de contas, nada mais simples e, em certo sentido, mais transparente do que a obra de Roussel...)
   Essa complexidade se traduz muitas vezes nesta exigência curiosa do crítico: "Presumo que você tenha lido a obra da qual estou falando, antes de me ler". Isso não parece ser nada de mais: mas tal frase é estranha quando se pensa no que era a crítica no passado. É bem presunçosa, já que parece fazer da obra algo como uma simples introdução, quase dispensável, a essa coisa importante, solene, a essa nave da linguagem propriamente dita, e que seria a crítica.
3. Essa estranha vaidade tem como pretexto duas pretensões simultâneas, mas um tanto contraditórias:
   - A pretensão de ser uma obra. Pretensão que talvez nem sempre seja fundamentada, mas que tem modelos irrefutáveis. *O espaço literário*, de Blanchot,[2] é, sem dúvida, um dos livros mais belos, mais originais, um dos menos secundários que se pode imaginar.

---

2 *O espaço literário* [1955], trad. Álvaro Cabral. Rio de Janeiro: Rocco, 2011.

- A pretensão de ser uma linguagem objetiva e científica. O uso que Mauron faz da psicanálise[3] e o que outros fazem da linguística justificam-se pelo fato de que tanto esta quanto aquela são ciências constituídas, reconhecidas, validadas.
4. É claro que essas duas pretensões, a de ser, ela própria, uma obra e a de se desenvolver como um discurso científico, são um tanto contraditórias. Ou até mesmo completamente. Mas apaguemos essas duas pretensões e deixemos vir até nós o que elas pressupõem. Elas pressupõem que a crítica, ao falar sobre uma linguagem primeira, não está condenada a ser pura e simples leitura, a ser apenas uma espécie de linguagem delegada pela linguagem para representar as instâncias exteriores, seja as do público, do [sentido], da história, da verdade, da realidade, da política – o que eu sei?

No interior da linguagem em geral, haveria dois níveis: o das linguagens primeiras e, então, relacionados com elas e somente com elas, mas ainda sendo linguagens, os discursos secundários.

Eu gostaria de esboçar alguns traços que caracterizam [a crítica]. Como [ela pode] ser análise de outra linguagem, mas uma análise que tem as características de uma linguagem objetiva e primeira? Tomemos emprestado um termo dos lógicos: será que a crítica pode ser uma metalinguagem? (Entende-se por metalinguagem toda linguagem que toma como objeto uma linguagem dada, visando analisar seja significante, seja significado. [M: Metalinguagem que tem dois sentidos: falar sobre a linguagem e colocar a linguagem em relação com ela mesma. // O problema da crítica, [pelo] contrário, é saber se ela pode se tornar uma metalinguagem.]

Por exemplo:

Uma gramática francesa é uma metalinguagem do francês.
Uma análise segundo o simbolismo lógico de um raciocínio é metalinguagem.

---

3 Alusão a Charles Mauron, *Des métaphores obsédantes au mythe personnel*. Paris: José Corti, 1963.

Mas até uma simples observação que se faça sobre os dois sentidos da palavra francesa *liège* [cortiça/rolha], essa observação é metalinguagem.)

Será que a crítica pode se organizar como metalinguagem? Será que ela pode analisar uma linguagem literária?

É provável que a constituição da crítica como análise literária se apoie em duas descobertas – quero dizer, em duas atualizações simples, mas decisivas.

A primeira é que a obra depende mais do espaço do que o tempo. E, [em] todo caso, que o tempo não é um modo de decifração satisfatório para uma obra de linguagem.

No entanto, foi isso que serviu de fio condutor na crítica tradicional: como análise das determinações da época, como estudo dos estados sucessivos ou pesquisa dos pontos de inserção na biografia. Uma profunda metáfora biológica, eu deveria dizer vegetal, animava todas essas reflexões.

Agora se admite que a obra é contemporânea da mesma, simultânea em cada um de seus pontos. Ademais, por obra não se entende só a unidade de um livro, mas essa camada de linguagem que leva o nome de um autor. Camada heterogênea (já que pode compreender não importa que livro – prosa, poesia – mas [também] não importa que nível de linguagem: textos públicos, cartas, jornais, fragmentos); mas possui esse princípio de coerência de ser a linguagem de alguém.

Ora, essa regra do sincronismo não exclui a consideração do tempo; mas este, como veremos, é considerado um fenômeno espacial: deslocamento, extensão, mudança, em suma, movimento. É no espaço fundamental da obra que o tempo vem tomar lugar, como uma de suas figuras. O tempo da linguagem seria simplesmente a mobilidade de seu espaço.

1. Esse espaço da obra, sob sua forma mais simples, é uma espécie de arquitetura implícita em que cada elemento da obra (e todos os elementos de todos os textos particulares de um autor) necessariamente vem se inscrever.

Foi assim que Jean Rousset analisou o teatro de Corneille.[4] Todas as peças tinham a mesma nervura: a de uma argola [*boucle*].

- Em *A galeria do Palácio*,[5] dois jovens que se amam, se separam, se cruzam, voltam a se separar, depois se encontram *de novo*.

O *Cid*[6] tem a mesma configuração.

- Em *Polieucto*,[7] há uma figura similar, mas profundamente desequilibrada, ou melhor, reequilibrada de outra maneira:
  - Polieucto ama Paulina, mas separa-se dela por Deus. Paulina ama Severo, mas afasta-se dele para se unir a Polieucto.
  - Cada passo que atrai Polieucto para Deus e, portanto, para longe de Paulina, afasta essa última de Severo e a atrai para Polieucto.

A configuração em argola é complementada por um eixo vertical (com uma dupla polaridade para cima – Deus – e para baixo – Severo) que confere ao conjunto uma forma de pua, uma dinâmica de hélice (que facilmente se encontraria nos drapeados ascendentes da escultura barroca).

Essas análises são muito boas e difíceis de contestar. Provavelmente são (teríamos de citar igualmente a análise que Barthes fez do quarto raciniano)[8] a melhor introdução à questão fundamental da espacialidade da obra. Mas são somente uma introdução, já que decifram uma arquitetura secreta:

- uma subarquitetura, porque é ela que funda, debaixo do solo, o arranjo visível das pedras;
- uma sobrearquitetura, já que ela vale indiferentemente para todas as obras de um autor dado.

2. Mas de onde vem essa "meta-arquitetura"? A que espaço ela pertence? Não é ao espaço da composição, pois bem se vê que ele é mais fundamental

---

4 Jean Rousset, *Forme et signification*. Paris: José Corti, 1962.
5 Pierre Corneille, "La galerie du Palais, ou L'amie rivale" [1637], in *Œuvres complètes*, v. I. Paris: Gallimard, 1980.
6 Id., *O Cid* [1636–37], trad. Angela Leite Lopes. Rio de Janeiro: 7 Letras, 2013.
7 Id., "Polyeucte martyr" [1642], in *Œuvres complètes*, v. I, op. cit.
8 Roland Barthes, *Sobre Racine* [1963], trad. Ivone C. Benedetti. São Paulo: WMF Martins Fontes, 2008, pp. 4-6.

- para Corneille do que a composição em cinco atos;
- para Racine do que a unidade de lugar.

O fato de essas formas se adaptarem a regras exteriores não quer dizer que sejam o resultado delas; é somente uma demonstração de eloquência.

Certamente há espaços culturais.

Por exemplo, a esfera a partir do século XV:

- A Terra é redonda, imagem reduzida e interior da esfera celeste;
- O próprio homem é um microcosmo, uma pequena esfera, como evidencia a possibilidade de inscrevê-lo em um círculo, de acordo com a proporção áurea.
- Então, essas esferas são imagens umas das outras: são reflexos e espelhos (vocês já devem ter notado que os espelhos são [muitas vezes esféricos] nessa época – época em que as mesas e as janelas são retangulares).
- Essas esferas-reflexos são bolhas de sabão, frágeis, deformantes, prestes a estourar, ilusórias; deformam-se ao menor sopro, alongam-se sob o efeito de um peso imperceptível.
- Daí a sinuosidade, a argola, a explosão e todos os movimentos que caracterizam a irisação das formas na estética barroca.

Poderíamos fazer o mesmo tipo de análise a propósito da linha no mundo moderno. A linha transparente que permite ver *en abyme* [em abismo] a sobreposição de diversas coisas, mas permanece intransponível, inquebrável: Mallarmé, Proust, Roussel, Faye.[9] Uma cultura da vidraça.

Porém essas análises só de longe se aproximam da espacialidade própria de uma obra – refiro-me ao espaço em que cada linguagem cuida de si mesma. Trata-se do espaço de todo o mundo, mas também do espaço da ciência, do espaço do desenho etc.

---

9 Enquanto os nomes de Mallarmé, Proust e Roussel figuram entre os autores frequentemente citados por Foucault, o de Jean-Pierre Faye é mais raro. No entanto, ele aparece em "Distance, aspect, origine", in *Dits et écrits I* ["Distância, aspecto, origem"], associado sem nenhuma surpresa aos escritores e críticos que gravitavam na época em torno da revista *Tel Quel* (Sollers, Robbe-Grillet, Thibaudeau, Pleynet).

Quanto ao espaço próprio a *esta linguagem* que denominamos Mallarmé ou Rousseau,[10] o que é ele? De onde vem e onde tem seu lugar natural? Talvez no ponto de explosão da linguagem, onde ela nasce? No primeiro jorro das palavras – digamos, se vocês quiserem, na superfície de contato de uma existência com o mundo.

Assim, a linguagem de Rousseau nasceu nesse ponto de explosão que foi para ele uma acusação mentirosa. A partir dessa fala falsa, o mundo inteiro perdeu sua transparência originária; dessa fala falsa nasceu a grande utopia de um mundo límpido em que as palavras pudessem ser trocadas como os olhares.[11]

[M]
    Debate com a psicologia:
- A aplicação da psicanálise como método de análise do espaço.
- O que me parece ter um duplo inconveniente:
  α. de manter um equívoco obra-autor,
  β. de reintroduzir o tempo: biografia.
- A temática é uma análise da espacialidade individual fora de toda psicologia, e de todo retorno ao tempo. J.-P. Richard ≠ Weber.[12]

Ou a linguagem de Mallarmé nasceu no ponto de contato de uma existência com uma superfície fria, impenetrável, pura, fechada e inquebrável: o contato de uma existência com a própria essência da virgindade.

[Em uma folha inserida aqui, MF acrescenta um terceiro ponto:]

---

10 Sobre Rousseau, ver a introdução escrita por Foucault para a edição de 1962 da Armand Colin de Jean-Jacques Rousseau, *Rousseau juiz de Jean-Jacques: diálogos* [1780], reproduzida em *Dits et écrits I* ["Introdução (in *Rousseau*)"].

11 Ver Jean Starobinski, *Jean-Jacques Rousseau, a transparência e o obstáculo* [1957], trad. Maria Lucia Machado. São Paulo: Companhia de Bolso, 2011.

12 Alusão a Jean-Paul Weber, autor de *Genèse de l'œuvre poétique* (Paris: Gallimard, 1961) e *Domaines thématiques* (Paris: Gallimard, 1963).

3. E então há também um espaço ainda mais interior e secreto, que é o da linguagem e das próprias palavras.
- Mallarmé:
  - a asa e o leque
  - a caverna e o diamante
  - [·] a palavra *tombeau* [tumba].

Psicologia, dirão vocês. Afinal, tudo isso não está ligado, como numa análise de tipo histórico, a um acontecimento biográfico e à cadeia de suas repercussões?

De fato, a análise seria psicológica se usasse conceitos psicológicos (da ordem da compensação, da projeção, da simbolização onírica. É o que faz Mauron atualmente em sua psicocrítica). Mas nem J.-P. Richard[13] nem Starobinski se servem de tais conceitos. O ponto de engate da linguagem na história lhes permite abrir um espaço dotado de leis próprias – leis temáticas, e não psicológicas. Entre essas leis figura primeiro:

- O aparecimento de domínios semânticos coerentes (o da virgindade é constituído por Mallarmé com palavras como: brancura, neve, frio, geleira, espelho, asa).
- O isomorfismo do tema em diferentes níveis "topológicos". Encontramos o tema da virgindade a propósito da nudez dos corpos macios, a propósito da inocência, a propósito da linguagem impenetrável aos que a escutam.
- A ambivalência psicológica. O tema não é uma preferência ou uma nostalgia do autor, nem uma fobia. O tema encontra-se ao longo da obra, não importa se acompanhado de um sinal de mais ou de um sinal de menos. Às vezes valorizado, às vezes desvalorizado. Em Mallarmé, flores caindo é sinal de desonra ("uma avalanche de rosas perversas tem o pecado como perfume"),[14] mas também é uma figura da beatitude ("cada palavra

---

13 Jean-Pierre Richard, *L'univers imaginaire de Mallarmé*. Paris: Seuil, 1962. Foucault dedicou uma resenha à obra: "Le *Mallarmé* de Jean-Pierre Richard" (*Annales: Économies, Sociétés, Civilisations*, n. 5, 1964), reimpressa em *Dits et écrits I* ["O Mallarmé de J.-P. Richard"].

14 Stéphane Mallarmé, "Sinfonia literária" [1865], in Charles Baudelaire, *Escritos íntimos*, trad. Fernando Guerreiro. Lisboa: Editorial Estampa, 1982, p. 10; trad. modif.

voltou a cair, em chuva de flores. Na ponta dos pés erguer-se, braços entreabertos, para acolhê-la e tocá-la, ó felicidade! Com mãos humanas!").[15]

- Daí o privilégio das formas complexas equilibradas; daí as figuras com virtualidades múltiplas que encadeiam em uma sigla única toda a curva do destino do tema.

    Por exemplo, o leque que se abre e se dobra, mas esconde quando se abre e desvela quando se dobra.[16]

A descoberta da obra como um espaço de linguagem nos coloca, portanto, na presença de uma espacialidade muito particular. Muito menos geométrica que a das linhas, das espirais, das esferas das quais falamos há pouco, e que permanecem bem próximas ainda da arquitetura visível das obras. Trata-se, aqui, desse espaço das vizinhanças, das qualidades, das misturas, dos encolhimentos ou das dilatações cuja formalização recentemente foi empreendida pela matemática.

E se evoco a matemática, não é de modo nenhum para sugerir que um dia se poderá aplicar [a matemática] à matéria literária. Mas tão somente para mostrar que, quando J.-P. Richard fala dessas qualidades e dessas experiências, quando analisa esse mundo do desdobramento e do redobramento, essas formas do leque e do desfolhamento, ele não se refere, como se poderia dizer precipitadamente, a uma psicologia, mas de fato a difíceis propriedades dos espaços fundamentais.

A segunda grande descoberta que caracteriza hoje a análise literária é esta, mais simples, mais elementar, mas, por isso mesmo, ainda mais próxima dos axiomas fundamentais: é que a literatura, afinal de contas, é feita de linguagem.

---

15   Id., "Nala e Damayanti", in *Contos indianos*, trad. Dorothée de Bruchard. São Paulo: Hedra, 2006, pp. 108-09.

16   Ver M. Foucault, "Le *Mallarmé* de J.-P. Richard", p. 462 ["*O Mallarmé* de J.-P. Richard", p. 191]: "o leque esconde o rosto, mas não sem mostrar o segredo que ele mantinha do brado, de modo que seu poder de ocultamento é manifestação necessária; inversamente, quando ele torna a se fechar em suas nervuras de nácar, esconde os enigmas pintados sobre sua membrana, mas deixando à mostra o decifrável rosto que ele tinha por função abrigar".

Vocês me dirão que isso é de uma evidência insolente. Eu lhes direi que, por séculos, considerou-se que a literatura era feita de sentimentos, de ideias, de personagens. Pensou-se também que ela era feita de estilo, de regras gramaticais respeitadas ou violadas, de palavras vulgares, refinadas e depuradas. Com imagens belas ou desajeitadas, aliciadoras ou ingênuas. Chegou-se até mesmo a imaginar que a literatura tinha a ver com a realidade. Mas que tivesse a ver com a linguagem – a linguagem pura e simples, em geral – é uma ideia que não veio ao espírito de ninguém.

É claro que se sabia que a literatura era feita de palavras e gramáticas – espanhola, francesa, alemã etc. Porém toda fala (seja literária, seja cotidiana) serve-se mais ou menos bem, mais ou menos livremente dessas palavras ou dessa gramática. Qual é a relação que a literatura, como literatura, tem com a linguagem?

Esse estudo da literatura como linguagem (que mal está começando a ser esboçado) deveria compreender diversos níveis:

1. Levar a sério o fato de que a literatura tem relação com os signos. É claro que se sabe que a literatura tem um sentido. É por ele que há tempos nós nos interessamos.

   Mas, para que haja sentido, é preciso que haja signos (para que haja significado, dizem os linguistas, é preciso o significante).

   Ora, em toda cultura, há uma série de signos, alguns verbais e outros não. Há regras de boa educação, há as vestimentas; há as condutas sexuais. E Lévi-Strauss conseguiu demonstrar que, nas sociedades primitivas, as mulheres não eram só objetos de desejo (portanto, de valor), mas eram igualmente signos.[17]

   Portanto, para compreender o que é a literatura em geral e, em dada época, certa obra literária, é preciso proceder a um estudo geral dos sistemas de signos (verbais ou não), dos quais uma sociedade se serve em dado momento. O estudo da literatura deve ocorrer no interior de uma semiologia geral.

---

17 Ver C. Lévi-Strauss, *As estruturas elementares do parentesco* [1947], trad. Mariano Ferreira. Petrópolis: Vozes, 2012; *Antropologia estrutural* [1958], trad. Beatriz Perrone-Moisés. São Paulo: Ubu Editora, 2017.

Na verdade, isso ainda não foi inteiramente esboçado para as sociedades contemporâneas. Mas Dumézil mostrou que os relatos históricos dos romanos ou as sagas escandinavas são sistemas de signos isomórficos a esses outros sistemas significantes não verbais que são os rituais em outras culturas indo-europeias (por exemplo, entre os iranianos).[18] Mas nós consumimos literatura.

2. Porém está claro que, nesses diferentes conjuntos de signos, a literatura tem uma estrutura particular. E que alguma coisa nela sinaliza que ela é literatura.

α. Jakobson:[19] a utilização sistemática das propriedades do signo. [M: Péguy; Roussel]

β. Esses signos que poderíamos chamar de escritura, e que Roland Barthes começou a analisar em *O grau zero* [da escritura][20] (a escrita popular e revolucionária do *Père Duchêne*); esses signos solenes, ritualizados que encontramos em Chateaubriand e que tantas vezes residem nos adjetivos relativos a forma ou cor: palavras que, de uma só vez, [nos fazem] ver as coisas, mas concomitantemente [nos] permitem ver que sua nomeação é literatura).

γ. Há também esses signos pelos quais a literatura representa a si mesma. A obra sempre é recontada por ela mesma.

- Temos a impressão de que se trata de uma descoberta recente a de que o relato da literatura é feito por ela mesma (cf. Proust).

---

18   Ver especialmente a análise comparativa da história de Horácio e dos curiácios e da lenda irlandesa de Cu Chulainn em Georges Dumézil, *Horace et les Curiaces*. Paris: Gallimard, 1942. Foucault comenta esse estudo em um texto inédito, "Structuralisme et histoire" [Estruturalismo e história], BnF, Fonds Michel Foucault, NAF 28730, caixa 70, dossiê 2.

19   Roman Jakobson, *Essais de linguistique générale 1 et 2*. Paris: Minuit, 1963. A referência a Jakobson já aparece em 1964 na conferência "Littérature et langage", proferida em duas sessões das Facultés Universitaires Saint-Louis, em Bruxelas, e reproduzida em M. Foucault, *La grande étrangère*, p. 110 ["Linguagem e literatura", in *A grande estrangeira*, p. 107].

20   Roland Barthes, "O grau zero da escritura" [1953], in *Novos ensaios críticos e O grau zero da escritura*, trad. Heloysa Dantas et al. Rio de Janeiro: Cultrix, 1974. O texto original foi republicado, seguido de *Elementos de semiologia*, pela editora Gonthier em 1965.

- Mas essa é somente uma das formas possíveis de toda uma série de duplos que existiram em toda a literatura e que talvez existam de maneira mais ou menos secreta em toda obra:[21]
  - A duplicação visível em *As mil e uma noites*.[22]
  - O duplo inexistente em Proust.[23]
  - O duplo invisível em *A religiosa*.[24]
δ. Por fim, a literatura é também uma linguagem que, numa fala, significa toda a língua.

A partir do momento que alguém pega uma caneta e um pedaço de papel, não para dizer alguma coisa, mas para dizer que está dizendo ou para dizer isso numa espécie de suspensão do significado (não para escapar da realidade, não para se dobrar sobre si mesmo, mas para se introduzir como literatura), então o que essa fala implica e mostra, o que toma para si, aquilo a que se refere (mas como interior a ela mesma) é a língua inteira.

A literatura não é uma fala que se situa no horizonte [da] língua; ou, se preferirem, ela não é uma mensagem que remete a um código estável, seguro e bem conhecido; é uma mensagem que retoma o código por conta própria (isto é, uma mensagem que não diz se obedece ou não a esse código nem até que ponto lhe obedece). É uma fala na qual a língua inteira é posta em risco.

É claro que uma obra literária jamais modifica inteiramente a língua à qual ela pertence. E não se deve medir a importância de uma obra pelo número de mudanças efetiva-

---

21 Foucault evoca de maneira mais precisa, a propósito desses duplos na literatura, o caso de *As mil e uma noites* e *A religiosa* em "Le langage à l'infini" [1963], in *Dits et écrits I*, pp. 281-82 ["A linguagem ao infinito", pp. 50-51]; e o de *Em busca do tempo perdido* em "Littérature et langage", in *La grande étrangère*, pp. 91-92 ["Linguagem e literatura", in *A grande estrangeira*, pp. 91-93].

22 *As mil e uma noites* [séc. IX], trad. Mamede Mustafa Jarouche. São Paulo: Globo, 2006–12.

23 Marcel Proust, *Em busca do tempo perdido* [1913–27], trad. Fernando Py. Rio de Janeiro: Ediouro, 2004.

24 Denis Diderot, *Obras VII: A religiosa* [1796], trad. J. Guinsburg. São Paulo: Perspectiva, 2009.

> mente realizadas (ao introduzir a gíria no romance e na literatura, Eugène Sue não realizou obra importante).²⁵ Mas o importante é levar perigo para a língua; é, se preferirem, esse movimento de recuo, de reabsorção, que faz uma língua vir se alojar no espaço de uma obra ou o espaço dessa obra cobrir a língua.
> Uma obra é uma fala que coloca em risco a língua à qual ela pertence.
> A literatura é certo uso da linguagem tal que a fala se arrisca a cada instante a ser para si mesma a sua própria língua.

Sem dúvida, não é nada cômodo saber como uma obra põe em risco a língua à qual ela pertence na fala que ela enuncia. Até a presente data, não temos à disposição nenhum método para analisar tal relação.

Digamos, *grosso modo*, para situar historicamente o problema, que a obra clássica, parecendo se inscrever docilmente no interior de uma língua constituída e reconhecida por todos, põe em dúvida essa mesma língua pelo uso da retórica. Esta põe a língua na obediência de uma fala primeira (Escritura ou Verdade) que deve ser reconstituída nessa fala segunda, que é a obra. Em sua forma ideal, a obra não é senão a repetição e o duplo da Fala absoluta.

No fim do século XVIII, uma relação nova aparece: é aquela definida por Sade (e retomada por Mallarmé), um Livro que deve destruir todos os outros livros: vindo depois, ele os retoma e derruba. Todo livro tem a obscura pretensão de ser o fim de todos os outros. É o espaço da Biblioteca, onde cada livro nas estantes que se apoia contra os outros tende a torná-los inúteis.²⁶

E então, no século XX, apareceu uma literatura que se faz a partir da própria língua, como se esta fosse matéria para literatura, tema de literatura, como se coincidisse com o próprio espaço da literatura. Daí a importância de Joyce e Ponge.

Mas isso não passa de uma aproximação histórica grosseira. Seria preciso fazer análises detalhadas de cada obra em particular.

---

25 Eugène Sue, *Les mystères de Paris* [1842]. Paris: Gallimard, 2009.
26 Ver M. Foucault, "Le langage à l'infini", pp. 288-89 ["A linguagem ao infinito", pp. 58-59].

Eu gostaria simplesmente de tirar uma ou duas consequências dessa relação estranha entre língua e fala na literatura:

- A possibilidade de uma obra clara não ser compreendida.
- O caráter insuficiente, desde o início, dos métodos [de análise] da literatura pelas propriedades da linguagem (como faz Jakobson), já que precisamente a literatura não está presa no interior da língua, mas inversamente: esta é envolvida na fala literária.
- A necessidade em geral que toda obra tem de um comentário: é sem dúvida porque a língua não transborda a literatura, mas porque esta a põe em risco em sua totalidade a cada instante, que toda obra desencadeia uma série de linguagens secundárias, linguagens cujo murmúrio, por direito, jamais se extingue. Esse murmúrio inessencial e inevitável é o da crítica. A nossa. Inverter a imagem do sino e da neve.

Essas duas ideias que a crítica descobriu, a obra como espaço e a obra como linguagem, não são incompatíveis. Nem muito diferentes uma da outra, quando apuramos o ouvido.

São sempre metáforas espaciais estranhas e profundas que animam as análises da linguagem (a cadeia, o paradigma, o sintagma, a rede).

Espaço profundo e enigmático.

Talvez a descoberta mais desconcertante (a mais desorientadora para os caminhos habituais do nosso pensamento) seja a de que a língua (língua ou fala) não é tempo, mas espaço.

Desde o século XVIII (início das pesquisas sobre a linguagem), esta sempre foi considerada portadora de história, uma forma densa, estratificada, lentamente móvel do tempo. E, para dizer a verdade, essa ideia jamais foi posta em questão: ela se encontra imediatamente idêntica a si mesma em Hegel, Marx, Husserl e até em Heidegger. Só um autor [fez isso], Bergson (em *Matéria e memória*),[27] mas ele virou as costas para essa descoberta, ao elaborar uma filosofia do inefável.

---

27 Henri Bergson, *Matéria e memória: Ensaio sobre a relação do corpo com o espírito* [1939], trad. Paulo Neves. São Paulo: WMF Martins Fontes, 1999.

Ora, aprendemos empiricamente que a linguagem é espaço (Saussure,[28] os neurologistas etc.); mas filosoficamente essa descoberta foi estéril. Heidegger talvez tenha captado a primeira luz de uma reflexão sobre o que se deveria pensar do ser da linguagem se ela não fosse tempo. E, na ausência dessa ontologia da linguagem, há toda uma crítica, viva, interessante, mas literalmente sem fundamento. Uma crítica que nos interroga sobre o que é o ser da linguagem, se esta não é tempo. E não sabemos o que responder.

Do mesmo modo que as metalinguagens lógicas interrogam a filosofia sobre o que é a verdade, se ela não é mais nem experiência nem totalidade, as metalinguagens críticas interrogam a filosofia sobre o que é uma obra de linguagem, se ela não é mais nem memória nem sentido, se é apenas uma figura no espaço profundo da linguagem.

---

28 A referência a Saussure é rara em Foucault. Atesta talvez uma lembrança do curso que Maurice Merleau-Ponty dedicou ao autor do *Curso de linguística geral* em 1949 na Sorbonne – bem mais tarde, Foucault diria que assistiu ao curso. Ver M. Foucault, "Structuralisme et post-structuralisme" [1983], in *Dits et écrits II*, pp. 1253-54 ["Estruturalismo e Pós-estruturalismo", p. 311]: "você sabe que os últimos esforços de Merleau-Ponty foram nessa direção; lembro-me muito bem dos cursos em que Merleau-Ponty começou a falar de Saussure que, apesar de estar morto há quase cinquenta anos, era de fato desconhecido, não digo dos filólogos e linguistas franceses, mas do público erudito. Então, o problema da linguagem veio à tona, e pareceu que a fenomenologia não era capaz de dar conta, tão bem quanto uma análise estrutural, dos efeitos de sentido que podiam ser produzidos por uma estrutura de tipo linguística, estrutura em que o sujeito no sentido da fenomenologia não intervinha como aquele que confere o sentido".

A ANÁLISE LITERÁRIA

BnF, *Fonds Michel Foucault*, NAF 28730, caixa 54, dossiê 1.

Escolhi a palavra "análise", um tanto pedante e erudita, para evitar a palavra "crítica". Não que esta tenha perdido a validade, mas porque talvez traga muitos problemas; e porque não deixou de sofrer mutações, das quais a atual "análise" sem dúvida é apenas um avatar.

Partamos de algumas constatações simples:

- A densidade das instituições críticas: a existência desse *"homo criticus"* que o século XIX descobriu; a existência de revistas inteiramente dedicadas à crítica; a estrutura crítica de revistas como a *Nouvelle Revue Française*; a atividade crítica de escritores que não são críticos profissionais (Leiris apresentando Butor).[1]
- Mas concomitantemente a essa solidificação, a esse adensamento, acentua-se o caráter segundo da crítica: o que a crítica podia ter de vivacidade, de frescor, o que ela podia ter de "primeiro" em Diderot, ou em Hugo, ou nos surrealistas não para de se apagar em benefício de uma linguagem segunda. A crítica não é mais tanto pesquisa de uma linguagem primeira pela linguagem dos outros, mas ordenamento de sua própria linguagem pela linguagem de um outro.

Talvez seja um traço fundamental de nossa cultura que a linguagem possa proliferar a partir de si mesma, e não somente em extensão, mas também em profundidade, sobrepondo-se a si mesma nos estágios em que ela se retoma, se julga, se funda – em suma, se critica.

---

1 Ver Michel Leiris, "Le réalisme mythologique de Michel Butor". *Critique*, n. 129, 1958. Foucault era particularmente próximo da redação da revista *Critique* no início da década de 1960, em cujo conselho ele ingressa em 1963.

Eu não gostaria de proferir um discurso formal, mas compartilhar com vocês reflexões de alguém que abordou a crítica pela filosofia. E que não pôde deixar de se espantar com essas estruturas da linguagem própria do universo literário:

- um espanto bastante ingênuo da parte de alguém que vem de um universo muito mais simples;
- mas talvez tenha o direito de formulá-lo na medida em que a crítica apela para a filosofia.

I

Mas eu gostaria de insistir em algumas características particulares que a crítica adquiriu ao longo dos últimos anos.

Digamos que, até o início do século XX, a situação da crítica era relativamente simples:

1. Ela era julgadora: trazia um juízo de gosto, de apreciação, de qualidade, de valor sobre a obra da qual falava.
2. Ela admitia uma unidade imediata entre a obra e seu autor: o juízo sobre um válido no mesmo instante para o outro. Nesse sentido, era profundamente psicológica e moral. O homem é definido por aquilo que ele faz e por aquilo que ele diz. Ela era simultaneamente terrorista e discreta:
   - porque não admitia nenhum recuo em relação ao que fora dito ou **manifestado** [M: Aquilo que se denominava "sensibilidade"],
   - porque se recusava a ser exploradora: a procurar nas zonas obscuras.

   Ela via na obra o campo da experiência comum.
3. Mas, enquanto deixava intacto esse domínio da obra e do autor, ela implicava uma cisão profunda no universo dos leitores:
   - o crítico era o leitor absolutamente privilegiado, tinha um juízo e era capaz de formulá-lo,
   - os outros eram leitores de segunda categoria (só eram capazes de ler graças a uma leitura primeira).

Isso significava que a crítica tinha um sentido em um mundo simultaneamente ingênuo e hierarquizado de leitura. Ingênuo porque o leitor podia ser enganado, podia julgar mal, podia não voltar sua atenção para onde deveria. E hierarquizado porque havia pessoas capazes de ler e outras não.

Vê-se como a crítica era uma questão de consumo e defesa.
Creio que uma análise de cunho histórico é irrecusável aqui:

- Enquanto a burguesia (nos séculos XVII e XVIII) foi titular de sua linguagem, o essencial da crítica era dirigido contra as ideias, as coisas, as instituições.
- Quando, no século XIX, surgiu uma linguagem em que ela começou a não mais se reconhecer, tornou-se necessária uma crítica que tratasse das relações entre a linguagem e a leitura, do próprio consumo.

Em certo sentido, uma espécie de malthusianismo literário.

Ora, a crítica mudou de significado no século XX, colocando em jogo muito mais a própria escrita, que é a origem da linguagem, do que a leitura e o consumo.

- Uma mudança da qual se pode dizer que a literatura foi, em certo sentido, a responsável – já que, desde Mallarmé, e Valéry, e Proust, ela sempre conteve uma reflexão sobre suas próprias condições de possibilidade:
    - em certo sentido, pode-se dizer que ela moldou sua própria crítica, tornando os críticos inúteis;
    - mas, ao mesmo tempo, ela fez com que o olhar dos críticos se voltasse para algo diferente de um juízo de gosto; ela forçou a crítica a se interrogar a respeito do ponto de origem da linguagem e sua possibilidade.

Daí um certo número de consequências:
a. A crítica deixa de ser julgadora: o texto é um fato, ou melhor, uma possibilidade, e é a respeito disso que é preciso se interrogar.

b. Posicionando-se na origem da obra, a crítica se coloca no coração de uma atividade literária e criadora e, assim, recupera uma espécie de frescor, um caráter primeiro que ela havia perdido desde o século XIX.
- Ora, essa mudança se traduz na sociologia atual da literatura:
  a. A separação absoluta entre uma crítica julgadora, uma crítica para o consumidor (a dos jornais diários ou semanais) e uma crítica analítica, uma crítica que procura se posicionar no nível da obra (a das revistas etc.): nenhum ponto de encontro.
  b. Por mais difícil ou esotérica que seja uma obra, ela sempre afirma ser capaz de se dirigir à totalidade dos leitores. Ela tem aos próprios olhos um caráter de evidência imediata que torna inútil a crítica. Ademais, a crítica muitas vezes é muito mais "difícil" do que a obra. Ela a "esoteriza".
  c. O livro de bolso é uma maneira de fazer a própria obra chegar a um consumo não filtrado. De impô-la como tal; aliás, os críticos falam do livro de bolso como um fenômeno sociológico, mas ficam em silêncio sobre as obras em si.

II

Pode-se dizer, de maneira geral, que a análise trata as obras, toda essa sedimentação de linguagem que faz parte de nossa civilização, como um fato de cultura que é preciso considerar com a serenidade, a objetividade de qualquer manifestação histórica.

- Portanto, não há diferença, pelo menos metodologicamente, entre a boa e má literatura, entre a grande e a pequena. Todo fato de linguagem está sujeito a análise.
  (No limite, uma ciência geral de todos os livros que circulam em nosso mundo: uma semiologia.)
- Uma sensibilidade nova em relação à historicidade da literatura:
  - Em um sentido, ela é distanciada de um julgamento eterno de gosto ou de beleza. É tomada em sua mais pura historicidade.
  - Em outro sentido, ela é considerada na totalidade das produções da época; em sua densidade sincrônica. Sem evolução.

- Uma indiferença nova [em relação à] individualidade do autor.

    a. Jamais o autor esteve tão presente (que Racine tenha nascido em um ambiente jansenista; a agressividade de Lautréamont; a alvura, a virgindade nua e fria em Mallarmé).
    b. Mas ele não serve de figura de transferência, de personificação da obra, de duplo (como no tempo em que Zola era tratado de limpador de esgotos):[2] ele é somente o ponto de coerência; o lugar da análise. Não é a obra tornada responsável por si mesma; é a obra tornada possível e fatal.

    Vê-se a importância que tiveram:
    - o método marxista de análise,
    - os métodos linguísticos,
    - a história da arte.
- Uma problematização da obra como tal. Não são mais os personagens que importam, nem as ideias, nem as formas.

    O problema é que haja algo como uma obra, isto é, uma linguagem elevada, edificada, que tem um status diferente da linguagem cotidiana, da linguagem dirigida a uma pessoa qualquer.

    O que cria problemas é o fato de que essa linguagem, que, apesar de tudo, dirige-se a um público, conserve uma reserva de sentido e possa ser lida infinitamente em cada época.

    Em suma, que possa ter, em uma cultura, reservas infinitas de sentido que não podem ser reduzidas às necessidades, ao consumo, aos circuitos historicamente determinados. Que possa haver nela figuras indiferenciadas, figuras de traços absolutamente móveis e sempre prontos a se recompor.

    Problema que se resolvia, no passado, dizendo que a beleza é eterna. Porém isso não é mais possível, na medida em que

---

2 Após a publicação de *Thérèse Raquin* [1867], que precede e antecipa o ciclo dos Rougon-Macquart, Zola foi violentamente atacado – e apresentado como um limpador de esgoto e um pornógrafo. Ele respondeu às acusações no prefácio à segunda edição do livro, um ano depois: "Só me admira que meus confrades tenham feito de mim uma espécie de limpador de esgotos literário" (Émile Zola, "Prefácio à segunda edição", in *Thérèse Raquin*. Paris: Garnier-Flammarion, 1970, p. 61). No entanto, a imagem continuaria a lhe ser atribuída e ressurgiria ainda mais violentamente no momento da publicação de *Roupa suja* [1882] e do caso Dreyfus.

aquilo que se considera agora é a obra, e não o valor de suas ideias nem a razão de suas formas.
- Daí, o último traço importante, a necessidade de dar um estatuto a esses significados implícitos que dormitam em um texto escrito:
  - Significados que não constavam nas intenções do autor: Mallarmé não quis fazer uma poesia da virgindade, nem Baudelaire uma poesia da expansão perfumada, da quintessência.
  - Significados que nem mesmo se encontram nas formas visíveis.
  Eles flutuam em uma espécie de espaço neutro nos limites da linguagem. Dificuldade para inseri-los.

O problema da crítica se inverte em relação ao século XIX:

- Ela queria inserir uma obra no universo dos leitores possíveis.
- Agora ela quer fundar as leituras possíveis na própria obra: nessa densidade consistente [substancial], que constitui a matéria escura e monumental da obra.

III

Aqui estão alguns exemplos concretos desse método, com os problemas que ele nunca deixa de apresentar.

1. A análise formal
Análise que repousa sobre a ideia de que existe uma espécie de arquitetura implícita da obra – uma nervura espontânea

- que não é o enredo;
- que não é o movimento dramático dos personagens;
- que não é [tampouco] o equilíbrio estético e musical dos tempos fortes ou fracos, o ritmo.
- Essas formas, pode-se encontrá-las na legibilidade imediata da obra – em certa relação de seu tema com sua composição.

Cf. G. Poulet, estudando o círculo:[3] desde que a Terra é redonda, a poesia e o pensamento barrocos foram assombrados pela figura da esfera:
- que é o microcosmo,
- logo, o reflexo,
- daí a bolha de sabão (frágil, ilusória),
- daí a ideia da fragilidade, da explosão do instante,
- daí a sinuosidade.

- Elas podem ser encontradas mais profundamente enterradas na obra, necessitando ser decifradas:
  - *Polieucto*[4] por J. Rousset.[5]
  - *A galeria do Palácio:*[6] dois jovens que se amam, se separam, se cruzam, se separam de novo e voltam a se encontrar.
  - Mesma estrutura em *O Cid.*[7]

Ora, em Polieucto, encontramos uma figura similar, mas profundamente desequilibrada:
- Polieucto ama Paulina, mas separa-se dela por Deus.
- Paulina ama Severo, mas separa-se dele por Polieucto.

A configuração precedente é completada por um terceiro termo (ou melhor, por dois terceiros termos, um em cima e outro embaixo). E eles se perseguem até o reencontro final em cima. Cada passo que atrai Polieucto para Deus, portanto para longe de Paulina, distancia Paulina de Severo e a atrai para Polieucto.
A argola e o círculo.
Um movimento de hélice (que encontramos da mesma forma na escultura barroca).

2. A análise temática

A ideia de que a forma (essa nervura linear e abstrata) não é dissociável do conteúdo sensível da obra; [a ideia de] que ela faz

---

3   Georges Poulet, *Les métamorphoses du cercle*. Paris: Plon, 1961.
4   Pierre Corneille, "Polyeucte martyr" [1642], in *Œuvres complètes*, v. I. Paris: Gallimard, 1980.
5   J. Rousset, *Forme et signification: Essai sur les structures littéraires de Corneille à Claudel*. Paris: José Corti, 1962.
6   P. Corneille, "La galerie du Palais, ou L'amie rivale" [1637], in *Œuvres complètes*, v. I, op. cit.
7   Id., *Le Cid* [1636–37], trad. Angela Leite Lopes. Rio de Janeiro: 7 Letras, 2013.

corpo com esse conteúdo, anima-o de dentro, ou melhor, não é nada mais do que esse conteúdo em sua presença viva.

Importância de duas experiências filosóficas:

a. A da fenomenologia: o sensível não é uma matéria bruta que anima, posteriormente, o juízo; o sensível já é orientado: é o próprio corpo da espacialidade e da temporalidade. O tempo nos é dado pelas coisas que envelhecem, o espaço pela perspectiva, a névoa no horizonte. O sentido é contemporâneo do ser.
b. A de Bachelard: uma espécie de psicanálise retificada.
    Para Freud, a torção imaginária possuía uma flexibilidade infinita: tudo podia funcionar.
    Para Bachelard, há uma plasticidade própria à imaginação: ela tem suas leis. A garra faz parte de certo tipo de agressão: instantânea, sangrenta, o relâmpago, a ventosa.[8]

Aplicação por J.-P. Richard a Mallarmé:[9] como identificar um tema e analisá-lo? Por exemplo, o da virgindade desnuda em Mallarmé.

a. A frequência (Guiraud):[10] mas o tema transborda as palavras que o designam (brancura, neve, geleira, asa), porque ele estabelece pertencimentos que são semanticamente claros, mas não podem ser traduzidos *a priori* em palavras. E então as palavras não têm sempre o mesmo sentido (frio [significa] a morte ou a virgindade?).
b. Sua qualidade topológica:
    - A importância de um tema se manifesta pelo fato de ele estar situado em diversos níveis topológicos:
        - A nudez: erotismo, metafísica, a poética (a linguagem em estado de nudez).
        - A virgindade: a inocência, o corpo, a relação da linguagem com quem a escuta.
    - Lei [das] equivalências funcionais:
        - A virgindade das coisas é sua brancura.

---

8 Ver Gaston Bachelard, *Lautréamont*. Paris: José Corti, 1939, cap. 2: "Le bestiaire de Lautréamont", pp. 29-78.
9 Ver Jean-Pierre Richard, *L'univers imaginaire de Mallarmé*. Paris: Seuil, 1962.
10 Pierre Guiraud, *Les caractères statistiques du vocabulaire*. Paris: PUF, 1954.

- A resistência, o pudor dessa virgindade, é o frio (é o gelo, fina casca quebrável que protege a mobilidade da água; é também o céu de inverno, azul, mas longínquo, muito distinto, muito profundo, no qual as formas se desenham com uma precisão inacessível). É também o céu do outro lado da vidraça.

c. Suas ambivalências psicológicas: o problema não é saber aquilo que Mallarmé pensava ou experimentava, se era a favor ou contra. Justamente o tema comprova sua constância, sua coerência, sua persistência, a força com que ele é imposto na obra e à obra, no e *ao* autor pelo fato de ter sido valorado ora de maneira positiva, ora de maneira negativa.

Por exemplo, o murcho, a queda, as asas que caem:
"Uma avalanche de rosas perversas tem o pecado como perfume";[11] mas:
"cada palavra voltou a cair, em chuva de flores. Na ponta dos pés erguer-se, braços entreabertos, para acolhê-la e tocá-la, ó felicidade! Com mãos humanas!".[12]

d. Seu equilíbrio: daí o privilégio de formas complexas, ou de figuras com virtualidades múltiplas que encadeiam em uma regra única todo o arco de desenvolvimento do tema:
- O leque que se abre e se dobra, mas esconde quando se abre e desvela quando se dobra;[13]
- A dançarina, que desabrocha ao longe, sobre o palco, em um círculo de irrealidade; e que se fecha quando vista de perto.
- O livro também.

e. A evolução cronológica. Apesar da estrutura sincrônica da análise, vê-se como ela pode permitir uma análise do tipo temporal.
- As primeiras poesias de Mallarmé: a brancura virginal é uma maneira de o mundo assegurar uma totalidade sem fissura; uma espécie de integridade próxima de si mesmo, sem distância: a comunicação das coisas entre si:

---

11 Stéphane Mallarmé, "Sinfonia literária" [1865], in *Charles Baudelaire, Escritos íntimos*, trad. Fernando Guerreiro. Lisboa: Editorial Estampa, 1982, p. 10; trad. modif.
12 Id., "Nala e Damayanti", in *Contos indianos*, trad. Dorothée de Bruchard. São Paulo: Hedra, 2006, pp. 108-09.
13 Ver supra, p. 135, nota 16.

Nuvem, és tu a espuma
Do oceano celeste de ondas límpidas e puras?
És tu a branca pluma
Que a brisa desprendeu, atravessando o azul,
Da asa [de um] dos anjos?[14]

- E então, em *As janelas*,[15] vemos aparecer outra experiência do azul inacessível, frio, hostil, onde toda comunicação se tornará decadência, estigma. Ei-la, em *Suspiro*:

deixa, sobre a água morta onde a selvagem agonia
Das folhas erra ao vento e cava um sulco frio,
Arrastar-se em um longo raio o amarelo sol.[16]

IV

Então, o problema que se apresenta é o de saber em que se apoiam, afinal, análises como essas.

- É evidente que uma estética generalizada pode muito bem dar conta, num prazo mais longo, de certas formas: a torção barroca.
- Mas a modulação de uma obra no que ela tem de individual só pode escapar a uma estética generalizada.

A análise de uma obra como obra, e em sua estrutura interna, não elude sua individualidade, mas a faz aparecer à plena luz do dia, um dia, ademais, enigmático.

Qual é, então, o status de individualidade daquilo que pode haver de implícito, *inconsciente*, em uma obra, portanto *não referível* às intenções do autor, ao que ele quis fazer explicitamente?

---

14   S. Mallarmé, "Le nuage", in Henri Mondor, *Mallarmé lycéen, avec quarante poèmes de jeunesse inédits*. Paris: Gallimard, 1954, p. 176.
15   Id., "Les fenêtres" [1893], in *OEuvres complètes*. Paris: Gallimard, 1961, pp. 32-33.
16   Id., "Soupir" [1864], in *Œuvres complètes*, op. cit., p. 39.

É evidente que um recurso à psicanálise não é aceitável, já que se trata de dar conta de uma obra enquanto obra, em sua dinâmica interna, e não de um fato psicológico (ou enquanto expressão dele).

1. A análise existencial
   Sartre: *Baudelaire*,[17] *Saint Genet*.[18]
   Starobinski: *A transparência e o obstáculo*.[19]

A ideia de que obra e vida fazem parte de uma estrutura comum, de que é preciso tratá-las como um texto comum, uma espécie de trama única,

- que aparentemente é um destino,
- mas, no fundo, é um projeto.

Por exemplo, Rousseau depois de perder a transparência do mundo diante de uma mentira, uma calúnia:

- Toda a sua vida é um esforço para alcançar essa transparência ([isto é, o] pertencimento do olhar à inocência).
- Mas sua obra também se inscreve no mesmo esforço:
  - seja sob a forma de projeto político,
  - sob a forma de sonho romântico,
  - sob a forma de delírio,
  - sob a forma de justificação,
  - sob a forma de [raciocínio].

2. A análise histórica
   Mais [do que a] um esquema único, a obra e a vida de um autor (essa totalidade que elas constituem) remetem a totalidades mais amplas, nas quais é preciso realocá-las.
   Pois as possibilidades de leituras oferecidas por uma obra residem em seu significado objetivo (e não unicamente no projeto

---

17 J.-P. Sartre, *Baudelaire*. Paris: Gallimard, 1947.
18 Id., *Saint Genet: ator e mártir* [1952], trad. Lucy Magalhães. Petrópolis: Vozes, 2002.
19 Jean Starobinski, *Jean-Jacques Rousseau: a transparência e o obstáculo* [1958], trad. Maria Lucia Machado. São Paulo: Companhia de Bolso, 2011.

do autor). Ora, o que confere um sentido objetivo a uma obra é a totalidade histórica em que ela é situada:

- Descartes é crente, mas seu racionalismo é ateu;[20]
- A concepção da graça entre os calvinistas não tem o mesmo sentido (ascese intramundana) que entre os jansenistas (rejeição de toda a vida mundana).

Então, o que precisa ser isolado é a totalidade concreta na qual um pensamento adquire sentido (mesmo que esse sentido seja obscuro para o autor).
Daí:

- A ideia de agrupar [aqueles] cujo comportamento e pensamento são adequados.
- A ideia de que eles têm uma ideologia (uma "visão de mundo") que lhes é comum.
- A ideia de que o conceito de classe é muito amplo para tais análises.

Goldmann: a visão trágica em Racine.[21]

- Os oficiais (que apoiaram o rei).
- Os comissários (que são nomeados pelo rei quando este se aproxima da alta nobreza).

Daí o jansenismo:

- Nada a fazer com o mundo: o poder é mau.
- Não há como alguém obter a salvação no mundo.
- Deus está ausente do mundo; ele só intervém por um olhar.

---

20 Provável alusão a Martial Gueroult, *Descartes segundo a ordem das razões* [1953], trad. Érico Andrade et al. São Paulo: Discurso Editorial, 2016. A leitura de Gueroult se opõe muito particularmente aos trabalhos de Ferdinand Alquié, no qual o "gesto" cartesiano presidia a interpretação de seu pensamento. Pode-se pensar igualmente em Lucien Goldmann, *Le Dieu caché: étude sur la vision tragique dans les "Pensées" de Pascal et le théâtre de Racine*. Paris: Gallimard, 1955, pp. 22-23.

21 L. Goldmann, *Le Dieu caché*, op. cit.

Daí duas atitudes:

- Rejeição absoluta (Barcos, Saint-Cyran).
- Viver com o mundo (Arnauld).

Racine:

- vivendo no mundo: teatro da rejeição;
- entrando em certo recolhimento: teatro de Deus intervindo no mundo (unindo-se a um Arnauld que se aproxima do rei).

Entre os dois, o teatro da peripécia: *Fedra*.[22]

3. Hoje, um terceiro fundamento possível para essas análises provavelmente se desenha.

Seria levar em consideração o fato de que a literatura é linguagem; é algo que acontece no interior da linguagem e, no entanto, separa-se dela, aloja-se na linguagem e a transtorna.

Ideia que é simples.

E que não cansa de ser cada vez mais trazida à luz pela literatura: pôr em jogo a linguagem como um todo por meio desse uso muito particular da linguagem que é a literatura.

Foi o que R. Barthes quis fazer quando procurou definir, em *O grau zero da escritura*,[23] essa região de signos pelos quais a literatura se designa como literatura.

Existiria algo que não é nem a língua (que é o horizonte comum a todo sujeito falante) nem o estilo (que muda de escritor para escritor e de texto para texto), mas o conjunto dos signos pelos quais um texto escrito é designado como sendo literatura (cf. Hébert e *Le Père Duchêne*).

O estudo desses signos se ergueria, como qualquer outro estudo de signos, desse método semiológico definido pela primeira vez por Saussure.

---

22   Jean Racine, *Fedra* [1677], trad. Millôr Fernandes. São Paulo: LP&M, 2001.

23   R. Barthes, "O grau zero da escritura" [1953], in *Novos ensaios críticos e O grau zero da escritura*, trad. Heloysa Dantas et al. Rio da Janeiro: Cultrix, 1974.

- Ele permitiria uma análise diacrônica, temporal, histórica: Chateaubriand: signo para ser visto. Espetáculo. Ao contrário, Queneau, Camus, Céline são signos de inexistência (o que não quer dizer que sejam signos que não existem).
E uma análise sincrônica das totalidades, dos sistemas.
- Ele também permitiria relacionar a literatura com todo o conjunto dos signos que circulam em uma sociedade em uma época dada.
A literatura e a linguagem são, no fim das contas, apenas signos entre outros.
No fim das contas, as roupas, a comida são signos; e não só nas sociedades ricas.
Lévi-Strauss: as mulheres não são simplesmente bens de consumo; elas circulam de acordo com as estruturas que lhes conferem sentido. São signos sociais.[24]
Não se poderia fazer a literatura ingressar em uma espécie de semiologia geral, própria de uma sociedade, e em que seria interrogada, não pelo que ela significa (as ideias, a beleza), mas por sua estrutura de significante?
- E talvez se chegasse a um paradoxo curioso para a nossa sociedade:
  - Nas sociedades primitivas, as mulheres são signos, mas também criadoras de signos (daí uma *duplicação*).
  - Em nossa sociedade, a literatura é um uso dos signos que significa a si mesmo, que remete a si mesmo; que se imobiliza nessa reduplicação, formando, de certo modo, um brasão.
  A literatura é a linguagem significando a si mesma, provando-se em sua natureza de signo e explorando, ávida, sua própria tautologia.
- Percebe-se bem, nessas condições, qual conteúdo histórico há [no] formalismo literário do *nouveau roman*:
  - Não a expressão de uma angústia.
  - Mas, sem dúvida, a elucidação, no interior da literatura, de sua postura autorreferencial.

---

24 C. Lévi-Strauss, *As estruturas elementares do parentesco* [1947], trad. Mariano Ferreira. Petrópolis: Vozes, 2012.

Não é porque é formal e abstrata, e sem conteúdo, que a literatura hoje é o que ela é; ela jamais esteve tão próxima de seu conteúdo: jamais significou tão bem a linguagem como significante.
Ela está se tornando uma forma plena.
E isso em função de uma maturação histórica que, sem dúvida, remonta a Cervantes.

- Ainda assim, ao designar também a si mesma, em uma reduplicação que talvez seja tão essencial quanto a duplicação produzida pela primeira linguagem humana, a literatura atinge um limite:
  - como seu desaparecimento no aparecimento de seu ser,
  - uma vertigem que a espera em seu conteúdo.

De tal sorte que não se deveria interrogar a literatura como uma atividade, no coração de uma cultura, que traduz (ou traveste ou defende ou ataca) os seus conteúdos (ou valores), mas como uma experiência-limite. Uma dessas experiências-limite pelas quais uma cultura não pode deixar de se definir: não há cultura sem loucura, não há cultura sem certas proibições sexuais, não há cultura sem certo acesso ao limite da linguagem, sem certo uso dos signos que põem fogo em si mesmos, fazendo nascer de sua trajetória incendiada algo como a literatura.

ESTRUTURALISMO E ANÁLISE LITERÁRIA

*Conferência no clube Tahar Haddad, em Túnis, 4 fev. 1967.
Registro conservado na Universidade da Califórnia em Berkeley. Uma transcrição parcial desta conferência, sem a discussão posterior, foi publicada em Les Cahiers de Tunisie, v. 39, n. 149-50, 1989. A propósito desta conferência, ver o artigo de Dominique Séglard, "Foucault à Tunis: à propos de deux conférences". Foucault Studies, n. 4, 2007.*

Senhoras e senhores,

Creio que estamos aqui principalmente para discutir, o que quer dizer que eu deveria não falar nada; mas, enfim, suponho que, para que vocês possam exercer seu direito de questionar, que será um direito de observar e um direito de criticar, devo me expor aos golpes; consequentemente, vou apresentar algumas observações um tanto desordenadas a partir das quais espero que vocês tenham oportunidade de se expressar.

O assunto que escolhi é basicamente, na medida em que não sabia diante de quem iria falar – felizmente, aliás, porque se soubesse, creio que teria desistido, pois, por um lado, o público é composto de pessoas bastante intimidadoras, que são meus colegas e, portanto, sabem mais do que eu, e, por outro lado, há muitos estudantes aqui que já me conhecem e já viram os meus números e, portanto, tudo isso é obviamente um pouco intimidador e constrangedor para mim – então, sem saber bem diante de quem eu deveria falar, pensei que poderia falar sobre o problema das relações entre estruturalismo e análise literária.

Esse problema das relações entre estruturalismo e análise literária, eu não tenho evidentemente nenhuma competência para falar dele, como vocês bem imaginam. De fato, se escolhi esse tema, é [em] grande parte porque atualmente é o ninho, o foco de um certo número de equívocos. Todos conhecem ou pelo menos já ouviram ecos do debate sobre a chamada nova crítica[1] e, sob esse debate, acredito que se escondem alguns conceitos, em última análise, muito mal definidos. E é um pouco para uma busca de definições que eu gostaria de orientar o que deve ser o essencial deste encontro, ou seja, o debate que acontecerá agora.

Em resumo, creio que poderíamos dizer o seguinte. Aparentemente, essa discussão que se já arrasta por vários anos não só na França, mas também em outros países, temos a impressão de que ela opõe certa quantidade de coisas e de pessoas, que ela opõe uma crítica, digamos, de tipo científico a uma crítica que seria de tipo impressionista. Também temos a impressão de que ela opõe os defensores do conteúdo e do sentido aos defensores da forma pura. Ademais, temos a impressão de ser um debate que opõe os historiadores aos que só se interessam pelo sistema e pela sincronia das obras. Temos a impressão de que se trata também, no fim das contas, de um conflito de pessoas ou mesmo de grupos sociais, já que haveria, de um lado, os defensores da velha e obsoleta universidade francesa e, de outro, os defensores de uma espécie de renovação intelectual que forçosamente seria exterior à universidade.

Não estou seguro de que essa maneira de caracterizar o debate seja absolutamente exata. Não é verdade que os mais retrógrados nesse debate da nova crítica estejam forçosamente no interior da universidade e a universidade, que nem sempre tem muitas razões para se orgulhar de si mesma, possa se orgulhar de não ter entre seus membros pessoas que defendem justamente essa crítica antiga. Também não é verdade que análises como as de Jean-Pierre Richard[2] sejam análises que ignoram inteiramente o sentido de uma obra porque falam unicamente do seu conteúdo. Não é verdade que as tendências atuais da análise literária rejei-

---

1   Ver em particular o panfleto de Raymond Picard, *Nouvelle critique ou nouvelle imposture*. Paris: J.-J. Pauvert, 1965; e a resposta de Roland Barthes, *Crítica e verdade* [1966], trad. Leyla Perrone-Moisés. São Paulo: Perspectiva, 2007.

2   Por exemplo, os dois estudos mencionados em 1964 por Foucault em "Le *Mallarmé* de J.-P. Richard" ["O *Mallarmé* de J.-P. Richard"]: J.-P. Richard, *L'univers imaginaire de Mallarmé* (Paris: Seuil, 1964) e *Onze études sur la poésie moderne* (Paris: Seuil, 1964).

tam a história em prol do puro sistema e da sincronia. Então não creio que todos esses qualificativos, todas essas determinações nos permitam situar com exatidão o debate.

Para tentar delimitá-lo melhor, gostaria de introduzir uma noção que hoje é absolutamente familiar e que, à primeira vista, deveria trazer muito mais dificuldades do que é capaz de resolver: a noção de estruturalismo. Em resumo, podemos dizer que atualmente o debate gira em torno da possibilidade, do direito, da fecundidade de um método que é chamado de método estruturalista. O que é, de fato, o estruturalismo? É difícil defini-lo quando se pensa que, no fim das contas, com essa palavra designamos análises, métodos, designamos obras, designamos indivíduos tão diferentes, por exemplo, quanto a história das religiões feita por Dumézil,[3] a análise das mitologias de Lévi-Strauss,[4] a análise das tragédias de Racine feita por Barthes,[5] a análise também de obras literárias como é feita atualmente nos Estados Unidos por Northrop Frye,[6] as análises dos contos populares que russos como Propp[7] estão fazendo, as análises de sistemas filosóficos

---

3   Dentre os numerosos textos publicados por Georges Dumézil antes de 1967, citemos, por exemplo, *Jupiter, Mars, Quirinus*, v. I-IV. Paris: Gallimard, 1941-48; e *La religion romaine archaïque*. Paris: Payot, 1966.

4   Claude Lévi-Strauss, *O cru e o cozido: mitológicas I: o cru e o cozido* [1964] (trad. Beatriz Perrone-Moisés. Rio da Janeiro: Zahar, 2021) e II: *do mel às cinzas* [1966] (trad. Carlos Eugênio Marcondes de Moura. Rio de Janeiro: Zahar, 2022). O v. III: *A origem dos modos à mesa* e o v. IV: *O homem nu* só seriam publicados originalmente em 1968 e 1971.

5   R. Barthes, *Sobre Racine* [1963], trad. Ivone C. Benedetti. São Paulo: WMF Martins Fontes, 2008.

6   Na época, Northrop Frye já havia publicado muito: tornou-se conhecido, em particular, em 1957, quando publicou *Anatomia da crítica: quatro ensaios* (traduzido para o francês bem mais tarde, em 1969, pela editora Gallimard) e uma série de textos dedicados a autores literários (em particular, em 1963, *Fábulas de identidade: estudos de mitologia poética*, coletânea de textos de 1947-62, alguns dos quais sobre Milton, Shakespeare, Dickinson etc.), uma obra dedicada a T. S. Eliot, em 1963, e duas obras publicadas em 1965 e dedicadas respectivamente às peças de Shakespeare e a Milton. Nenhuma dessas obras foi traduzida para o francês em 1967, o que leva a supor que Foucault tenha consultado as edições originais, talvez na biblioteca de Gérard Deledalle, em Túnis.

7   Vladimir Propp, *Morfologia do conto maravilhoso* [1928], trad. Jasna Paravich Sarhan. Rio de Janeiro: Forense Universitária, 1984.

como as de Gueroult.[8] Tudo isso se coloca sob a etiqueta do estruturalismo, logo falha. Talvez seja um tanto arriscado querer aclarar todos esses problemas com uma noção tão confusa.

No entanto, é nesse estruturalismo que eu gostaria de me deter um pouco. O estruturalismo, bem entendido, não é uma filosofia. Não é uma filosofia e pode estar ligado a filosofias absolutamente diferentes umas das outras. Lévi-Strauss vinculou explicitamente seu método estrutural a uma filosofia, digamos, de tipo materialista. Podemos dizer, ao contrário, que alguém como Gueroult, por exemplo, relacionou seu método de análise estrutural a uma filosofia idealista. Alguém como Althusser, por exemplo, utiliza explicitamente os conceitos da análise estrutural no interior de uma filosofia explicitamente marxista.[9] Então, não creio que se possa estabelecer um vínculo unívoco e determinado entre o estruturalismo e a filosofia.

Vocês me dirão que tudo isso é conhecido, que é sabido que o estruturalismo não é uma filosofia, mas um método. É justamente nesse ponto que eu gostaria de fazer uma objeção. Em última análise, não me parece que se possa definir o estruturalismo como um método. Em primeiro lugar, é muito difícil ver em que o método de análise dos contos populares usado por Propp é semelhante ao método de análise dos sistemas filosóficos usado por Gueroult, em que a análise dos gêneros literários feita por Frye nos Estados Unidos é semelhante à análise dos mitos feita por Lévi-Strauss.

De fato, parece-me que o termo "estruturalismo" designa muito mais um conjunto de disciplinas, talvez nem mesmo disciplinas, preocupações, um certo número de análises que, no fundo, têm em comum um objeto, e, bem paradoxalmente, eu definiria o estruturalismo, e os diferentes estruturalismos, pelo caráter comum do seu objeto. Diria que o estruturalismo é atualmente o conjunto das tentativas pelas quais se tenta analisar aquilo que se poderia

---

8   Alusão a Martial Gueroult, *Descartes segundo a ordem das razões* [1953], trad. Érico Andrade et al. São Paulo: Discurso Editorial, 2016.

9   Louis Althusser, *Por Marx* [1965], trad. Maria Leonor F. R. Loureiro. Campinas: Ed. Unicamp, 2015. Ver também suas duas contribuições: "De *O Capital* à Filosofia de Marx" e "O objeto de *O Capital*", in L. Althusser et al., *Ler O Capital* [1965], trad. Nathanael C. Caixeiro, respectivamente, v. I e II. Rio de Janeiro: Zahar, 1979 e 1980, pp. 11-74 e pp. 7-152.

chamar de massa documental, isto é, o conjunto dos signos, traços ou marcas que a humanidade deixou em sua passagem e que a humanidade ainda continua a constituir e constitui todos os dias em quantidade cada vez maior em torno dela. Essa massa documental, essa massa de traços, de signos, que são depositados e sedimentados na história do mundo e são registrados no arquivo universal que se constituiu e ainda se constitui, do que é feita essa massa documental? É claro que ela é todos os traços propriamente verbais, todos os traços escritos, é claro, a literatura, mas é, de modo geral, todas as outras coisas que puderam ser escritas, impressas, difundidas; é igualmente tudo o que foi dito e que, de uma maneira ou de outra, foi conservado na memória humana, memória que é sua memória psicológica ou que é a memória material de um registro qualquer; é também todas as marcas que o homem pôde deixar em torno de si, as obras de arte, as arquiteturas, as cidades etc., tudo aquilo que faz com que os objetos que o homem fabricou obedeçam não só às leis puras e simples da produção, mas aos sistemas que as constituem como marcas, e como marcas precisamente do que o homem fez de si mesmo.

Creio que estamos descobrindo atualmente a autonomia do aspecto pelo qual e sob o qual se pode analisar tudo o que o homem é capaz de fazer, não sendo esse aspecto o da produção econômica desses objetos, dessas coisas, desses signos, dessas marcas etc., mas o aspecto pelo qual essas marcas e esses signos são consistentes entre si como marcas, como signos. Trata-se de encontrar o sistema de determinação do documento *como documento*. E essa disciplina do documento como documento é o que se poderia chamar, recorrendo à etimologia – embora eu não seja muito bom nisso –, imagino que, a partir do verbo grego *deíknumi*,[10] consiga-se encontrar algo como *deixologia*[11] ou algo assim, que seria a disciplina geral do documento como documento, e que seria, no fundo, o que o

---

10 Em grego, *deíknumi* significa mostrar, fazer ver, tornar conhecido.
11 A palavra é claramente um neologismo (o "que eu chamo pelo termo arbitrário de deixologia", supra, p. 163) criado pelo próprio Foucault para designar a "disciplina geral do documento como documento". Ver a esse respeito David Macey, *The Lives of Michel Foucault*. New York: Pantheon, 1993, p. 261.

estruturalismo está constituindo atualmente. Uma análise, portanto, das condicionantes internas do documento como tal. E é, creio eu, a partir disso que é possível compreender o caráter aparentemente faz-tudo do estruturalismo, porque o estruturalismo, de fato, ocupa-se de tudo: ele se ocupa da filosofia, ele se ocupa da publicidade, ele se ocupa do cinema, ele se ocupa da psicanálise, ele se ocupa das obras de arte etc.

Em segundo lugar, acredito que isso explica a importância que o estruturalismo não pode deixar de atribuir a algo como a linguística, na medida em que a linguística está precisamente no centro de todos esses documentos que o homem deixa em seu entorno, pois, no fim das contas, a língua é a forma mais geral sob a qual o documento humano costuma se apresentar.

Em terceiro lugar, acredito que isso explica os conflitos que o método, digamos, os conceitos do estruturalismo, as descrições estruturais [suscitam], os conflitos que surgem dessa descrição estrutural com as disciplinas que estudam o documento não exatamente enquanto documento, mas enquanto algo que foi produzido em um sistema de tipo econômico em sentido amplo. Isso quer dizer que é possível, diante de tudo o que foi sedimentado na história da humanidade, tomar, no fundo, duas atitudes: ou procurar o encadeamento dos processos que permitiram que esses diferentes objetos criados pela humanidade fossem produzidos, e essa é a pesquisa das leis de produção que eu chamaria *grosso modo* de economia; ou pode-se tentar estudar esse conjunto de resquícios, de marcas que definem os objetos criados pela humanidade, pode-se estudá-los na medida, e na medida somente, em que são documentos. Acredito que é esse segundo aspecto que caracteriza, em face da economia, da análise econômica da produção, aquilo que poderíamos chamar de análise deixológica desses mesmos objetos.

Talvez a distinção entre essas duas formas de análise seja evidentemente um pouco delicada de fazer, e vocês compreenderão bem por que ela apresenta problemas. Mas, no fim das contas, temos um modelo diante dos nossos olhos. Esse modelo é aquele que nos oferecem pura e simplesmente as ciências da natureza. Passados mais de trinta anos, é bem sabido que a velha análise praticada no século XIX, a análise dos processos energéticos, já não é mais suficiente para explicar inteiramente alguns fenômenos, fenômenos de ordem física, de ordem química e, sobretudo, de ordem biológica, e que é preciso analisar, além dos processos energéticos, aqueles que chamamos de processos de informação. E atualmente não é mais possível fazer biologia sem considerar a interação perpétua que há entre os processos energéticos e os processos informacionais que possibilitam o conjunto dos fenômenos biológicos. A definição das relações entre processos energéticos e processos informacionais apresenta evidentemente muitos problemas, mas a análise dessas relações só pode ser feita na medida em que esses dois níveis forem distinguidos, o nível energético e o nível informacional.

Parece-me que o problema é mais ou menos igual ao que concerne aos fenômenos ditos humanos, isto é, os fenômenos ditos humanos devem ser analisados em dois níveis: no nível de sua produção, que é o nível econômico; e o nível em que eles obedecem às próprias leis do documento enquanto documento é o nível deixológico. E, se for verdade que um dia será necessário tentar estudar a interferência que há entre esses dois níveis, essa interferência, que é a substância mesma, que é o objeto mesmo da história, só poderá ser definida na medida em que tivermos distinguido bem esses dois níveis. Acredito que a importância metodológica, a importância epistemológica, a importância filosófica do estruturalismo está precisamente nisso. Ele foi primeiro um método e, sem dúvida nenhuma, foi como método que ele, de certa forma, penetrou esse objeto novo, essa camada, esse domínio epistemológico novo que eu chamo pelo termo arbitrário de deixologia. E é a partir dessa abertura metodológica que esse objeto novo está se constituindo e, a partir do momento em que o objeto novo tiver se constituído, o estruturalismo forçosamente deixará de poder ser definido pura e simplesmente como método. Ele se torna a obrigação pura e simples de percorrer esse novo domínio diante do qual estamos, o que faz com que o estruturalismo chegue ao ponto em que precisamente ele deve se apagar e desaparecer como método para reconhecer, de certa forma voltando-se para si mesmo no momento em que se apaga, que aquilo que ele fez foi pura e simplesmente descobrir um objeto. Poderíamos comparar o exemplo do estruturalismo com o da anatomia patológica no fim do século XVIII. A anatomia patológica, no fim do século XVIII, era pura e simplesmente um método médico aplicado por um certo número de médicos e que, aliás, suscitava muitas polêmicas e dificuldades. E então, no fim das contas, a análise da anatomia patológica descobriu um objeto que não estava previsto e que foi a fisiologia; de modo que a fisiologia se desenvolveu depois como disciplina autônoma, tomando a anatomia patológica como método particular.[12] Provavelmente é isso que vai acontecer com o estruturalismo.

Essa é, em resumo, a situação atual do estruturalismo. Era isso que eu queria dizer sobre esse significado geral, sobre o significado geral dessa palavra.

E o que tem a ver com isso a análise literária propriamente dita? Se o que eu disse é exato, vocês podem ver que a análise literária faz parte necessariamente dessas disciplinas do documento: trata-se de estudar de maneira privilegiada esses documentos que chamamos de obras literárias. De fato, a análise literária, e a análise literária estrutural, sempre teve uma posição um tanto de destaque em relação a essas disciplinas das quais estou falando e que até o momento presente estão agrupadas sob o nome de estruturalismo. Com efeito, a análise literária juntou-se muito cedo a esse domínio das disciplinas deixológicas. Por que e como?

Creio que poderíamos resumir bem esquematicamente a situação da seguinte maneira. No passado, no fundo, a análise literária tinha essencialmente a função de estabelecer a comunicação, fazer a mediação entre a escrita, entre a obra propriamente dita e o seu consumo, isto é, a leitura por um público. A análise literária era essencialmente uma espécie de ato ambíguo, a meio caminho entre a escrita e a leitura, e que deveria permitir que certa quantidade de pessoas lesse um texto que tinha sido escrito por alguém. Essa função mediadora da análise literária pode ser resumida, pode ser descrita em três pontos. Em primeiro lugar, a crítica literária, a análise literária, tinha a função de selecionar, dentre os textos escritos, aqueles que deviam ser lidos e aqueles que não mereciam ser lidos. Foi assim que a crítica literária riscou de uma vez por todas obras como as de Sade ou Lautréamont. Esse era seu primeiro papel.

---

12 M. Foucault, *Naissance de la clinique*, 1963 [*Nascimento da clínica*].

Seu segundo papel era julgar as obras, adiantar ao possível leitor se essa obra valia alguma coisa e o que ela valia em comparação com outras obras, ou seja, situá-la dentro de uma escala. E, em terceiro lugar, ela detinha o papel de simplificar a obra ou, em todo caso, de simplificar a operação que consiste em ler uma obra, e ela devia fornecer uma espécie de esquema de produção da própria obra, explicando como o autor tinha escrito, por que tinha escrito, o que pretendia fazer etc. Essas três funções – triar, julgar e explicar ou deixar claro – faziam a análise literária se colocar, diante de uma obra escrita, na posição, de certa forma, do leitor ideal. E quem fazia análise literária, praticando essa leitura absoluta, sobrepujante e ideal, escrevia um texto que devia ser a mediação para o leitor futuro, e autorizar, fundamentar, simplificar a leitura desse leitor futuro, a leitura que ele fazia do texto original. Era, portanto, a seguinte estrutura linear: a) escrita, b) análise literária, c) leitura; era essa estrutura que definia, acredito eu, o próprio papel do que era chamado precisamente de crítica. Pois a análise literária era crítica, ou seja, era uma censura que triava, era uma estética que propunha juízos e, ao mesmo tempo, era uma espécie de histórico da produção da obra, uma explicação das razões pelas quais a obra foi produzida, uma redução da obra às razões pelas quais ela foi produzida. É essa, *grosso modo*, a razão pela qual toda a análise literária era fundamentalmente uma crítica. É essa igualmente a razão pela qual existiu em todas as sociedades, digamos, de tipo ocidental esse gênero de personagem curioso e temível chamado crítico literário e cuja invenção, talvez triste invenção, enfim, pouco importa, remonta *grosso modo* a Sainte-Beuve.

Acredito que, no decorrer do século XX, a posição da análise literária tenha mudado. E esse esquema linear que tentei mostrar para vocês foi substituído por uma configuração totalmente diferente. Acredito que a análise literária tenha agora se desviado do fio, saído do eixo escrita-consumo que a situava no passado. E agora, a análise literária se tornou uma relação não mais da escrita com a leitura, mas da escrita com a escrita. Isso significa que a análise literária é agora essencialmente a possibilidade de constituir, a partir de uma dada linguagem que se chama obra, uma nova linguagem, e uma nova linguagem que seja tal que essa segunda linguagem obtida a partir da primeira possa falar da primeira. O problema da crítica, como vocês podem ver, não é mais como era no passado, como era no século XIX: como é que os leitores em geral, e o leitor ideal em particular, podem e devem julgar a obra em questão? Agora o tema da crítica é este: que transformação se deve operar na linguagem de uma obra para que a linguagem assim transformada fale dessa obra e manifeste alguma coisa a propósito dessa obra? Na medida em que a crítica, a análise literária passou a ser isso, vocês compreendem como e por que a análise literária não vai mais se interessar pela produção da obra, pela maneira como ela surgiu, mas vai se interessar pela obra como documento, isto é, como é feita com essa forma de documento chamada linguagem; isto é, a análise literária vai se ocupar da obra fundamentalmente na medida em que ela é linguagem. E é nisso que ela vai se tornar, essa análise literária, como a análise dos mitos etc., e, ao lado deles, uma espécie de deixologia.

Em segundo lugar, isso explica por que a análise literária, na medida em que ela transforma uma linguagem dada em uma nova linguagem que deve falar de si, está agora vinculada, e de uma maneira muito estreita, ao problema da linguística. Isso explica igualmente como e por que ela está vinculada ao problema da lógica, ou seja, ao problema que tange essencialmente à transformação dos enunciados. Por fim, vocês podem ver como e por que, não sendo mais essa mediação entre escrita e leitura, a análise literária não tinha como não abandonar essa velha função de seleção, crítica, julgamento que era a sua função no passado. Daqui por diante, a análise literária vai suspender todo julgamento sobre a obra, vai suspender toda função de seleção em relação ao leitor, não vai mais haver obra sagrada, não vai mais haver obra imediatamente valorizada para a análise literária. O papel da crítica, isto é, esse papel que consistia em selecionar e julgar as obras, vai ser apenas um papel, de certa forma, de agente *voyer* da literatura. Em relação à análise literária, as críticas como as que podemos ler nos jornais, essa crítica não é mais, de certa forma, do que um gênero de cauda, e é claro que é na ponta mais extrema dessa cauda que foi fincada a pluma de Pierre-Henri Simon.[13]

---

13   Pierre-Henri Simon (1903–72), escritor, ex-professor de literatura na Universidade de Friburgo, tornou-se crítico literário do jornal *Le Monde*. Autor, em particular,

Vocês podem ver igualmente por que e como a história, a análise histórica enquanto estudo da produção de uma obra, como essa análise histórica não pode mais ser o tema primeiro e fundamental da análise literária, já que a análise literária não precisa mais se preocupar em saber como uma obra pôde ser produzida, mas sim como uma obra pode dar lugar a outra linguagem, na qual ela se manifesta ou manifesta certos aspectos [seus], isto é, a linguagem da análise.

Creio que essa é a maneira como se poderia explicar, primeiro, a presença dessa disciplina nova chamada análise literária e, segundo, a proximidade da análise literária com as disciplinas que aparentemente são disciplinas bastante afastadas, mas cujo parentesco fica claro daqui por diante, todas essas disciplinas que tratam do documento como documento, seja um documento puramente falado, como, por exemplo, no caso da psicanálise, seja um documento de tradição oral, como a análise dos contos populares, seja uma análise de documentos como, por exemplo, os documentos tratados pela sociologia.

É isso, então, *grosso modo*, o que eu queria dizer, de modo bem esquemático, para situar um pouco os problemas das disciplinas estruturais e da análise literária. Gostaria agora, e essa seria a terceira linha de um debate possível, de situar – mas vocês conhecem isso melhor, sabem isso melhor do que eu – um pouco as tendências atuais do estruturalismo, na medida em que ele é a forma da análise literária.

A utilização de conceitos estruturais na análise literária gera um pequeno problema histórico bastante curioso. Vocês sabem que a análise estrutural no campo literário foi inventada há um bom tempo, há exatamente meio século, na Rússia. Foi em torno de 1915 que os formalistas russos, de formação essencialmente linguística, começaram a aplicar à análise literária conceitos que já eram, *grosso modo*, conceitos estruturais. É em seguida, em Praga, na Tchecoslováquia, nos Estados Unidos e na Inglaterra, para onde alguns formalistas russos tinham emigrado, é aí que a

---

de uma *Histoire de la littérature française au XXe siècle (1900–1950)*. Paris: Armand Colin, 1956; e *Le domaine héroïque des lettres françaises. Xe-XIXe siècles*. Paris: Armand Colin, 1963. Foi eleito para a Academia Francesa em novembro de 1966.

análise literária se desenvolveu sob uma forma estrutural. Por fim, simplesmente após a guerra de 1940-45, delineou-se na França, de maneira bastante tímida, essa coisa que é, digamos, o estruturalismo literário. Ora, coisa curiosa, na França, o estruturalismo no campo literário não se desenvolveu originalmente a partir de uma reflexão sobre o que era a língua, isto é, o modelo linguístico teve historicamente um papel muito fraco, praticamente papel nenhum na formação da nova crítica francesa. De fato, o ponto por onde a nova crítica se constituiu na França, o ponto de irrupção da nova crítica, foi curiosamente a psicanálise, a psicanálise no sentido estrito do termo,[14] a psicanálise, digamos, ampliada de Bachelard[15] e a psicanálise existencial de Sartre.[16] Foi a partir dessas formas de análise que a nova crítica se constituiu. E foi só depois disso, no fundo, de certa forma, muito recentemente, há menos de dez anos, quando muito sete ou oito anos, que a análise literária na França descobriu o modelo linguístico e, de certa forma, transferiu seus métodos de ordem psicanalítica para os de ordem linguística. A ordem psicanalítica era, claro, uma ordem relativamente solta, no fundo bastante livre, em relação à letra freudiana. Ainda assim, foi nessa direção que o estruturalismo pôde nascer. O fato de o estruturalismo na nova crítica ter nascido a partir da psicanálise não é nem um pouco surpreendente por uma razão muito simples: é que a psicanálise, na medida em que, afinal de contas, também é um estudo de documento, isto é, um estudo da fala humana tal e qual é pronunciada por alguém em certa situação bem determinada, e, como vocês sabem, na medida

---

14 Ver, por exemplo, Jean Laplanche, *Hölderlin e a questão do pai* [1961] (trad. Clóvis Marques. Rio da Janeiro: Zahar, 1991), e o artigo que lhe dedicou Foucault ("Le 'non' du père" [1962], in *Dits e écrits I* ["O 'não' do pai"].

15 Alusão a Gaston Bachelard, *A psicanálise do fogo* [1938], trad. Paulo Neves. São Paulo: Martins Fontes, 1994; *A água e os sonhos: ensaio sobre a imaginação da matéria* [1941], trad. Antônio Danesi. São Paulo: Martins Fontes, 1997; *O ar e os sonhos* [1943], trad. Antônio Danesi. São Paulo: Martins Fontes, 2001; *A terra e os devaneios do repouso* [1946], trad. Paulo Neves. São Paulo: WMF Martins Fontes, 2019; *A terra e os devaneios da vontade* [1948], trad. Maria Galvão. São Paulo: WMF Martins Fontes, 2013.

16 Ver Jean-Paul Sartre, *O ser e o nada* [1943] (trad. Paulo Perdigão, Petrópolis: Vozes, 2011); mas também *Baudelaire* (Paris: Gallimard, 1947) e *Saint Genet: ator e mártir* [1952] (trad. Lucy Magalhães. Petrópolis: Vozes, 2002).

em que a própria psicanálise é um tratamento de documento, ela não tem como não ser estruturalista pelo menos no sentido em que também é uma disciplina de tipo deixológico. Então não é de se admirar que a análise literária na França tenha se unido ao estruturalismo, não pela linguística, mas pela psicanálise. Isso é para situar historicamente, creio, o nascimento dessa nova crítica.[17]

Como foi que ela se desenvolveu e em que direções? Creio que podemos dizer, *grosso modo*, que tudo que é chamado de nova crítica tem essencialmente por objetivo definir, a propósito de um texto dado, isto é, de uma obra literária: primeiro, quais são os elementos segundo os quais podemos recortar uma dada obra; segundo, qual é a rede de relações que os elementos assim definidos mantêm uns com os outros. Vocês dirão que tudo isso é simples, mas tudo isso suscita problemas. Tudo isso suscita problemas porque a obra obedece a um recorte em capítulos, em parágrafos, em frases, em palavras, um recorte que não é aquele que a análise deve estabelecer para mostrar como e em que a obra funciona.

O primeiro princípio do estruturalismo na análise literária é considerar, contrariamente ao que era o velho esquema do século XIX, que a obra não é essencialmente um produto do tempo, a obra não segue em seu nascimento e, depois, durante sua existência atual, uma trajetória linear que seria, *grosso modo*, uma trajetória cronológica. A obra é aceita como um fragmento de espaço cujos elementos são todos simultâneos. Essa simultaneidade estando dada, a obra inteira estando assim justaposta, é a partir desse momento que se pode fazer esse recorte em elementos e estabelecer o funcionamento que pode haver entre esses diferentes elementos. Dito de outro modo, não é o fio diacrônico da obra que deve nos conduzir, mas a sincronia da obra consigo mesma. Isso não quer dizer que ignoramos que a obra apareceu efetivamente em um momento dado, em uma cultura dada ou de um indivíduo dado. Mas para definir como a obra funciona é preciso admitir que ela é sempre sincrônica em relação a si mesma.

Em resumo, a análise literária até o presente estabeleceu a sincronia da obra em relação a si mesma de duas maneiras: primeiro,

---

[17] Note-se a surpreendente ausência, em toda essa passagem, da referência a Jacques Lacan.

na dimensão do imaginário e, segundo, na dimensão da linguagem. O lugar no qual a obra foi espacializada e tornada contemporânea dela mesma foi primeiro o imaginário; e tentou-se constituir, e podemos dizer que, *grosso modo*, algumas obras de análise literária constituíram uma lógica ou uma geometria do imaginário. Isso foi inicialmente obra de Bachelard, que constituiu uma espécie de lógica elementar da imaginação literária, tomando um certo número de qualidades que ele opunha umas às outras, independentemente da psicologia do autor, independentemente também da psicologia do leitor, qualidades que existiriam objetivamente em si mesmas, de certa forma no âmago das coisas, e cujo sistema de oposições daria à obra sua possibilidade e sua lógica. Eis aí um esboço de lógica do imaginário. [O] ensaio de geometria do imaginário, vocês o encontrariam em uma obra como a de Poulet, onde ele faz, a propósito do círculo, uma série de análises nas quais mostra que as próprias obras, no que elas narram e na lei que as compõe, que compõe as diferentes partes e os diferentes elementos delas, obedecem a figuras geométricas que são, de uma só vez, de certa forma, representadas na obra e representantes da obra.[18] Foi nessa linha, na esteira de Poulet, que Starobinski, por exemplo, fez um estudo de Rousseau sobre o tema do obstáculo e da transparência; e ele mostrou como, nos temas de toda a obra de Rousseau, vocês encontram essa figura espacial curiosa de uma espécie de opacidade que cobre as coisas e isola o homem das coisas, e depois uma pesquisa da transparência que não pode ser obtida, que, em todo caso, tem de ser obtida pela linguagem como instrumento de "translucidificação" desse véu, desse muro que separa o indivíduo das coisas; e a linguagem é o que dá polimento e transparência a essa espécie de véu.[19] Então, nesses temas, a obra é animada por isso, mas, ao mesmo tempo, a obra é precisamente essa figura espacial, porque é por sua obra e por essa obra literária que Rousseau escreveu, é por essa obra que Rousseau tentou, com efeito, tornar o mundo transparente para ele, esse mundo que, desde sua infância e desde a injustiça que ele sofreu na infância,

---

18 Georges Poulet, *Les métamorphoses du cercle*. Paris: Plon, 1961.
19 Jean Starobinski, *Jean-Jacques Rousseau, a transparência e o obstáculo* [1957], trad. Maria Lucia Machado. São Paulo: Companhia de Bolso, 2011.

tornou-se para ele absolutamente opaco e perdido. Então, a obra é efetivamente, em si mesma, essa espécie de configuração espacial e de dinâmica do espaço representado no que ela diz mesmo. Eis como poderíamos situar um certo número de análises que seriam as análises da lógica e da geometria do imaginário.

Há uma segunda tendência, muito mais recente, que é a análise da obra literária a partir dos esquemas linguísticos que a caracterizam. E essa análise foi feita pela primeira vez na França, acredito eu, por Lévi-Strauss a propósito de um soneto de Baudelaire,[20] na qual ele mostrou como o soneto dos *Gatos* era inteiramente comandado pelas possibilidades fonéticas que se apresentavam a Baudelaire, e ele construiu esse soneto sobre um sistema de redundâncias do qual dispunha pelo caráter fonético próprio da língua francesa. Esse estudo, que, afinal, ficou bastante desconhecido, bastante esquecido durante anos, só muito recentemente foi trazido à luz e atualmente os trabalhos de Barthes e os trabalhos de Genette[21] estão inteiramente situados nessa tendência, exceto pelo fato de que os esquemas linguísticos pelos quais eles tentam definir uma obra, os esquemas linguísticos que eles utilizam não são os da fonética, mas os da sintaxe e os da semântica. É essencialmente a retórica, os esquemas da retórica, que lhes servem de fio condutor para a análise das obras. O que, é claro, pressupõe que a própria obra literária não seja senão uma espécie de reduplicação das estruturas linguísticas sobre elas mesmas. O que pressupõe que a obra literária seja de certa forma a própria língua manifestando-se em sua estrutura e em sua virtualidade.

Por fim, há uma terceira tendência, e vou parar por aqui já que, uma vez mais, são simplesmente indicações que devo dar a vocês. Há uma terceira tendência que, atualmente, ainda está quase inexplorada, mas a respeito da qual se poderia perguntar se não seria [permitida]. Vocês sabem, com efeito, que as pessoas que refletiram sobre a linguagem recentemente, os linguistas de um lado e os lógicos de outro, perceberam que havia, quando se estudavam os enunciados, um elemento, ou melhor, uma série de

---

20 Roman Jakobson e C. Lévi-Strauss, "'Les Chats' de Charles Baudelaire". *L'Homme*, v. 2, n. 1, 1962.
21 Gérard Genette, *Figures I*. Paris: Seuil, 1966.

elementos que era pelo menos tão importante quanto a língua, e é o que chamamos, *grosso modo*, de o extralinguístico.[22] Linguistas como Prieto,[23] lógicos como Austin,[24] mostraram que, de fato, a estrutura linguística de um enunciado estava longe de ser suficiente para dar conta de sua existência total. Prieto, em particular, mostrou como os elementos contextuais constituídos pela própria situação do indivíduo falante são absolutamente necessários para conferir sentido a um certo número de enunciados, na verdade, um grande número de enunciados. De fato, todo enunciado se apoia silenciosamente em certa situação objetiva e real, e certamente o enunciado não teria a forma que ele tem se o contexto fosse diferente. O exemplo primeiro, *princeps*, que toma Prieto é este: quando vocês têm sobre uma mesa um caderno vermelho e querem pedir a alguém que pegue esse caderno, vocês dizem: "Pegue-o" ou "Pegue o caderno"; quando há dois cadernos, um vermelho e um verde, vocês pedem ao seu interlocutor que o pegue dizendo: "Pegue o vermelho" ou "Pegue o da direita". Vocês estão vendo que esses dois enunciados, que têm exatamente o mesmo significado (ordem de A a B para pegar o caderno que está sobre a mesa), esse mesmo significado dará origem a dois enunciados completamente diferentes, dependendo se o contexto objetivo é o primeiro ou o segundo. Por conseguinte, a definição de um enunciado, a escolha da forma de um enunciado só é possível em função desse contexto.

Em contrapartida, e agora passo para as pesquisas dos lógicos, alguém como Austin mostrou que os enunciados não podiam ser analisados independentemente do ato de fala que é efetivamente realizado por quem fala no momento em que fala. Por exemplo, quando alguém diz: "A sessão está aberta", essa frase não é de modo nenhum uma frase de constatação. Com efeito, a sessão não

---

22 Sobre a noção de extralinguística, ver neste volume os textos "O extralinguístico e a literatura" e "A análise literária e o estruturalismo".
23 Luis J. Prieto, *Mensagens e sinais* [1966], trad. Anne Arnichand e Álvaro Lorencini. São Paulo: Cultrix/Edusp, 1973.
24 John L. Austin, *Quando dizer é fazer* [1962], trad. Danilo de Souza Filho. Porto Alegre: Artes Médicas, 1990. A tradução para o francês só seria publicada pela editora Seuil em 1970, ou seja, após a conferência de 1967, mas Foucault evidentemente leu a obra em inglês.

está aberta, ele não está constatando que a sessão está aberta; ele também não dá uma ordem, porque a sessão não obedece e não se abre por iniciativa própria, porque alguém lhe deu a ordem. O que é esse enunciado? É um enunciado que, do ponto de vista gramatical, é exatamente similar a uma constatação e que, no entanto, não é uma constatação, e o sentido desse enunciado não é uma constatação nem uma afirmação. É algo que Austin chama de performação. Pouco importa o nome que ele dá, vocês veem que, com esse exemplo simples, percebe-se que a descrição de um enunciado não está absolutamente feita só por ter se definido a estrutura linguística desse enunciado.

Vocês veem por esses dois exemplos – são simplesmente exemplos de referência – que se está percebendo, no próprio âmbito dos estudos da linguagem, que a análise do discurso não pode mais ser feita somente em termos linguísticos. O discurso não é simplesmente um caso particular dentro da língua, o discurso não é uma maneira de combinar, segundo as regras linguísticas, elementos que são dados pela própria língua; o discurso é algo que necessariamente transborda a língua. Seria possível perguntar, então, se a análise literária, ou seja, a análise desse discurso singular que é uma obra literária, não deveria levar em conta todos esses elementos extralinguísticos que estão sendo descobertos na análise da linguagem. *Grosso modo*, vejo três[25] rumos que poderiam ser tomados.

Primeiro, poderíamos tentar definir, um pouco na linha do que Prieto descreveu, o que é efetivamente dito nos enunciados da literatura. Com efeito, quando vocês abrem um romance, não existe um contexto para esse romance. Quando, por exemplo, Joyce diz, no começo de *Ulisses*[26] – infelizmente o nome do personagem me escapa –: "Desça a escada",[27] a escada, que é

---

25 Foucault desenvolverá somente dois rumos. Isso pode ser explicado pela interrupção da gravação ocorrida no fim da exposição do segundo rumo; mas, como essa interrupção parece ter sido curta, também se pode pensar que Foucault simplesmente se equivocou ao anunciar três pontos.

26 James Joyce, *Ulisses* [1922], trad. Bernardina da Silveira Pinheiro. Rio de Janeiro: Objetiva, 2007.

27 Na realidade, o texto de Joyce diz: "Suba, Kinch! Suba, seu temível jesuíta!" (ibid., p. 27).

designada por um artigo definido, essa escada não está ao lado de vocês, não é como quando vocês dizem, quando eu digo, por exemplo: "O copo". Quando eu digo: "O copo", vocês sabem perfeitamente que é aquele ali. Quando Joyce, em seu romance, diz "a escadaria", ninguém sabe que escada é essa, porque não existe um contexto real. E, no entanto, Joyce não diz tudo, ele não explica exatamente qual deveria ser o contexto que deveria estar lá para preencher, de certa forma, essa indicação vazia dada pelo artigo definido. É a própria obra que recorta, de certa maneira, em um contexto inexistente, o que deve aparecer e o que não tem necessidade de aparecer. Basta comparar, por exemplo, uma descrição de Balzac e uma descrição de Robbe-Grillet para ver com clareza que, precisamente, há em certas obras de tipo balzaquiano um certo número de coisas que devem absolutamente ser ditas e são de certa forma o contexto, o extralinguístico apresentado na própria obra: a data do acontecimento, a cidade em que se situa, o nome do personagem, seus ancestrais, o que aconteceu com ele, seu passado etc.[28] E, se vocês pegarem um romance de Robbe-Grillet, quando Robbe-Grillet começa *O labirinto*[29] dizendo: "Aqui", vocês jamais saberão o que é esse "aqui", se é uma cidade, que cidade é, em que país ela está localizada, se é um apartamento, se é uma pintura, se é um espaço real, se é um espaço imaginário etc. Vocês veem, por consequência, que a maneira como o extralinguístico é manifestado nos enunciados da obra literária, essa maneira é muito diferente de uma época para outra e de um escritor para outro. E seria possível, no sentido das análises linguísticas de Prieto, estudar o papel do contexto extralinguístico interior à própria obra.

Segundo, também poderíamos estudar, um pouco na linha do que fizeram os lógicos, em particular Austin, a maneira como os enunciados são colocados de certa forma no próprio texto da obra literária: qual ato é efetivamente levado a cabo numa frase dada? É evidente que, numa descrição, num diálogo reportado, numa reflexão do autor sobre o personagem, numa avaliação psicológica [*interrupção da gravação*] [vocês] **veem lá toda uma análise formal da**

---

28 Sobre Balzac, ver neste volume "*A procura do absoluto*".
29 Alain Robbe-Grillet, *Dans le labyrinthe*. Paris: Minuit, 1959.

obra, mas que será feita em um sentido que não é de modo nenhum o sentido da linguística, que é um estudo estrutural do que há de extralinguístico nos enunciados, todavia linguísticos, da própria obra.

Por fim, simplesmente indiquei a vocês esses rumos possíveis de trabalho para mostrar essencialmente como o estruturalismo, longe de estar ligado a uma posição doutrinária qualquer, longe de estar ligado a um método preciso e definitivamente adquirido, é, de fato, bem mais um campo de pesquisa, um campo de pesquisa que se abre provavelmente de uma maneira bastante indefinida. Em todo caso, enquanto não se tiver percorrido o conjunto dessa massa documental que a humanidade depositou em torno de si, e da qual a literatura é uma das partes, enquanto não se tiver utilizado todos os métodos possíveis para mostrar o que é esse documento como documento, o estruturalismo, se é verdade que o estruturalismo é pura e simplesmente a ciência do documento, vocês veem que o estruturalismo terá uma vida boa. De todas as maneiras, não é preciso em absoluto identificar o estruturalismo nem com uma filosofia nem com um método particular.

Aí estão, em traços muito rudimentares, as indicações que eu queria dar a vocês, e isso – infelizmente me alonguei um pouco – para simplesmente introduzir as perguntas e objeções que vocês queiram apresentar.

[MEDIADOR][30] *Acredito que serei o intérprete de vocês no agradecimento a Michel Foucault por sua brilhante e rica apresentação da interpretação estruturalista da obra literária. Gostaria de lhe agradecer também a exposição clara de sua posição filosófica. Posso, a posteriori, apresentá-lo agora, acredito eu. Sua filosofia é um estruturalismo semiológico ou uma semiologia estruturalista, ao menos a sua filosofia atual. E sua filosofia futura, a julgar pela referência a Austin, provavelmente será uma fenomenologia linguística. Vou passar a palavra a vocês, mas peço que sejam breves e permitam que todos exponham seu ponto de vista. O debate poderia se concentrar nos três pontos, mas não creio que seja necessário ordenar*

---

30   O mediador é Gérard Deledalle (1921–2003), diretor do Departamento de Filosofia da Universidade de Túnis de 1963 a 1972, cuja biblioteca serviu de "biblioteca de trabalho" para Foucault durante sua estadia na Tunísia.

as perguntas. Acredito que um debate livre seja preferível. Quem gostaria de falar?

[PARTICIPANTES] *No fim das contas, a base do seu método estruturalista consiste em uma espécie de interdito. O estruturalismo seria a obra vista enquanto tal no interior dela mesma. Formulei mal, mas, enfim, acho que existe esse interdito em alguma parte. Ora, nos últimos pontos que você submeteu à nossa apreciação, que achei muito interessantes, me parece que a obra, percebida pela análise, busca essa ausência de si mesma, segundo o que você disse. A análise se concebe na medida em que busca delimitar uma ausência na linguagem, por exemplo, a escada: que escada? O que não é dito acaba sendo o essencial. Nesse sentido, você não foi além do próprio estruturalismo para eventualmente cair, talvez, no que seria a mais tradicional das críticas? Tomo um exemplo: para mim, "estrutura literária" significa sempre mais ou menos uma espécie de fatalidade. Quando você falou de obra espacializada, achatada, de um mapa aberto diante de nós, havia talvez pelo menos um pouco dessa ideia de fatalidade. O que, naquele momento, para além da obra ou de sua ausência, não seria – e, aqui, acho que sou terrivelmente tradicional e tendo a ver toda obra como autobiográfica –, será que para além da obra não seria essa fatalidade, realizada ou não realizada, que o escritor transcreve em sua própria obra, seja para exorcizá-la, seja para fazer outra coisa qualquer, não importa o quê? Será que você não está restabelecendo aqui o vínculo tradicional entre a obra e o que existe fora da literatura, isto é, a época, o escritor etc.? Não há pelo menos uma linha, não traçada, como você quis dizer, mas pontilhada?*

Você quer que eu responda agora ou agrupe as questões?

[MEDIADOR] *Alguém teria uma questão paralela para fazer? Alguém gostaria de defender o [mesmo] ponto de vista?*

Ou eventualmente o meu! Mas, pelo visto, não há perigo de isso acontecer.

[MEDIADOR] *Creio que o diálogo é preferível.*

Está certo. Escute, o que eu quis dizer é que, precisamente, o próprio de uma obra literária é não ter verdadeiramente um contexto. Se eu tivesse tido tempo, se não tivesse sido obrigado a me alongar nessas preliminares, eu teria podido dar um exemplo absolutamente característico de um romance em primeira pessoa. Quando você abre um romance em primeira pessoa e lê: "Durante muito tempo, eu me deitava tarde",[31] você sabe perfeitamente que o "eu" não pode de maneira nenhuma ser assimilado ou, em todo caso, você não tem o direito de assimilar essa primeira pessoa "eu" logo de cara ao indivíduo que imprimiu o nome dele na capa do livro e que, nesse caso, é Marcel Proust. Esse "eu" é um "eu" que literariamente só adquire sentido, isto é, só encontra seu elemento de designação, só encontra seu referente no próprio interior do texto; e o "eu" que diz: "Durante muito tempo, eu me deitava tarde" só será determinado pelo conjunto de todos os "eu" que se encontram no texto, o conjunto de tudo o que sucede no texto com essa pessoa que diz "eu", o conjunto de todos os epítetos, todos os qualificativos etc., que pouco a pouco preenchem essa espécie de forma vazia que é apontada pelo "eu".

O mesmo vale para as coisas que são mencionadas. O que não é dito é, em certo sentido, exatamente o que está fora do texto, fora do enunciado do texto, mas não é o que está fora da obra. Dito de outro modo, o extralinguístico da obra não é o exterior da obra. E creio que é aí que a crítica tradicional toma o caminho errado, enfim, tomaria o caminho errado se usasse os esquemas que indiquei e dissesse: "Depende de nós, isso já foi feito". Pois a crítica tradicional consiste em dizer: "Durante muito tempo, eu me deitava tarde" – quem se deitava tarde? Bem, Marcel Proust. Marcel Proust que, de fato, era absolutamente edipiano e só conseguia dormir depois de receber um beijo da sua mãe. Eis que saímos da obra, preenchemos o "eu" indicado dessa forma, sem nada,

---

31   Marcel Proust, *Em busca do tempo perdido* [1913 -27], trad. Fernando Py. Rio de Janeiro: Ediouro, 2004, v. I: *No caminho de Swann*, p. 21. Como se deve ter notado, estranhamente Foucault cita a primeira frase de forma errada, já que é, naturalmente: "Durante muito tempo, deitava-me cedo". Há um comentário sobre a mesma frase (citada corretamente) na segunda sessão da conferência "Littérature et langage" [1964], in *La grande étrangère*, p. 113 ["Linguagem e literatura", in *A grande estrangeira*, p. 109].

com alguma coisa que não é só o extralinguístico, mas também o *extraopus*. Enquanto o método que eu sugiro é mostrar em que a obra constitui não só seus enunciados, o linguístico no qual ela se manifesta, mas também o extralinguístico, que faz parte da obra, mas não é dito. Percebe?

> *Você não acha que o "eu" tem funcionamentos infinitamente mais complexos? Concordo plenamente, concordo plenamente com você, mas acredito que há também um momento em que esse tipo de membrana que envolve a obra está em contato com o além da obra que é, digamos, a realidade pura e simples. Mas o seu método se limita à membrana, para na membrana, na pia-máter.*

> [MEDIADOR] *Talvez você possa dizer o que você tem em mente com essa pergunta?*

> *No fim das contas, estamos estabelecendo camadas sucessivas em torno da obra, talvez, se não estou enganado. Entendi o que você quis dizer quando disse que não devemos transbordar a vida de Marcel Proust. Mas sabemos muito bem que o "eu" de* Em busca *é, na verdade, um "eu" puramente intraliterário, mas também que há, até certo ponto, uma ambiguidade constante [com] a própria vida de Proust, como ele mesmo sentiu quando escreveu seu "eu" puramente literário.*

Gostaria de responder dizendo que, com efeito – e não ter mencionado isso foi um erro, mas eu estava pressionado pelo tempo –, uma análise dos atos de fala como os que mencionei deve obviamente levar algumas coisas em conta: é claro que os atos de fala podem ser definidos em relação uns aos outros dentro do próprio texto da obra, mas, na verdade, a mera existência de um livro, isto é, havia linguagem num pedaço de papel escrita por alguém, esse pedaço de papel foi mandado para uma gráfica, que imprimiu 2 mil, 3 mil, 100 mil, 1 milhão de exemplares, e estes foram lidos etc., isso já implica uma forma de ato de linguagem muito curiosa. Muitas civilizações nunca souberam, nunca nem sequer suspeitaram que é possível introduzir atos de linguagem tão estranhos quanto o que consiste em dizer: "Durante muito tempo, eu me deitava tarde", quando não se está falando de si mesmo, mas, mesmo assim, falando um pouco de si etc. É, portanto, a categoria geral do ato de fala literário que é preciso definir em sua existência formal e em sua existência histórica também. Tome, no próprio interior da literatura, a diferença entre esta frase: "Durante muito tempo, eu me deitava tarde", que você lê em Proust, e depois, quando assiste a uma comédia de bulevar, ou outra coisa qualquer no teatro, e vê alguém dizer: "Durante muito tempo, eu me deitava tarde", isso não será o mesmo ato de fala; no entanto, ele será compreendido. Veja, o que eu quero dizer é que o postulado metodológico que consiste em dizer: "Proust não me interessa, não é a vida dele que importa", esse postulado metodológico visa essencialmente fazer aparecer em si mesmas todas essas diferentes camadas de atos de fala que, no limite, quando todas tiverem sido percorridas, nos coloquem na presença do indivíduo Proust, que certo dia pegou caneta e tinteiro e começou a escrever. Mas, de fato, se você for além da frase tal como a leu, se você saltar bruscamente para o indivíduo Proust, você perderá toda a sedimentação dos atos de fala, toda a tipologia, toda a morfologia dos atos de fala que tornam possível essa frase aparentemente tão simples, mas, na verdade, totalmente absurda, que consiste em dizer: "Durante muito tempo, eu me deitava tarde".

> *Na verdade, acho que eu queria insistir sobretudo numa dialética entre, digamos, a interioridade mais literária e o mundo real para o escritor. Enfim, coloco a ênfase mais no ato, no ato literário, do que na obra em si.*

Concordo plenamente com a metáfora da casca que você usou. Falei só da casca, mas diria a você: a literatura, ela é uma cebola.

> *Gostaria de fazer uma pergunta dupla. Primeiro uma pergunta a respeito da verdade: o que garante essa interpretação formalista da obra, essa estrutura que foi encontrada? Porque às vezes temos a impressão de que foram encontradas coisas absolutamente inverossímeis. E outra pergunta sobre o valor da obra: você disse que exclui a seleção, o aspecto crítico da crítica. Mas é igualmente significativo que certas obras sejam escolhidas e não outras, por*

exemplo, Racine ou Valéry. E, mesmo no interior de uma obra, será que colocamos no mesmo plano, será que divulgamos, ou como se queira dizer, obras de valor diferente, por exemplo, a Tebaida[32] *e* Fedra,[33] *ou, de Rousseau,* Os devaneios do caminhante solitário,[34] *e esses diálogos aberrantes – interessantes, mas aberrantes – como* Rousseau juiz de Jean-Jacques?[35] *É possível se esquivar dessa questão do valor?*

Sobre o último ponto, gostaria de dizer o seguinte: evidentemente, isso se aplica bem, aparentemente, às *Confissões* de Rousseau,[36] mas os *Diálogos* de Rousseau são um delírio, é impossível fazer uma análise. Mas eu tentei. Tentei e cheguei a publicar,[37] mas com certeza não vale nada... Mas isso é para mostrar que sempre se pode tentar. Segundo, é evidente que é feito um certo número de escolhas, que se devem essencialmente a razões externas. Por que Barthes escolheu Racine? Em geral, ao contrário do que se acredita, quanto mais importante é uma obra, quanto mais literariamente "rica" ela é, menos fácil é a sua análise estrutural. A melhor prova disso, aliás, é que sempre se tem êxito, sempre se ganha, quando se faz como Propp ou como certas pessoas do Centro de Estudos Semiológicos que estudam as narrativas populares, os contos, os romances policiais. As análises estruturalistas dos

---

32 Jean Racine, "Tebaida ou Os irmãos inimigos" [1664], in *Fedra, Ifigênia, Tebaida ou Os irmãos inimigos*, trad. Ivo Bender. São Paulo: Mercado Aberto, 1999. Trata-se da primeira peça de teatro de Racine.

33 Id., *Fedra* [1677], trad. Millôr Fernandes. São Paulo: LP&M, 2001.

34 Jean-Jacques Rousseau, *Os devaneios do caminhante solitário* [1782], trad. Fúlvia Moretto. São Paulo: Nova Alexandria, 2018.

35 Id., *Rousseau juiz de Jean-Jacques: diálogos* [1780], trad. Claudio A. Reis e Jacira de Freitas. São Paulo: Ed. Unesp, 2022.

36 Id., *As confissões* [1782], trad. Wilson Lousada. Rio de Janeiro: Nova Fronteira, 2018.

37 M. Foucault, "Introduction (in Rousseau)", 1962, in *Dits et écrits I* ["Introdução (*in Rousseau*)"]. Foucault apresentou esse texto de Rousseau na rádio *France Culture*, numa série de quatro transmissões radiofônicas: "L'entreprise" (29 fev. 1964), "La machination" (7 mar. 1964), "L'innocence" (14 mar. 1964) e "L'heureuse entreprise" (21 mar. 1964). Ele também se referiu ao texto um ano antes na transmissão radiofônica supracitada, "Langages de la folie: la persécution".

romances de James Bond que o pessoal do Cecmas[38] anda fazendo, isso funciona sempre. Em compensação, quando se trata de uma obra literária em que é provável que as estruturações sejam extraordinariamente ricas e sobredeterminadas, a situação fica muito mais difícil. Então, veja, há escolhas, isso é absolutamente inequívoco, não se pode fazer nada sem escolher, mas, em geral, a escolha não é da ordem da valorização. Se há uma escolha, não vou esconder que se trata da escolha da facilidade.

Em segundo lugar, o que garante a verdade dessas análises? Não quero ser polêmico, mas você acredita que a garantia de verdade que se pode obter por análises de tipo estrutural é menos forte, menos segura do que aquela que permite dizer que uma análise do tipo da crítica tradicional é verdadeira? Quando você estabelece uma relação psicológica ou biográfica entre certo acontecimento da vida de Flaubert e o que você lê em *A educação sentimental*,[39] você faz aí um juízo. Esse juízo, na medida em que é um juízo de constatação, ele depende de uma prova de verdade; a prova de verdade, blá-blá... As análises de tipo estrutural também se deparam com esse mesmo problema. A análise estrutural constata isomorfismos, constata a presença de relações entre elementos que são os elementos da obra: como ter certeza de que essas relações são verdadeiras, que podemos afirmar com certeza que essas relações existem? Em geral, é unicamente por um método de sobreposição e sobredeterminação, ou seja, essa relação que você encontra entre o elemento A e o elemento B você voltará a encontrar entre o elemento B e o elemento C, ou ainda entre o elemento C e o elemento D, de tal maneira que você vai ter a mesma relação entre quatro elementos. A partir do momento que é a mesma relação que você encontra entre alguns elementos, crescem as chances de que ela existe entre os dois primeiros elementos. Dito de outro modo, é um método da probabilidade crescente. Enquanto na análise de tipo histórico que se costumava fazer estabelecia-se uma probabilidade, a probabilidade jamais crescia, a

---

[38] O Centre d'Études des Communications de Masse (Cecmas) foi criado em 1960 por Georges Friedmann, Roland Barthes e Edgar Morin.

[39] Gustave Flaubert, *A educação sentimental* [1869], trad. Rosa Freira d'Aguiar. São Paulo: Companhia das Letras, 2017.

verdade da proposição que se avançava era baseada unicamente na verdade da teoria psicológica que tinha sido proposta no início. Propôs-se que Madame Bovary era Flaubert[40] ou que Frédéric Moreau era Flaubert; propôs-se que, quando um indivíduo tal tivesse uma aventura tal com uma mulher, ele só poderia concebê-la com amargura, arrependimento, tristeza etc.; era consenso que um escritor, a partir do momento que experimentara tristezas na juventude, não podia deixar de transcrevê-las na sua obra etc. E era essa série de postulados muito contestáveis que formava a verdade, que constituía a verdade de um juízo de tipo histórico.

> *Gostaria de fazer uma observação a propósito da função da linguagem e, em particular, das relações entre o contexto de uma obra e sua realidade linguística. Parece-me que se pegamos, por exemplo, de um lado, um panfleto e, de outro, um poema hermético qualquer, o que faz a diferença em termos de dificuldade da análise estrutural entre o panfleto e o poema hermético não é um efeito de contexto? Isto é, se o poema hermético apresenta uma complexidade maior de análise, não é em razão da própria estrutura linguística dos elementos do poema, [mas] do próprio contexto; enquanto no panfleto, que tem lugar, que é um dos elementos fundamentais, por exemplo, da ação da linguagem, uma ação imediata dentro de um contexto imediato, o problema é saber qual é a posição, qual é a dificuldade, qual será a ordem de dificuldade da análise para o método estrutural. Você pensa que, efetivamente, a análise estrutural do texto hermético será mais difícil em razão do contexto ou por razões puramente linguísticas?*

Você concorda que o poema hermético é mais difícil do ponto de vista estrutural do que o panfleto?

> *Não sei. Presumo que, em um poema hermético, é o contexto que dá a análise estrutural total, isto é, a do tipo de Prieto, que não se contenta unicamente com uma análise dos significantes, mas que*

---

40   Alusão à frase de Flaubert: "Madame Bovary sou eu", que jamais foi realmente atestada nos textos flaubertianos, mas nem por isso deixa de ser amplamente acreditada pela crítica. Ver, além disso, G. Flaubert, *Madame Bovary* [1856], trad. Mario Laranjeira. São Paulo: Companhia das Letras, 2011.

> ao mesmo tempo toma o conjunto do contexto da obra – continuo considerando apenas o contexto da obra no caso do poema hermético. Aliás, isso traz um segundo problema, que vem imediatamente da análise, por exemplo, do tipo literário "panfleto", porque, nesse tipo literário, o contexto é mais amplo e ao mesmo tempo mais simples. Muito provavelmente, quando você publica um panfleto, o contexto é amplo e simples. Quando você está lidando com um poema hermético, o contexto é mais restrito, aparentemente mais fechado e, sem dúvida, mais difícil de analisar.

De fato, pegando o exemplo do panfleto, você cita um exemplo muito embaraçoso.

> *É parecido com o romance policial.*

Não exatamente, porque, no caso do panfleto, você está lidando com um fragmento de linguagem, uma série de enunciados que estão diretamente ligados a uma situação, e essa situação é definida pelos textos dos outros, é definida também pela situação histórica, o pertencimento à classe social dos indivíduos em questão etc. No caso do panfleto, portanto, você está lidando com textos que, como os textos científicos, como os textos políticos, não são textos literários. Quando é que se diz que um panfleto é literário? Creio que se diz precisamente quando ele passa a ter esse feitio, isto é, quando passa a obedecer a estruturas tais que é possível encontrar nele os mesmos esquemas, as mesmas estruturas etc. que encontramos em uma obra literária que, no fundo, só fala dela mesma. Assim, é claro, isso coloca o problema dificílimo da análise dos discursos não literários. Discurso filosófico: o que é? Qual a relação dele tem com o contexto? Em certo sentido, o discurso filosófico é tão puro quanto o texto literário, já que você pode abrir as *Meditações* de Descartes[41] e o "eu" que você vai ver ali não é...

---

41 René Descartes, *Meditações* [1641], trad. Fausto Castilho. Campinas: Editora Unicamp, 2004. No decorrer da mesma estadia na Tunísia, Foucault deu um curso sobre Descartes, em particular, sobre *O discurso do método* e *Meditações*. Ver a respeito disso Rachida Boubaker-Triki, "Notes sur Michel Foucault à l'université de Tunis". *Rue Descartes*, n. 61, 2008.

enfim, não é, é e não é o de René Descartes. Certamente a relação entre o "eu" das *Meditações* e o indivíduo René Descartes não é a mesma que entre o "eu" de *Em busca do tempo perdido* e o indivíduo Marcel Proust. O texto filosófico, portanto, certamente requer uma análise estrutural de um tipo diferente, do mesmo modo que o texto político. Então, quando você me diz: panfleto e poema hermético, eu respondo: se o panfleto pode ser considerado uma obra literária é porque ele tem estruturas que o tornam parecido com o poema hermético. E você saberá que se trata de uma obra literária se for possível fazer a mesma análise. Veja que a prova é dada um pelo outro.

Não sei se a minha resposta foi satisfatória para você, porque esse problema é o problema que tem sido colocado atualmente. No fundo, no campo das obras literárias, chegou-se a um certo número de análises que são interessantes e fecundas, ou, em todo caso, que renovaram consideravelmente o objeto da análise literária em relação ao que ele era há vinte, trinta, quarenta, cinquenta anos. O problema que se coloca agora é o dos outros tipos de discurso. *Grosso modo*, pode-se dizer que Gueroult fez uma análise de textos filosóficos que é uma análise estruturalista,[42] com a condição de que pelo menos se identifique a estrutura de uma obra filosófica com a sua armadura lógica, o que não é exatamente garantido. Quanto à análise dos outros textos – científicos, políticos, ideológicos em sentido estrito –, vocês sabem que estamos apenas nos rudimentos disso, e a gritaria é grande quando alguém tenta. Essa é a tarefa de hoje.

> *Uma segunda observação poderia ser feita, aliás, e eu gostaria de perguntar se você concorda com essa análise. Parece que, neste momento, a análise literária ou a análise de textos linguísticos reintroduz de certa forma, por seus necessários efeitos de contexto, o significado, enquanto, em suma, sobretudo desde o estruturalismo puramente linguístico, esse significado foi rejeitado. Da minha parte, tenho a impressão de que estamos assistindo, eu não diria a um retrocesso, porque o método é diferente e houve progressos,*

---

42 Alusão a M. Gueroult, *Descartes segundo a ordem das razões*, op. cit.

mas quando eu pego a Gramática de Port-Royal[43] *e seus sucessores, que são pura e simplesmente as gramáticas escolares, que todo mundo sabe que misturam sentido e forma, não há dúvida de que, nessa análise típica dos ideólogos do século XVIII, Condillac etc., presumivelmente naquela época o problema ainda não tinha sido resolvido, mas essa espécie de mistura perpétua entre o sentido e a forma não era nem mais nem menos do que uma prefiguração ou uma espécie de insuficiência momentânea de uma análise futura. Veio, então, esse banho necessário de objetividade. Em algum lugar eu disse que o estruturalismo linguístico segundo o método saussuriano de Harris, de Hjelmslev*[44] *etc. era paralelo ao behaviorismo, isto é, ele foi uma revolução indispensável para o progresso da linguística; mas, de certa forma, não estamos assistindo agora a um retorno do significado, não só entre os analistas estruturais de obras literárias, mas também entre os linguistas, a um retorno vigoroso da noção de significado?*

Primeiramente, eu diria o seguinte: não acredito que se possa dizer que a linguística tenha deixado para trás em algum momento da noção de significado. Ela sempre tratou dela de uma maneira ou de outra. Quando, por exemplo, na linguística estruturalista estrita, a prova que Hjelmslev chama de comutação[45] é aplicada, a referência é o sentido; é necessário saber o que a palavra quer dizer, e só se a forma, se um novo fonema fizer aparecer uma nova palavra e um novo sentido é que se dirá: isso era de fato um fonema. Então o sentido estava presente naquele momento. Em segundo lugar, a linguística, no fundo, se dedicou inicialmente às tarefas da fonologia, antes de passar para outros campos, e agora ela está abordando o campo da semântica, isto é, da estruturação do significado. Ela já abordava esse campo há algum tempo e agora está fazendo isso, de certa forma, na própria ordem das

---

43 Antoine Arnauld e Claude Lancelot, *Gramática de Port-Royal* [1660], trad. Bruno F. Bassetto e Henrique G. *Murachco*. São Paulo: Martins Fontes, 2001.

44 Zellig S. Harris (1909–92), linguista norte-americano, e Louis Hjelmslev (1899–1965), linguista dinamarquês, são dois dos principais representantes da linguística estrutural.

45 Ver L. Hjelmslev, *Le langage* [1963], trad. fr. Michel Olsen. Paris: Minuit, 1966, pp. 134-36.

tarefas que são apresentadas a ela. Em terceiro lugar, a introdução de considerações que tratam do contexto ou que tratam do ato efetuado pelo sujeito falante no momento em que ele fala não são exatamente considerações que tratam do sentido, mas daquilo que constitui o enunciado em seu significado, o enunciado como conjunto de elementos significantes. Dito de outro modo, é sempre o significante enquanto significante que é posto em questão. Mas o sujeito falante e o contexto não são o sentido do enunciado. Dito de outro modo, é para chegar a definir melhor o enunciado. Dito de outro modo ainda, seguramente estamos passando de uma análise dos elementos propriamente linguísticos para uma análise do que chamamos de enunciado. E isso provavelmente é a novidade das análises recentes como as de Prieto, por exemplo, ou de Austin.

> *Poderíamos, de certa forma, esquematizar da seguinte maneira: o significante "coisa", seja a palavra oral, seja a palavra escrita, tem um primeiro momento que seria o significado do significante e o sentido seria, para você, o significado do real? E, entre os dois, isto é, entre o significante "coisa" e o sentido, poderíamos situar toda uma gama que consistiria talvez, justamente, [nos] elementos do contexto dos quais você falava há pouco, com os significados do significante na potência 1, na potência 2 etc., até certo ponto, e a simplicidade da análise estrutural ou sua complexidade seria função desse número. E aqui entra a história da casca, a história da cebola; aqui seria a cebola, no sentido de que temos, sucessivamente, toda uma série de membranas em torno do sistema. Eu também gostaria de dizer que, mesmo assim, houve uma tentativa de análise linguística sem nenhum recurso ao sentido, que foi a descriptografia. Há trabalhos que foram feitos sobre a descriptografia para línguas totalmente desconhecidas que conseguiram, justamente pelos métodos da análise estruturalista linguística pura, não digo compreender o sentido, mas justamente – e isso confirma o que você disse há pouco – encontrar pelo menos os significantes, o significado ou o sentido dependendo naquele momento de elementos totalmente exteriores para serem encontrados. Dito de outro modo, eles conseguiram encontrar todos os significantes de uma língua, sem conhecer o sentido, mediante o método estruturalista.*

Mas, efetivamente, a fonologia clássica começou pelo sentido para buscar seus fonemas.

O que caracteriza a linguística estruturalista não é a suspensão sistemática do sentido, mas a interrogação sobre os significantes. E é evidente que, em dado momento, sob certas condições, somos obrigados a prescindir do sentido, ou é desejável prescindir do sentido, mas isso não está na vocação ou no método definitivo da linguística. Portanto, interpor considerações como as do contexto não é de modo nenhum retroceder; pelo contrário, é continuar avançando. Pode-se, dito de outro modo, fazer a análise dos elementos fonológicos sem levar em conta o contexto. Quando se chega a unidades tão amplas quanto sintagmas como enunciados, então, sim, não há como não levar em conta o contexto, e é preciso introduzir isso. E, se falei dessas possibilidades novas da análise literária, é porque há atualmente uma tendência, *grosso modo* representada por... em torno de Roland Barthes etc., que consiste em dizer: já que o método fonológico foi exitoso no nível dos fonemas, são esses mesmos esquemas que devemos transportar para a obra literária. Dito de outro modo, passa-se do nível fonemático para a totalidade do discurso; e perde-se, creio eu, a realidade própria do enunciado. Ora, temos com Prieto, com Austin etc., com os linguistas e os lógicos, toda uma teoria do enunciado que está sendo elaborada. E me parece que a análise literária não deveria transpor pura e simplesmente os métodos estabelecidos por Troubetzkoy,[46] transpô-los para o próprio texto, ela precisa ser receptiva para captar o que está sendo feito atualmente quando se tenta estabelecer o que é um enunciado.[47]

Não entendo uma coisa e isso está me incomodando. O estruturalismo se pretende universal. Ora, aparentemente, nas três tentativas que parecem estar se desenhando, só se consegue chegar

---

46 Nikolai S. Troubetzkoy, *Principes de phonologie* [1939], trad. fr. Jean Cantineau. Paris: Klincksieck, 1949.

47 A caracterização do enunciado (que não é redutível nem a uma frase nem a uma proposição) estaria no centro das análises de *L'archéologie du savoir*, 1969 [*A arqueologia do saber*].

> *a uma exacerbação do conhecimento de uma área cultural dada no nível da literatura, isto é, nesse patamar particular que seria a literatura, os mitos ou os signos. Ora, que se estude por uma das três maneiras um objeto literário qualquer, não se consegue chegar a um conhecimento de estruturas que seriam não idênticas, já que as culturas são diferentes, mas pelo menos análogas de uma área cultural para outra, porque pode ser que se consiga encontrar correspondências, dado o contexto, dada a descontinuidade histórica etc. Você poderia nos dar um elemento que permita resolver essa contradição no nível das pesquisas atuais?*

Veja, eu creio que, nesse domínio, você tem dois conjuntos de pesquisas que estão, em certo sentido, fortemente interligadas e abordam exatamente esse problema: são as pesquisas de Lévi-Strauss e são as pesquisas de Dumézil. Dumézil fez análises estruturais da mitologia indo-europeia. Essas análises estruturais só são válidas para as civilizações indo-europeias. Isso criou um problema para a Grécia, porque não funcionou muito bem. Tentaram transplantar as análises de Dumézil primeiro para os Banto e depois para os japoneses, o que provocou protestos da parte de Dumézil – mas, enfim, você dirá que isso não é o mais importante. Em todo caso, isso falhou. Em compensação, você tem com Lévi-Strauss uma análise de mitologias que são mitologias sul-americanas, cuja origem muitas vezes é bastante diferente, mas que, em todo caso, permitem chegar a elementos estruturais que poderiam ser encontrados em qualquer cultura. Mas o que vai caracterizar as mitologias sul-americanas e, nas mitologias sul-americanas, por exemplo, a mitologia bororo, é o conjunto das transformações que o modelo geral sofreu. Dito de outro modo, a diferenciação cultural é uma diferenciação no nível das operações de transformação.

> *Então, nesse sentido, uma análise literária pode prescindir, justamente por causa dos motivos próprios de cada área cultural, de uma análise que se basearia no real vivido e que se encontraria nesse nível? Senão chegaríamos a estruturas vazias. Esse é o problema.*

Uma estrutura sempre é vazia.

Não, não acredito nisso. No momento, por exemplo, em que você faz uma análise, você se fundamenta em um saber, como você mesmo recordou, determinado e, ao mesmo tempo, determinante. Isso quer dizer que há, na sua intenção, uma intenção ao mesmo tempo cosmogônica, mesmo que você a recorte em certo nível. Como você gostaria, por exemplo, que os bororos usassem a sua análise? Não que você fosse lá fazer uma análise, mas que eles próprios pudessem utilizá-la. Como eles poderiam utilizar esses seus instrumentos de trabalho?

Veja, confesso que não consegui ver muito bem o ponto da questão. Você me perguntou como os Bororo fariam. Eu diria que, a partir do momento em que os Bororo conhecessem e praticassem o método estrutural, eles o aplicariam a si mesmos e a nós, não há o que discutir. Aliás, Lévi-Strauss sempre presta homenagem a todos os seus informantes que, ao que parece, lhe comunicaram nas entrelinhas as estruturas encontradas por ele. Mas não entendi... não consigo ver o caráter objetante da sua pergunta.

> [MEDIADOR] Ou seja, sem querer intervir diretamente na questão, mas, se o estruturalismo não é um método, ainda assim há um problema, que é o problema do conteúdo; e, para mim, esse problema se reduziria à pergunta: existe uma imanência das estruturas? É assim que vejo o problema.
>
> *Eu me pergunto se o problema colocado não é o seguinte: analisa-se uma estrutura, a estrutura de uma obra literária, mas talvez seja interessante estudar também outras estruturas e inter-relacionar diversas estruturas. E acho que Lévi-Strauss dá um exemplo muito brilhante da correspondência entre a estrutura da sociedade Kadiweu e a estrutura das tatuagens.[48] Creio que esse é o problema que ele coloca; é o problema da correspondência entre a estrutura de um mito, entre a estrutura de uma obra literária, entre a estrutura de um conto e outras estruturas, porque definitivamente creio que o interesse das pesquisas estruturalistas é justamente relacionar estru-*

---

48   C. Lévi-Strauss, *Antropologia estrutural* [1958], trad. Beatriz Perrone-Moisés. São Paulo: Ubu Editora, 2017, pp. 248-56.

turas com outras estruturas. E, por fim, me pergunto se o método estruturalista não se propõe afinal a responder a certos problemas que a análise literária clássica se colocava, só que com mais rigor e mais profundidade. Porque você citou há pouco o fato de que, em certo momento, se começou a aplicar a psicanálise à explicação de certas obras literárias; de certa forma, traçou-se um paralelo entre a estrutura de uma obra e a estrutura da personalidade do autor. Outra coisa: houve diversas tentativas de fazer uma sociologia da arte, relacionar a estrutura de certas obras literárias com uma base social, uma infraestrutura social. Mas, na realidade, o estruturalismo talvez permita responder com mais rigor a essa questão de saber como uma sociedade determinada projeta sua estrutura em certas criações de ordem mítica ou de ordem literária. Não?

Concordo inteiramente com você. Um dos pontos essenciais da análise estrutural é que ela permite disciplinas comparativas que, até então, eram relegadas à imaginação, como no tempo de Humboldt, ou ao empirismo puro e simples. Alguém como Dumézil, quando faz suas análises de mitologias indo-europeias, sempre relaciona a estrutura dos mitos com certa estrutura social, que é a estrutura social tripartite dos guerreiros, dos políticos-magos e dos agricultores. E é a confrontação dessas diferentes estruturas que concomitantemente confirma a análise de cada uma delas e permite estabelecer certa relação. Ele faz a mesma coisa nas análises de uma cultura para a outra, por exemplo, a mitologia escandinava e a organização da religião romana. Em diferentes níveis, ele encontra as mesmas estruturas. Portanto, concordo inteiramente com você que a análise estrutural não está forçosamente restrita ao interior de uma obra ou [a]o interior de um texto ou [a]o interior de uma instituição: ela é um prodigioso instrumento de análise comparativa. O problema é saber se essas análises comparativas levarão necessariamente a uma atribuição de causalidade. Quando se dizia: a estrutura de uma obra se assemelha à estrutura da mentalidade ou à estrutura biográfica de um indivíduo, primeiro se dava ao termo "estrutura" um sentido mal definido e, segundo, se estabelecia um canal de causalidade que era preestabelecido. Creio que o que há de importante na análise estrutural atual é, de um lado, evidentemente, que o instrumento estrutural seja conhecido por si só, ou, em todo caso, que se tente dominar bem o que é uma estrutura antes de utilizá-la e, em segundo lugar, que o isomorfismo entre estruturas não é forçosamente indicação de uma causalidade. E, na verdade, as duas análises são diferentes e, quando tentei distinguir a análise econômica, que é a análise da produção das coisas, da análise deixológica, que é a análise da estrutura documental da coisa, é precisamente a isso que quis fazer alusão. E é provável que as duas análises, mais dia menos dia, se articulem uma com a outra, mas, neste momento, somos obrigados a manejá-las separadamente.

> *Entende-se que devemos rejeitar uma espécie de causalidade, uma causalidade mecânica e, como posso dizer?, de mão única: por exemplo, explicar a estrutura de uma obra literária, em todos os casos, por uma estrutura econômica e social. Pode haver uma correspondência entre a estrutura de uma obra literária e as estruturas de parentesco. Por exemplo, nas primeiras páginas de A origem da família, Engels faz uma comparação entre a estrutura da Oresteia e as estruturas de parentesco da época.[49] Portanto, quando falamos de correspondência entre estruturas, não nos fechamos em uma concepção de causalidade unívoca, monótona, quase mecânica. E pode ser todo tipo de causalidade; no fundo, a rigor, poderíamos adotar uma concepção de história ao estilo de Fustel de Coulanges[50] e imaginar que a estrutura da religião determina todo o resto. Todo dogmatismo nesse domínio é repudiado. Mas se a descoberta de estruturas não se abre para uma confrontação das diversas estruturas e o estabelecimento de um vínculo de causalidade entre essas diversas estruturas, o estruturalismo se abre para o quê?*

É isso, acho que chegamos lá. Estamos realmente no cerne da questão, do meu ponto de vista. No fundo, admitimos que as

---

49 Friedrich Engels, "Prefácio à quarta edição", in *A origem da família, da propriedade privada e do Estado* [1884], trad. Nélio Schneider. São Paulo: Boitempo, 2019, pp. 23-24.

50 Numa Denis Fustel de Coulanges (1830–89), historiador da Antiguidade e da Idade Média, autor, em particular, de *A cidade antiga* [1864], trad. Fernando de Aguiar. São Paulo: Martins Fontes, 2019.

análises estruturais valem alguma coisa, desde que tenhamos a certeza de que elas lançam luz sobre o velho problema da causalidade. Se eu, no início desta exposição, fiz essas observações que talvez tenham parecido obscuras, é porque para mim isso é essencial. Compreendam que tomei como exemplo de referência o que ocorre atualmente na biologia, mais exatamente na embriologia. A pergunta era sempre como é que, dado um embrião, dadas duas ou quatro pequenas células, como é que isso resultava em um indivíduo de uma espécie dada que se assemelha em quase tudo aos seus congêneres, aos seus pais. E se buscava o elemento determinante, isto é, a causa. Por fim, o problema foi formulado em termos de causalidade e em termos de energia. Não se chegou a nada. Hoje se sabe que há, na realidade, um processo informacional que permite encontrar algo como um isomorfismo entre a constituição do núcleo da célula e o que será dado no organismo, como se uma mensagem tivesse sido depositada no núcleo da célula e depois essa mensagem tivesse sido ouvida. E agora se tem certeza de que é assim que a coisa acontece. Não sabemos nada sobre a causalidade, mas penetramos no processo informacional. Curiosamente, o que se procurava era uma solução energética, uma solução na trama da causalidade, e o que se encontrou foi outra coisa, que não é de modo nenhum a solução do problema da causalidade; o que se encontrou foi o processo informacional. Creio que é isso que está acontecendo atualmente nas ciências humanas. Sempre se teve em mente certo esquema energético ou causal, que eu chamaria de esquema econômico: como é que as obras do homem podem ser produzidas? Então se procurou e se procurou e não se encontrou o homem, não se encontrou a produção, não se encontrou a causalidade, o canal de causalidade; o que se encontrou foi uma coisa que chamo de estrutura deixológica, a estrutura documental, a estrutura e os isomorfismos. Lévi-Strauss, no fundo, sempre se perguntou por que diabos havia os mitos; ele fez como todos os antropólogos, e o que ele acabou encontrando foi uma espécie de estrutura em camadas, os mitos respondendo uns aos outros dessa maneira. E ele ainda não sabe por que existem mitos. Jamais ninguém tinha conseguido explicar a esse ponto como era feito um mito; mas ele não conseguiu explicar como este era produzido.

Minha pergunta vai talvez um pouco no mesmo sentido: é uma pergunta inversa à primeira que formulei. Tentei questionar a periferia da sua cebola, mas, afinal, o que há no centro da cebola? Dito de outro modo, na obra literária, tomada em si mesma, há algo além da estrutura? Penso que provavelmente você responderá: não, é só a estrutura, já que são só linguagem, fonemas, articulações. Dito de outro modo, há substância em algum lugar? Não é uma história de causalidade.

Não há substância, não há causalidade. Enfim, não; quando digo: não há substância, não há causalidade, [é] a partir do momento que nos encontramos nesse nível epistemológico que defini [o da deixologia] – peço desculpas por me referir sempre ao termo deixologia que empreguei para evitar a palavra "arqueologia", que empreguei em outros lugares, mas é muito estreito e, enfim, não é adequado, porque acredito que é preciso dissociar completamente o método estrutural do objeto novo que foi encontrado. O objeto novo que foi encontrado e que a análise estrutural enquanto método permitiu descobrir, como a anatomia patológica permitiu descobrir a fisiologia, esse objeto novo é um objeto no qual não há mais substância, no qual não há mais causa. Percebe?

Faz sentido...

Dito isso, esse campo vai ser percorrido durante anos, provavelmente, e depois, um belo dia, outro nível epistemológico será descoberto que talvez consiga englobar os dois precedentes ou se situará em outro lugar etc. É um nível epistemológico e, por isso, acredito eu, a disputa do estruturalismo é uma disputa ruim, porque há os que formulam a questão em termos de método e há os que respondem em termos de domínio epistemológico; e vice-versa.

Ausência de causalidade ou causalidade tão complexa que é impossível descobri-la?

Não, ausência de causalidade. O nível em si mesmo exclui...

> *No momento em que evidenciarem as diversas estruturas, tentarão colocá-las em correspondência umas com as outras na tentativa para aclará-las umas pelas outras* [breve interrupção da gravação] *e se chegue a algo absolutamente indecifrável.*
>
> *Não sei se sou das mesmas bandas que eles, mas vou tentar usar uma linguagem diferente que talvez nos permita sair de um impasse. E, nesse sentido, tenho duas perguntas. Você fala de arqueologia e eu sempre falo de geologia. Tem um pouco a ver com a cebola, há sempre estratificações e outras coisas. Então, quando se fala da nova crítica, eu me pergunto se ela não responde a uma nova sensibilidade que seria a sensibilidade contemporânea, que tem exigências diferentes das do passado. De modo que, em primeiro lugar, os objetivos da crítica tradicional sendo o que são e não se enquadrando nas exigências da nova sensibilidade, a nova crítica não seria uma busca dessas exigências da nova sensibilidade? Nesse mesmo sentido, ela seria contemporânea, no sentido próprio do termo. Se eu tomasse outro exemplo, eu diria o seguinte: suponha que se tocasse – desculpe, saí da geologia e da arqueologia e passei para a música –, suponha que nos séculos antigos as pessoas tocassem um violino que tivesse apenas três cordas e que, por exemplo, duas ou três cordas novas fossem acrescentadas para fazer outra música, essa nova crítica seria a crítica que toma como instrumento um instrumento que tem diversas cordas a mais que os antigos? Essa era uma das perguntas. Agora a segunda. Por exemplo, desde Bergson, fala-se da explosão dos sistemas, da impossibilidade de um sistema coerente, fechado, total, e a ideia de uma filosofia aberta foi lançada no ar. Esse estruturalismo não seria a linguagem que convém a essa filosofia aberta para se chegar a uma espécie de pluralismo, coerente ou incoerente? Essa é a outra pergunta.*

Preciso responder a duas pessoas. No fundo, pelo menos duas perguntas se sobrepõem um pouco. Você me perguntou se a nova crítica não corresponde, se ela não é um produto da nova sensibilidade, o que significa que você me fez uma pergunta sobre a própria causalidade desse sistema, dessas estruturas chamadas estruturalismo. Assim, voltamos sempre a esse famoso problema da causalidade que, reconheço, é fundamental. Você me diz: talvez você não encontre uma causa, talvez não possa atribuir um nexo causal simplesmente porque há causalidade demais. Eu respondo: não e não. Os sistemas, as análises econômicas ou energéticas, esses sim, buscam essa causalidade. Essa causalidade é bastante complexa e é bem provável que é na medida em que não encontramos essa causalidade que fomos forçados, que fomos desviados para novas pesquisas. Se tivéssemos encontrado, por exemplo, o sistema causal que permite explicar o desenvolvimento embriológico, não teria sido necessário apelar para essa nova forma epistemológica que é a análise da informação bioquímica. Se o desenvolvimento da embriologia tivesse sido tão simples de explicar quanto a presença de uma enfermidade microbiana... Pasteur tinha uma doença diante dos olhos e teve a sorte de encontrar a causa: era um micróbio; ele não precisou fazer esse lance da informação. Entendem? Foi evidentemente diante da falha da causalidade que houve um deslocamento do nível epistemológico no caso da bioquímica. É igualmente provável que tenha sido a falha das atribuições causais no campo das produções humanas que levou a esse movimento na direção das análises de tipo informacional, deixológico. Mas faz parte do jogo próprio desse nível epistemológico não considerar a relação de causalidade. Isso faz com que, primeiro, nesse nível, jamais se encontre causalidade, porque não é ela que se busca, e porque o nível é definido de tal maneira que não há objeto causal, a causalidade não pode ser um objeto nesse nível, um objeto do saber. Segundo, isso não impede que o nível energético ou o nível da análise da produção continue a existir e se possam fazer análises nesse nível, e talvez nesse nível se encontrem causalidades. Talvez elas possam ser encontradas com a ajuda do que tiver sido encontrado em outro nível. Terceiro, permanece sempre o problema da relação entre esses dois níveis. Exatamente do mesmo modo que os biólogos atualmente se perguntam que relação há entre o nível informacional das trocas intercelulares e o nível energético – isso é problema deles –, um dia o nosso problema será saber qual relação pode haver entre esse nível deixológico do documento como documento e em sua estrutura própria e depois o nível da produção do próprio documento, a produção da obra.

> *Concordamos.*

Mas, uma vez mais, no nível da estrutura, vocês jamais encontrarão causalidade.

> *Mas no nível de uma estrutura. Quando forem confrontadas diversas estruturas...*

Absolutamente não.

> *Então, nessas condições, nunca chegaremos a aclarar o processo de produção.*

> *Digamos que é uma nova linguagem que se adota para escapar do problema da causalidade.*

Mas não é para escapar dele!

> *Quando você faz uma comparação no campo das ciências naturais, você faz essa comparação em um campo em que a causalidade não pôde ser estabelecida. Há outros campos em que a causalidade foi estabelecida.*

Precisamente por que se descobriu que a incapacidade de encontrar um esquema causal levou a uma mutação epistemológica que não era necessária. Pasteur não precisou da teoria da informação para encontrar no micróbio a causa da doença. Quando se procurou a causa do desenvolvimento embriológico do mesmo modo que se procurou a causa da doença, ela não foi encontrada. É sempre diante de um malogro científico que acontecem as mutações epistemológicas.

> *Você sempre fala de estruturas e isomorfismos, comparações de estruturas, mas, ainda assim, talvez seja necessário definir a estrutura em relação ao que se opõe à estrutura. E acredito que o que se opõe à estrutura – talvez eu esteja enganado –, mas, enfim, na minha opinião não é a causalidade, não é a substância, mas é o tempo. Não estamos em um mundo de ideias platônicas. Se, por*

> exemplo, a família na Oréstia, a estrutura da Oréstia é sucessora da família grega, isso tem um sentido, um sentido irreversível. Em seu livro,[51] você mesmo mostrou estruturas que se sucedem e que é difícil imaginar que possam ser derrubadas. Então como você compreende o tempo nessa análise estrutural? O que você faz com ele?

É uma regra de transformação. Uma estrutura de tipo A pode se transformar em uma estrutura de tipo B, mas a estrutura de tipo B não pode se transformar em uma estrutura de tipo A. É isso. O tempo é a transformação das estruturas. E é isso que Sartre não compreendeu; e ele acredita que há um recorte quando se fala de transformação.[52] É tudo a mesma coisa, inacreditável!

> Se eu puder intervir, em vez de B, poderia ter C ou D, não teria importância.

Não necessariamente.

> Não, mas poderia ter tido. Não há relação entre A e B, além da transformação.

Exato, não há outra relação entre A e B que não seja a da transformação. Concordo.

> Por quê?

É precisamente o que o estruturalismo precisa demonstrar: por que foi aquela transformação que aconteceu e por que ela necessariamente devia preceder a transformação que fez, de B, C?

> Portanto, há um porquê.

---

51 M. Foucault, Les mots et les choses [As palavras e as coisas].
52 Alusão à entrevista de Sartre com Bernard Pingaud, "Jean-Paul Sartre répond". L'Arc, n. 30, 1966. Reproduzida in Philippe Artières et al. (orgs.), "Les mots et les choses" de Michel Foucault. Caen: Presses Universitaires de Caen, 2009, pp. 75-89. Ver igualmente M. Foucault, "Foucault répond à Sartre", in Dits et écrits I ["Foucault responde a Sartre"].

Essa é a razão da estrutura. Isto é: uma estrutura estando dada, não é possível que ela dê C, ela só pode dar B. E, para passar de A para C, é preciso passar por B. Isso não é causalidade, é necessidade. E a necessidade, precisamente, todo pensamento contemporâneo...

> *Entre duas estruturas há somente relações de transformação ou, pura e simplesmente, pelo que me parece,* [o participante anterior] *está incomodado porque está procurando como relação entre duas estruturas uma relação de causalidade no sentido em que se costuma entendê-la, uma relação de causalidade mecânica? Mas talvez o que o estruturalismo apreende seja a necessidade de elaborar um novo conceito de causalidade que não seja, por exemplo, o conceito de relação de causa e efeito no seu sentido mais simples. Mas me parece que você mesmo forneceu, em sua exposição, um elemento de resposta quando disse, em dado momento, que a crítica estrutural, tomando como objeto uma obra literária, se propunha descobrir o que não é dito no texto e sem o que, afinal de contas, não há obra literária. E talvez seja nessa relação de ausência entre o que é dito e o que não é dito que se deve procurar um novo sentido para a relação de causalidade.*

É onde, a meu ver – estamos conversando sem ordem nenhuma –, no fundo foi o que Althusser quis fazer quando usou o estruturalismo no comentário a Marx: tentar encontrar uma forma de causalidade que não fosse, em resumo, o que foi chamado de causalidade mecânica, que fosse uma causalidade de um certo tipo, digamos a causalidade de tipo histórico, e que fosse a causalidade própria de um nível estrutural da análise. Creio que dizer isso não é deformar o pensamento de Althusser. Foi exatamente isso que ele quis fazer? Eu, pessoalmente, não acredito, porque, precisamente, o nível epistemológico da estrutura é um nível no qual se trata de necessidade, e não de causalidade. Ora, sabe-se bem que, em lógica, a causalidade não existe. As relações que podemos estabelecer entre enunciados, e enunciados válidos, são relações às quais a causalidade jamais poderá ser atribuída. Aliás, é muito difícil – esse é o problema dos lógicos – transformar um raciocínio de causalidade em uma série de proposições válidas. Creio que, na análise estrutural, estamos precisamente nesse nível em que estabelecemos relações entre enunciados, isto é, relações que não podem ser relações de causalidade. Temos relações de necessidade. E não é uma causalidade nova que encontramos, nós substituímos a causalidade pela necessidade. É isso que faz a beleza do empreendimento de Althusser, mas, por causa disso, creio que ele está fadado ao fracasso. Compreendem o que estou querendo dizer?

> Gostaria de apresentar um ponto de vista bem prático, mas que acho que vai ao encontro das suas preocupações. É o problema da própria construção da estrutura. Penso que todos os estruturalistas, num determinado momento, no momento da sua pesquisa, acabam trabalhando da seguinte maneira: eles pegam um pedaço de papel, marcam uma cruzinha num canto, outra cruzinha em outro canto, representando os elementos, seja fragmentos de mitos, seja enunciados, não importa. Em seguida, depois de marcar essa série de pontos no espaço – observe que eles marcam esses pontos também no tempo, porque eles não podem fazer duas cruzes ao mesmo tempo, a não ser que trabalhem com as duas mãos, mas, de todas as maneiras, creio que há necessariamente um aspecto cronológico na disposição desses pontos –, em seguida, o que eles fazem? Eles pegam o lápis e tentam juntar os pontos por meio de vetores, segundo as relações que estimam existir entre os conceitos ou os elementos representados por seus pontos. Quando está tudo bem-feito e terminado, eles chegam a uma estrutura. E o que acontece nesse momento? De certa forma, eles transformaram uma ação temporal, uma ação que se desenrolou no tempo, eles a transformaram em uma estrutura atemporal, mas espacial. E o que acontece entre o momento em que o estruturalista parte de um ponto para ir a outro ponto com o lápis? Se eu disser: isso é causalidade, imediatamente compreendo que não é causalidade. Mas não é nesse momento da implicação, quer dizer, uma necessidade? Creio que é dessa maneira que explico o trabalho metodológico do estruturalista. Nesse momento, ele efetivamente não precisa de causalidade. Ele pode, aliás, explicar estruturas causais, e o que comprovaria o nível epistemológico superior do método estruturalista é que ele dá conta de fenômenos causais mediante essas estruturas, enquanto o inverso presumivelmente não seria possível, isto é, reconstruir a estrutura utilizando unicamente a causalidade ordinária, a causa-

lidade física. Penso que é dessa maneira que você vê os problemas de estrutura. Só que continuo um pouco a favor de certa forma de causalidade por causa do desdobramento não atemporal da própria construção da estrutura. Você pode objetar que a estrutura existia antes, que ela não tinha nenhuma implicação, ela existia antes e eu a descobri ou o estruturalismo a descobriu. Mas podemos dizer que o problema, de novo, [se coloca:] nessa ação de descobrir a estrutura, será que não há um esquema – como direi – de causa? Nesse momento, poderíamos descer para o nível fisiológico e dizer: mas será que não há uma causalidade fisiológica? Mas cairíamos no problema que, aliás, não está resolvido e que, cada vez mais, mostra que a concomitância entre o fisiológico e a ação mesma não tem vínculo direto e que, pelo contrário, há uma liberdade muito grande entre as necessidades, nesse caso, as próprias causalidades energéticas do funcionamento, e depois a produção. Mas, ainda assim, é como se houvesse um certo número de graus de liberdade entre o momento energético necessário e indispensável, que continua indispensável... E talvez aí é que se possa ver onde, apesar de tudo, está a causalidade, pelo fato de que, se o indivíduo que está fazendo o vetor tiver uma embolia, a ação cessará; e, em consequência, a causalidade, ainda assim, comanda, no plano energético, a implicação, mas a implicação conserva uma liberdade muito maior. É aqui que eu manteria uma espécie de causalidade que seria algo muito menos rico, mas, ainda assim, necessário.

Estou plenamente de acordo com você. Para tomar um exemplo simples, se você pegar as teorias econômicas do século XVIII, se fizer uma análise estrutural, você vai perceber que existe uma estrutura primeira que pode produzir, por transformação, dois sistemas. Você pode perfeitamente deduzir os sistemas, no fundo, sem saber quem os apoiou. E uma vez que você tem esses sistemas, vai perceber que um desses sistemas favorece necessariamente a propriedade fundiária e o outro favorece necessariamente, digamos, o comércio e a troca. É bem evidente que os proprietários de terras se reconhecem no primeiro sistema e que vão efetivamente apoiá-lo. E, efetivamente, isso produziu os fisiocratas.[53] Percebe?

---

53 Ver M. Foucault, *Les mots et les choses*, p. 1257 [*As palavras e as coisas*, p. 278].

> *E é aí que aparece a causalidade?*

É a causalidade da escolha dos indivíduos por uma estrutura da qual eles não são os autores.

> *Sim, mas há uma causalidade...*

Eu me coloquei, naquele momento, não no nível da estrutura, mas num outro nível, que era o do energético, da razão pela qual um indivíduo escolheu essa estrutura.

> *Mas se a causalidade existe para aqueles que escolhem um sistema em vez de outro, por que não existiria para aqueles que elaboram os dois sistemas?*

Porque aqueles que elaboram os sistemas são produzidos pelo sistema. É o sistema que torna possível sua produção no nível real; e não o inverso.

> *Já que houve tantas intervenções sobre a noção de estrutura e causalidade, gostaria de fazer uma pergunta sobre o tipo de abordagem da análise literária. Vejo nitidamente as vantagens da abordagem que você defende; e também se veem os avanços da abordagem estruturalista em relação à crítica de tipo formal tradicional. E penso efetivamente que um desses métodos de abordagem da literatura, atendo-se ao discurso ligado à própria estrutura da obra, é uma ordem de análise que tem a legitimidade que lhe é própria. Mas não há só dois tipos de crítica, a crítica formal e a crítica estruturalista; há outras abordagens, por exemplo, a abordagem de Lukács em sua análise do realismo crítico.[54] Não é um problema de causalidade, uma vez que se trata de dar conta, de uma só vez, do conteúdo da obra e da forma que esta ou aquela obra adquire. Por exemplo, por que a obra de um Kafka ou de um Thomas Mann pode tomar esta ou aquela forma? E, aqui também, é uma análise não em termos de causalidade, mas em termos do próprio discurso. Temos,*

---

54   G. Lukács, *La signification présente du réalisme critique* [1958], trad. fr. de M. de Gandillac. Paris: Gallimard, 1960.

por exemplo, já que estamos falando tanto dos Bororo, nos países subdesenvolvidos, uma forma, o teatro tem uma forma de produção literária que, dado o contexto em que essas obras são geradas, nos é dado um teatro feito, por exemplo, para ser lido e não para ser representado. É evidente que o contexto, aí, adquire todo o seu peso na própria forma do discurso e na forma da escrita e da elaboração. É por isso que eu gostaria de saber sua opinião sobre essas análises do tipo que Lukács faz, sem [abordar] *a interpretação do conteúdo ou da forma, e* [gostaria de saber] *em que medida elas se aproximam do estruturalismo, em que medida elas podem completá-lo, e até que ponto, no fundo, o estruturalismo não traz algo novo, certamente, mas já encontra outras análises que são tão legítimas quanto ele.*

É embaraçosa a pergunta que você me fez, porque me pergunto se realmente se pode dizer que as análises de Lukács são tão novas, tão irredutíveis a uma ou a outra as duas análises que foram mencionadas. Com efeito, tome o estudo de Lukács sobre Goethe,[55] por exemplo, ou sobre o romance,[56] o que você quiser. Ele considera a forma mesma do romance e, no fundo, ele considera o romance muito mais como forma do que no seu conteúdo, na história que ele narra. O que é uma narrativa romanesca, o que é uma narrativa picaresca, o que é um romance de tipo clássico como *A princesa de Clèves*[57] etc.? Ele estabelece formas. Em contrapartida, por uma análise de tipo marxista, ele estabelece entre as classes sociais ou as forças de produção uma série de relações das quais se pode dizer que, no fundo, são relações estruturais. E aí creio que se pode dar toda a razão a Althusser: a análise das relações de produção em Marx é a análise de uma estrutura. Não há nenhuma dúvida. Mas das duas uma. Ou Lukács faz como Dumézil, ou seja, diz: estou na presença de duas estruturas; essas duas estruturas são isomorfas até certo ponto ou são diferentes, e são diferentes

---

55 György Lukács, *Goethe e seu tempo* [1947], trad. Nélio Schneider e Ronaldo Fortes. São Paulo: Boitempo, 2021.

56 Id., *A teoria do romance* [1916], trad. José Marcos de Macedo. São Paulo: Editora 34, 2000.

57 Madame de Lafayette, *A princesa de Clèves* [1678], trad. Leila de Aguiar Costa. São Paulo: Edusp, 2010.

nisto, para passar de uma para a outra é preciso tal transformação etc. Ele faz uma análise absolutamente de tipo estrutural. Ou então ele diz: uma das duas estruturas necessariamente engendrou e produziu a outra. E creio que a análise de Lukács de fato tendeu exatamente para esse lado, isto é, estabelecer um modelo, uma rede, um canal de produção entre uma estrutura e outra estrutura. O que faz com que eu não acredite que haja uma terceira voz entre as duas que foram traçadas. É muito mais a passagem incessante, rápida e dialética entre uma e a outra dessas duas análises, mas nada mais que isso. Posso estar enganado.

Estes jovens estudantes não falam; estão aí, sem soltar um piu.

[MEDIADOR] *Os estudantes gostariam de fazer perguntas?*

Não, eles ainda estão muito tímidos.

[MEDIADOR] *Não duvido que vocês ainda tenham boas perguntas a fazer. Vocês teriam respostas não menos boas e brilhantes. Creio que a sessão durou bastante tempo, um tempo muito agradável, mas acho que chegou a hora de encerrá-la. Sou grato a todos.*

[O EXTRALINGUÍSTICO E A LITERATURA]

BNF, Fonds Michel Foucault, NAF 28730, caixa 54, dossiê 4. Foucault não intitulou este texto.

Há mais de trinta anos, a literatura foi analisada como uma forma interior às formas gerais da linguagem, como mais ou menos diretamente relacionada com a linguística.

Ora, por um movimento inverso e que há uma década vem se tornando mais patente, descobre-se cada vez mais claramente a importância do extralinguístico.

Essa irrupção do extralinguístico está estreitamente ligada às dificuldades encontradas pela análise do sentido; mas ela não se resume a essas dificuldades e sobretudo não reside nelas.

Há uma falsa formulação do problema. Muitas vezes, o debate é posto em termos de significante e significado.

Tentativa de Harris[1] de prescindir totalmente do sentido para a definição dos elementos significantes (e é nele que atualmente depositam suas esperanças aqueles que, tendo de lidar com um material não linguístico – cartazes etc. –, não encontram critérios para definir os elementos significantes).

A isso se retruca dizendo que a dimensão do significado não pode ser esquecida e o critério da permutação (posto pelos representantes mais formalistas do estruturalismo) pressupõe a referência ao significado.

Em compensação, a dificuldade de analisar o significado em termos de estruturas, a dificuldade de organizar um campo semântico, leva tanto à busca de um modelo no campo do significante quanto à procura de evitar o paralelismo.

---

1 Zellig S. Harris, *Methods in Structural Linguistics*. Chicago: The University of Chicago Press, 1951.

Mas esse talvez não seja o verdadeiro problema. O que a análise da linguagem ensina há algum tempo é a importância intrínseca do extralinguístico:

- Na própria linguística:
  - pela análise das motivações em Jakobson,
  - pela referência ao discurso explícito em Chomsky,
  - pela análise da relação sentido-significado em Prieto;
- Nos estudos sobre sujeitos falantes (sobretudo afásicos);[2]
- Nos estudos feitos na esteira do positivismo lógico sobre a teoria dos enunciados:
  - fora dos enunciados sob a forma de afirmações (e suscetíveis a verdadeiro ou falso),
  - conheciam-se enunciados que tinham a forma de uma interrogação, desejo ou ordem (mas ainda havia critérios linguísticos que permitiam reconhecer esses enunciados);
  - mas Austin[3] percebeu:
    1) De um lado, que certos enunciados, sem que nada na forma indique isso, constituem um discurso totalmente diferente: "Eu abro a sessão" (o que depende de condições extralinguísticas).
    2) A partir daí, ele foi levado a analisar o *act of speech* [ato da fala] não mais como um ato isolado e inteiramente alojado no interior das possibilidades da língua, mas como um ato complexo, que comporta (além do efeito propriamente [dito]) pelo menos dois níveis: locução [e] ilocução.

---

2   A referência à afasia leva a pressupor diversas referências bibliográficas: os trabalhos de Kurt Goldstein, que Merleau-Ponty ajudou a difundir na França (sobre a afasia, ver em particular *Language and Language Disturbances: Aphasia Symptom Complexes and Their Significance for Medecine and Theory of Language*. New York: Grune & Stratton, 1948), mas também os de Jakobson ("Dois aspectos da linguagem e dois tipos de afasia" [1956], in *Linguística e comunicação*. São Paulo: Cultrix, 1973). Um artigo de David Cohen e Michel Gauthier, "Aspects linguistiques de l'aphasie" (*L'Homme*, v. 5, n. 2, 1965), apresenta bem objetivamente uma síntese de debates em torno da afasia: é o ensaio que Foucault, sem dúvida, tem em mente aqui, já que o cita explicitamente em outro texto deste volume, "A análise literária e o estruturalismo", infra, p. 224.
3   John L. Austin, *Quando dizer é fazer* [1962], trad. Danilo de Souza Filho. Porto Alegre: Artes Médicas, 1990.

Vê-se que, até certo ponto, [para] a análise linguística, e para uma segunda parte da análise do discurso (quer seja feita do ponto de vista linguístico como Prieto, quer de um ponto de vista estranho à linguística como Austin), o extralinguístico se define:

- pela situação: o lugar de onde se fala, os objetos dos quais se fala (não como referentes, mas como objetos reais presentes ou ausentes), a posição que se ocupa em relação a eles;
- e pelo sujeito falante: tanto a posição que ele ocupa no momento em que fala quanto o ato que ele comete ao falar (por exemplo: se ele enuncia uma proposição performativa, ela será ritualizada, isto é, os traços a serem tidos como pertinentes serão previamente definidos).

Dito de outro modo, a linguística, talvez e até certo ponto, e a teoria dos enunciados, por outro e quase inteiramente, colocam o problema do extralinguístico e de sua relação com a discussão própria à linguística.

Mas é aí que surgem, a propósito da literatura, alguns equívocos. Todo mundo sabe que a literatura é um discurso, isto é, que se trata de uma série de enunciados. Mas, em outro sentido, sabe-se que não há extralinguísticos na literatura.

À primeira vista, o extralinguístico se encontra:

- Ou naquilo que pensa o autor ou as pessoas de sua época; mas nisso falta o que há de próprio ao discurso literário. Jamais um pensamento ou um sistema de pensamento poderá justificar que o discurso seja literário e não um discurso puro e simples.
- Ou na existência do livro. Para dizer a verdade, isso já é mais sério. O fato de que a literatura, atualmente e na maior parte dos países, seja impressa em folhas de papel branco que folheamos, que devemos folhear em certa ordem, tudo isso tem uma grande importância.

Butor a propósito de [*passagem ilegível*].[4]

---

4 Sobre Butor, ver Michel Foucault, "Distance, aspect, origine" [1963], in *Dits et écrits I* ["Distância, aspecto, origem"] (a propósito de Michel Butor, *Description de San Marco*. Paris: Gallimard, 1963).

De um livro folheável em todos os sentidos como o de Ricardou, não se diz a mesma coisa que se diz quando se deve ler página por página.[5]

Com isso, voltamos ao problema do público menos pelo intermédio de uma ideologia do que pelo do consumo. Não exatamente: quem lê?, mas: como se lê? Em que consiste o fato de ler? O que é a atividade de ler?

Está claro, por exemplo, que o aparecimento do romance de terror no fim do século XVIII em toda a Europa indica uma nova relação entre o leitor e o que ele lê. O ato de leitura certamente mudou de estrutura, pois curiosamente ele começa a ler para sentir medo.

Mas há, sem dúvida, algo muito mais fundamental que isso. É preciso dizer que a literatura é um discurso que, a partir de si mesmo (do ato que faz aparecer os enunciados), engendra-se para si mesmo o extralinguístico que lhe permite existir como enunciado.

A literatura é o barbarismo do extralinguístico imanente ao discurso.

Por fim, há alguns enunciados que prescindem quase inteiramente do extralinguístico: trata-se das gramáticas, das filosofias enquanto sistemas, de todos os discursos científicos. [Dito de outro modo,] de tudo o que é sistema.

Há os enunciados escritos que prescindem do extralinguístico imanente, mas não do extralinguístico: trata-se dos discursos informativos.

Por fim, há uma categoria de enunciados que constitui o extralinguístico que lhe é imanente. Um discurso que faz surgir, de maneira paradoxal, uma dimensão extralinguística que escapa à língua, porque está inteiramente alojada no interior das palavras empregadas ou, em todo caso, dos signos empregados.

Portanto, não se deve dizer que a literatura é uma mensagem centrada no significante, ao invés de ser centrada no referente

---

5   Referência a Jean Ricardou, *La prise de Constantinople*. Paris: Minuit, 1965. O livro, que foi considerado uma obra emblemática do *nouveau roman* e ganhou o prêmio Fénéon em 1966, caracterizava-se por intervenções sobre a própria forma. Não tinha, por exemplo, paginação.

(como no discurso de informação). A literatura não é uma atividade autorreferente (pois, nesse caso, bastaria eu dizer: "As falas que pronuncio são severas ou solenes ou obscuras" para fazer literatura). Em suma, bastaria eu falar daquilo mesmo que eu digo para fazer literatura.

Compreende-se por que os críticos são fortemente seduzidos por essa hipótese: ela reduz singularmente a distância entre o crítico e o escritor. O escritor seria aquele que põe em questão a sua própria linguagem, ou põe em código em sua linguagem; o crítico seria quase a mesma coisa, exceto que falaria da linguagem dos outros. Um pouco mais de proximidade (bastaria que a linguagem dos outros se torne a sua) para que ele se torne escritor. E, no fim, se ele conseguir compreender tão bem a linguagem dos outros a ponto de torná-la sua (descobrindo que se trata da linguagem de uma linguagem): eis que ele se torna escritor.

Mas pouco importa. O essencial é que a literatura é, pelo contrário, um ato profundamente "extratensivo"; um ato inteiramente voltado para um extralinguístico que não existe previamente a ele; que pode brotar exclusivamente de seu discurso, que nasce sob seus passos, que só pode ser constituído por palavras.

(Observem que pode suceder justamente que esse extralinguístico nasça, se não fora das palavras, pelo menos em sua face exterior, no lado em que elas tocam esse extralinguístico não verbal que é o papel em branco, seu espaço, suas dimensões retangulares etc. Todo o trabalho feito desde Mallarmé sobre as palavras e os signos dispostos no espaço do papel, todo esse trabalho trata precisamente não da exploração do signo, e sim do seu deslocamento para um extralinguístico que, no entanto, não é manifestado, mas só existe por causa dele. [M: Prestígio e talvez ilusão, pois esse extralinguístico não é imanente, embora seja feito de signos. Há aqui uma ambiguidade que precisa ser esclarecida.]

Sem dúvida, foi nessa direção que Derrida sublinhou o caráter fundamental e primário da escrita em relação à língua.[6] Ele operou aí uma reversão do primado linguístico que, sem dúvida, é radical. É preciso guardar essa ideia em mente para retomá-la

---

6 Jacques Derrida, *Gramatologia* [1967], trad. Miriam Chnaiderman e Renato Ribeiro. São Paulo: Perspectiva, 2017.

quando chegarmos à análise do sujeito falante, que fala justamente no ato de escrever.)

Mas o extralinguístico que se constitui a literatura no seu próprio discurso, é preciso procurá-lo ali onde é apontado pela linguística e pela teoria dos enunciados. Isto é, na "situação" entendida não no sentido da situação do escritor no mundo real, ou da difusão do livro, ou da condição da edição (embora isso seja importante e desempenhe um papel, mas por intermédio das chicanas que multiplicam os desvios), mas entendida como posição do sujeito falante no interior do livro, sua postura ambígua (ao mesmo tempo se [alojando] inteiramente no discurso, porque não poderia ser discernido fora dos signos verbais: não pode ser visto, não pode ser percebido; seu mutismo o faz desaparecer; e fora do discurso, já que é ele que o sustenta).

[Compreende-se por que a literatura tende ao silêncio, como costumamos dizer. É que, de fato, ela só existe por causa desse personagem invisível e, em certo sentido, mudo (já que nunca entra na linguagem); e esse imenso murmúrio de palavras, de que ela é feita, faz surgir (e, em certo sentido, se resume inteiramente em fazer existir) esse sopro extralinguístico, essa posição vazia pelas quais a linguagem se ordena.][7]

Compreende-se que a crítica contemporânea tenha sido conduzida para o bom caminho pela fala solitária de Blanchot. Foi a presença desse extralinguístico na língua que ele não cessou de invocar; foi à ausência dessa presença que ele emprestou sua voz. E essa voz, que jamais pretendeu se colocar no centro da obra, que jamais sustentou a absurda presunção da intimidade, dava-se justamente como o inseparável fora da obra. E justamente esse fora podia, melhor do que qualquer outra coisa, abrir-se para esse fora que a obra não cessa [de] fomentar, ao mesmo tempo que vem dele.

Blanchot, Artaud – os únicos, sem dúvida, que pressentiram esse fora do discurso, essa erosão quando a fala sulca a si mesma.

Mas se dirá que tudo isso equivale a dizer que a obra se encontra numa relação misteriosa do escritor com a sua linguagem, relação que faz o escritor desaparecer na sua obra, embora ele só exista através dela. Paradoxo já bem banal.

---

7 Entre colchetes no original.

Mas não é de modo nenhum disso que se trata.

O extralinguístico ao qual remete e pelo qual se define todo o discurso é interior ao enunciado. Ele só pode ser reconhecido e, na verdade, só pode existir através dele. E nisso é profundamente diferente do extralinguístico que pode se depositar indiretamente no discurso (esse extralinguístico que une, por exemplo, a estruturação do campo semântico; ou as formas da lógica; ou ainda o domínio ideológico).

Mas também é bem diferente do extralinguístico constituído pelo autor, o que ele pensa ou quer dizer.

Trata-se da constituição, ou melhor, da instauração, exclusivamente pelo discurso, do extralinguístico sobre o qual se apoia e a partir do qual ordinariamente se articula todo enunciado. [M: Por muito tempo, a crítica substituiu esse vazio, esse fora do extralinguístico pelo "dentro" do autor. O autor era considerado a totalidade do extralinguístico imanente ao enunciado.]

Esse extralinguístico imanente, em que consiste?

Na análise da linguagem ou dos enunciados, os linguistas e os lógicos encontram a "parede", o limite do extralinguístico, de duas maneiras:

- No nível do conteúdo (do sentido), essencialmente na organização do campo semântico. Digamos, em todo caso, que, até o presente momento, nenhum campo semântico conseguiu desdobrar suas estruturas numa perspectiva puramente linguística;
- No nível da forma do enunciado e do próprio ato que o enuncia, o extralinguístico aparece:
  a. Na forma do que Prieto chama de pertinização [*pertinisation*] (os traços que devem ser enunciados ou podem ser transmitidos em silêncio, de acordo com o contexto extralinguístico, para fazer aparecer um só e o mesmo sentido).[8] Não dizemos tudo. Mas se dizemos certas coisas, somos obrigados a dizer outras etc.

---

[8] Luis J. Prieto, *Mensagens e sinais* [1966], trad. Anne Arnichand e Álvaro Lorencini. São Paulo: Cultrix/Edusp, 1973.

b. Na posição temporal do ato de fala em relação ao que ele enuncia (análise de Guillaume).[9]
c. Na própria natureza do ato de fala. Pois há enunciados constativos, outros que são performativos.

Ora, a particularidade da fala literária consiste em:

A. (Correspondente ao item a. [p. 210])
Tendo por contexto extralinguístico nada além da folha de papel, ela tem, em certo sentido, a possibilidade e o direito de dizer tudo, talvez tenha até mesmo a obrigação de dizer tudo, já que não existe nada.

É claro que ela não diz tudo: indicando obliquamente, como uma espécie de extralinguístico presente no discurso, o contexto que lhe permite não dizer tudo. Mas ela é obrigada a dizer muito mais do que costumamos dizer quando falamos realmente (quando falamos realmente, as coisas mudas, o espaço silencioso no qual nos encontramos, a disposição dos sujeitos falantes constituem uma parte da própria forma da mensagem: uma espécie de código adicionado que permite dar um sentido não suspenso à mensagem. O código por si só não é suficiente). A literatura constitui-se para si mesma o extralinguístico que lhe permite não dizer tudo. E isso de diversas maneiras:

1) O que é sempre subentendido (ao menos na época dada) por todo ato de escrever. Em *A princesa de Clèves*[10] ou *Hipérion*,[11] não é dito a quantos centímetros os personagens se encontram uns dos outros. E quando é dito: "esta" manhã, não há com que preencher exatamente o sentido dessa expressão, porque não se sabe qual é o dia do calendário, e não se trata do agora do leitor.

---

9 Gustave Guillaume, *Temps et verbe. Théorie des aspects, des modes et des temps*, seguido de *L'architectonique du temps dans les langues classiques*. Paris: Champion, 1965.
10 Madame de Lafayette, *A princesa de Clèves* [1678], trad. Leila de Aguiar Costa. São Paulo: Edusp, 2010.
11 Friedrich Hölderlin, *Hipérion ou O eremita na Grécia* [1797], trad. Érlon José Pachoal. São Paulo: Nova Alexandria, 2003.

2) Ela dispõe a seu bel-prazer (e nos limites das inexistências fundamentais mencionadas naquele instante) das coisas, dos personagens, dos traços físicos, dos cenários que vão, uma vez enunciados, desempenhar o papel do extralinguístico a partir do qual se poderá selecionar o que deve ser pertinizado e o que não tem necessidade de sê-lo (em todo discurso, o contexto desempenha também o papel desse extralinguístico. Mas aí tudo é contexto).
As descrições. Por [exemplo], a descrição em Balzac: é exaustiva, mas é dada de uma vez, servindo *a priori* de situação para o restante do romance. Do mesmo modo a descrição do físico ou do caráter.
Em Robbe-Grillet, é sempre fragmentária, ligeiramente diferente, e ligada ao ato de fala.
Seria possível fazer uma história dessas disposições contextuais, graças às quais uma parte do discurso literário desempenha, em relação aos enunciados, o papel de um preâmbulo extralinguístico.
3) Ela estabelece (aceita, desfaz ou refaz) ligações. Na linguagem corrente, certas pertinizações estão ligadas; outras são exclusivas de fato.
Daí a ambiguidade própria da literatura.

Podemos dizer que a literatura não é a "suspensão do sentido", para a exaltação do significante como tal. Mas, na medida em que o extralinguístico só se estabelece por intermédio do significante e do significado, a linguagem literária jamais é fechada, nem preenchida. É uma espécie de classe aberta. Enquanto normalmente um enunciado é suscetível a diferentes sentidos enumeráveis (de 0 a 1 quantidade finita), que formam uma classe cujos elementos podem ser contados e definidos, um enunciado literário inaugura uma classe de sentidos absolutamente infinita. Isso não quer dizer que o enunciado literário não tem sentido, mas que uma classe não enumerável de sentido pode preenchê-lo.

(Não é isso que autoriza a crítica literária, mas [isso] faz da própria *leitura* uma atividade linguística bem particular.)

Em toda obra literária, há um excesso. Certa maneira de *dizer demais*. Por pouco que se diga, diz-se *mais*.

(Isso talvez seja a ficção, por oposição à fábula.) [M: É pela relação ficção/fábula que o teatro se opõe às demais formas de literatura.]

B. (Correspondente ao item b. [p. 211])
A posição do sujeito falante, cuja localização, cujos deslocamentos constituem, em oposição ao que é dito (*lektón*), a *léxis* da obra.[12]

É preciso observar de imediato que essa *léxis* (exatamente como a ficção) não é um elemento da obra ou do discurso. Em suma, elas não têm um material significante próprio, embora só possam ser analisadas a partir desse material significante. No entanto, acontece de serem levadas para dentro da fábula sob a forma de personagens, de um indivíduo que diz *eu* e que pode ser tão discreto quanto possível. De modo que são elementos do *lektón* ou das disposições próprias da fábula que permitem definir as formas da ficção ou as configurações próprias da *léxis*.

Mas, como se verá, a *léxis* muitas vezes se encontra em uma situação de reduplicação que lhe é própria. É nesse sentido que acontece de o sujeito ser representado. E, para dizer a verdade, embora ele esteja sempre fundamentalmente ausente, sempre há um modo de presença (pelo menos indireta) na própria fábula (em todo caso, quase sempre).

Essa é a diferença entre [linguagem não literária] e **teatro**, de um lado, **narrativa**, de outro (epopeia ou romance).
De modo que temos:

---

12 A distinção entre a *léxis* (a fala, a enunciação) e o *lektón* (o dizível, o exprimível) é de origem estoica. Sobre o sentido preciso que Foucault lhe atribui, ver infra, p. 238.

Ficção	*Lexis*	
+	+	Poesia
+	−	Narrativa
−	+	Teatro
−	−	Linguagem não literária

Na linguagem não literária, o contexto que permite não dizer tudo é assegurado

- seja pelas coisas reais,
- seja pelos conteúdos informativos pressupostos como existentes.

(Enquanto na literatura há apenas o papel em branco e o começo absoluto da literatura.)
Portanto, nada de ficção.
Tampouco há *léxis*, porque o sujeito está sempre presente, de modo constante:

- seja sob a forma de afirmações pessoais relacionadas com o sujeito falante,
- seja sob a forma de uma neutralidade que remete sem oscilação a um autor nomeado ou anônimo que enuncia o que ele sabe ou pensa.

Essa relação constante (que nem mesmo se altera quando opiniões de um outro são referidas no próprio discurso) caracteriza a linguagem científica ou filosófica. [No caso de] um texto filosófico no qual a *léxis* não é uma função homogênea, logo neutra, mas variada (e, por conseguinte, começa a existir), tem-se, portanto, um texto literário. *A origem da tragédia*[13] é filosofia; *Zaratustra*[14] é uma obra

---

13   Friedrich Nietzsche, *O nascimento da tragédia* [1872], trad. J. Guinsburg. São Paulo: Companhia das Letras, 1992.
14   Id., *Assim falou Zaratustra* [1883], trad. Paulo César de Souza. São Paulo: Companhia das Letras, 2011.

literária (mesmo que, por um outro viés, tenha um sentido filosófico, como o *Empédocles* de Hölderlin,[15] por exemplo).[16]

O aforismo como limite. Em certo sentido, em cada aforismo a relação é constante. Mas de um aforismo para outro a estrutura da *léxis* se modifica. Isso faz com que o aforismo seja o que há de mais literário no discurso filosófico, de mais filosófico no discurso literário.

Retornando ao quadro:

- O teatro: em certo sentido, a ficção não existe, já que a realidade do contexto, do ator, a presença de um sujeito falante permite se apoiar num extralinguístico não imanente. Por mais reduzida que seja o cenário, a simples existência de um espaço, de um dentro, de um fora, de uma direção reduz a ficção.

Em compensação, [pelo] simples fato de que cada personagem tem existência somente através daquilo que diz (em certo sentido, cada frase é performativa, nos termos de Austin), em suma, que o ator, que parece ser o sujeito falante, não é ele e só funciona no contexto extralinguístico para evitar a ficção, podemos dizer que o sujeito falante está todo no discurso: o discurso, ao mesmo tempo, só existe através dele e o faz nascer. É essa relação (e não a realidade [dupla] do ator) que faz com que uma fala seja sincera, falsa, persuasiva, exterior, íntima.

Portanto, a *léxis* é *maximum* e a ficção *minimum* (porém não igual a zero, pois, no momento em que há *léxis* na linguagem, isto é, imanência do sujeito falante no enunciado, certa quantidade [de] coisas – o extralinguístico desse sujeito também – não aparece: [elas] devem [ser] enunciadas na linguagem: será dito o nome do personagem, seu estado civil,

---

15 F. Hölderlin, *A morte de Empédocles* [1846], trad. Marise Moassab Curioni. São Paulo: Iluminuras, 2008.

16 Ver sobre esse tema *Le discours philosophique*, texto inédito que data da estadia de Foucault em Túnis e cujo início é dedicado a uma extensa análise das diferentes formas de discurso: discurso cotidiano, discurso literário, discurso científico, discurso religioso, discurso filosófico (M. Foucault, *Le discours philosophique*, BnF, Fonds Michel Foucault, NAF 28730, caixa 58, dossiê 1).

sua idade, seu passado). Claro, pode-se tentar suprimir tudo isso (toda a ficção, como em Ionesco: fala-se sem ficção). Ou então, inversamente, diminui-se a *léxis*, isto é, faz-se um teatro no teatro. Nesse caso, o teatro n. 1 parece "verdadeiro" e, no teatro n. 2, os atores intervêm como personagens reais do teatro n. 1.

- Na narrativa, em sua forma ingênua, a ficção é *maximum*, a *léxis minimum*. A relação do narrador com a narrativa pode ser considerada constante (ela diz o que ele viu e ouviu). Em compensação, como ela não pode dizer tudo, é a partir do interior do discurso que o extralinguístico deve se instaurar. Toda a narrativa consistirá, em oposição à fala direta, em suscitar esse extralinguístico. Mas só poderá suscitá-lo intervindo como sujeito falante naquilo que ela narra. Ora narrando o que ele sentiu, ora falando em nome de outros, tomando o lugar de um espectador estranho e neutro. Em suma, toda narração comporta certa *léxis*.

Quanto mais próximo se chega da literatura oral, tanto mais essa *léxis* aparece na proliferação dos personagens dos quais se narra que narraram etc. (*As mil e uma noites.*)

Quando mais se mergulha no ato de escrever, tanto mais a narrativa tende a se ordenar pela *léxis*. *Léxis* e ficção se confundem. Toda ficção consiste em se voltar para a *léxis*.

- Na poesia, a *léxis* e a ficção estão no ponto máximo. Saturação (que a opõe à linguagem cotidiana). Como na [própria narrativa] só existe o ato de fala (a voz no silêncio, os signos depositados no papel em branco); como no teatro, o sujeito falante se define a cada instante unicamente por sua fala, sem que a ficção assegure sua posição como a de um personagem visível.

O "literário" alcança seu ponto de saturação na poesia, porque é nela que a linguagem é mais carregada das funções e dos poderes de decisão próprios do extralinguístico.

Nesse ponto, também é curioso ver que a poesia sempre foi experienciada como vizinha do silêncio; ao passo que é muito mais ligada à existência de um discurso do que o teatro ou o romance (ela não pode ser traduzida, não pode ser "encenada", não "fala" de nenhum referente objetivo etc.). É normal que seja comparada com o silêncio (ao passo que o romance e o teatro são, no fundo, muito mais mudos). É que todos os poderes do extralinguístico [estão] apenas em seu discurso.

Daí a importância, para a poesia, de ser elíptica. Sua essência é ser elíptica e secundariamente ritmada ou rimada (de ser ligada a uma forma restrita). Com efeito, seu jogo consiste no seguinte: investida dos poderes do extralinguístico, ela só os explicita numa ficção ou nos deslocamentos da *léxis*. Mas deixa que apareçam através das palavras não ditas imagens, sensações (que nem mesmo são relacionadas a um *eu*). Deixar o extralinguístico, cujo único soberano é seu discurso, aparecer no que não é dito: em seus interstícios e fissuras. Em suas bordas externas.

Daí a brevidade, o fragmento que é próprio da poesia. Nisso ela coincide com a forma aforística, que é, em certo sentido, a outra borda, a borda interna da literatura. Mas nada é pior do que um aforismo querendo se avolumar até se tornar poesia. Nada é mais belo, no entanto, do que um fragmento de linguagem que cintila. Nele espreita um pensamento (ao passo que, num aforismo poético, uma ideia se disfarça).

Mas é preciso retornar à análise da *léxis*. Posição do sujeito falante. Essa posição pode ser definida:

a) Seja simplesmente e de uma forma de certo modo negativa, como subjacente, pela disposição do *lektón*:
   - A importância do tempo dos verbos. O fato de a narrativa ser feita no *passé simple* ou no presente já delimita a posição de quem fala;
   - O fato de se narrar acontecimento por acontecimento (instalando-se na duração) ou, ao contrário, de se passar por cima.
b) Seja pela fábula, e mais uma vez de duas maneiras:
   - O sujeito falante é identificado de fato (e sem que isso seja dito explicitamente) com um personagem, com diversos ou com nenhum.
     1) Nesse último caso, a fala é uma fala anônima, murmurante, que engloba a totalidade do que se passa (perso-

nagem, acontecimentos) e os emprega como um boato que não teria acontecido.
2) Em certos casos, há identificação implícita com um personagem. Embora seja sempre em terceira pessoa, ele é o ponto de vista privilegiado: isso implica que o lugar da fala (da totalidade dos enunciados) seja aquilo que ele sabe, aquilo que ele vê, aquilo que ele sente. O que, no entanto, não deve se identificar com um "eu" nem com um quase "eu". O monopólio do discurso foi considerado muitas vezes um sinal de coerência literária ([Sartre]).
3) Mas a passagem sub-reptícia ou explícita de um lugar do discurso para outro se encontra com bastante frequência:
   - seja na passagem da fala anônima para uma terceira pessoa privilegiada,
   - seja na passagem de uma terceira pessoa para outra, direta ou indiretamente, por meio de uma passagem para um narrador: "Retornemos a fulano". (Cf. *As mil e uma noites*.)

Essa multiplicidade não é forçosamente incoerência. Ela foi por muito tempo uma característica própria da literatura ingênua. Mas a proliferação atual das linguagens, dos tipos e níveis de discurso recupera sua atualidade e seu interesse por essa dispersão do olhar.

No fundo, em todos esses casos, é sobretudo a estrutura da ficção que indica a posição do sujeito falante.

- Mas acontece de ele surgir diretamente e da própria fábula sob a forma de alguém que diz *eu*,
  - seja como personagem transitório (*As mil e uma noites*),
  - seja como sendo ficticiamente ele mesmo que escreve a narrativa. O quase autor.

Aqui entramos em uma zona bastante complexa. O sujeito falante é presente e visível na fábula. É um elemento daquilo de que ele fala. Paradoxo que se manifesta:
- seja simplesmente no *eu* que conta suas lembranças, uma aventura, o que ele viu,
- seja sob a forma de uma relação fictícia com o escritor (com a pessoa real, cujo nome [consta na capa do livro]):

1. Não fui eu que escrevi isso, mas fui eu que encontrei o manuscrito (Cervantes);[17] é a negação que vai atravessar a narrativa de quando em quando: aqui se interrompe o manuscrito que li, torna-se ilegível.
2. Ou, pelo contrário, intervenção insistente: é preciso crer, embora seja inverossímil.
3. Ou então diálogo do personagem com o autor (Sterne,[18] Diderot,[19] o romance do século XVIII).
4. Ou ainda a pessoa que diz *eu* narra o nascimento do romance e, por conseguinte, evita o nome que consta na capa.

Essa instauração da *léxis* na fábula, essa definição do sujeito falante naquilo mesmo que é narrado por quem fala, sem dúvida, é o que há de mais específico e mais difícil de definir em toda a literatura.

1) Na linguagem real, essa posição do sujeito falante jamais é problemática. A verdade do que ele diz, ou sua sinceridade, podem ser contestadas. É ele quem está falando, e ponto final. Em compensação, provavelmente é por essa via que o problema da loucura se junta ao da literatura. A loucura não é uma linguagem "irracional", "insensata" ou "não verdadeira": é um discurso em relação ao qual o sujeito falante ocupa uma posição particular. Ele está inteiramente presente em sua loucura, sua existência de louco se define e se cumpre inteiramente no que ele diz; mas ele está ausente, pois, por isso mesmo, ele não é o sujeito falante que articula um enunciado. Nesse lugar, reina um vazio em que se reconhece "o insensato", sendo esse "insensato" tanto por um equívoco quanto porque dominamos mal o caráter do discurso, o traço singular daquele que o tem, o extralinguístico no interior do qual ele se aloja.

---

17 Ver Miguel de Cervantes, *O engenhoso fidalgo D. Quixote de La Mancha* [1605–14], 2 v., trad. Sérgio Molina. São Paulo: Editora 34, 2011–12, pp. 305-12.
18 Laurence Sterne, *A vida e as opiniões do cavalheiro Tristram Shandy* [1759], trad. José Paulo Paes. São Paulo: Companhia das Letras, 2022.
19 Denis Diderot, *Obras IV: Jacques, o fatalista, e seu amo* [1785], trad. J. Guinsburg. São Paulo: Perspectiva, 2006.

Sem dúvida, historicamente, a aproximação "loucura-literatura" provém de toda uma mutação no modo de ser cultural da nossa linguagem (a do mundo ocidental): quando a literatura se tornou uma linguagem que englobava o sujeito falante e quando o louco deixou de estar presente como personagem social para se tornar o sujeito inatribuível de uma linguagem da qual ele estava ausente, embora ela se manifestasse inteiramente nele.

A presença do louco "como personagem falante" no teatro barroco, no romance do início [do] século XVII, sinaliza essa mutação que está ocorrendo. Os *Diálogos* de Rousseau[20] a manifestam depois de cumprida.

Toda a literatura da loucura (Roussel, Artaud) vai se caracterizar por isso. Cf. também Hölderlin e Nietzsche.

2) Na literatura, a posição do sujeito falante é o núcleo de incerteza em torno do qual vibra todo o discurso.

Na medida em que a posição do sujeito falante é o que há de mais imediatamente extralinguístico, de mais próximo da linguagem, mas também de mais irredutível a ela, essa presença do sujeito falante no interior do discurso é capital. Ela manifesta a irredutibilidade da literatura às estruturas da linguagem. E isso tanto mais que o sujeito falante está integrado ao discursivo. Há aí uma relação complexa.

- O gradiente mais característico da literatura moderna é um envolvimento recíproco do discurso e do sujeito falante (ou melhor, um desencaixe).
- De modo que o sujeito falante, estando preso no discurso, deveria depender de uma linguística; mas, como ele introduz no discurso o que é extralinguístico, ele torna o discurso literário irredutível à linguística.

E, de modo bizarro, a ideia (que só é possível atualmente em razão dessa inserção do sujeito falante no discurso) de que toda a literatura erige-se da linguística, essa ideia só é aplicável a uma literatura em que o sujeito falante está distante desses enunciados (ou, em todo caso, em

---

20   Jean-Jacques Rousseau, *Rousseau juiz de Jean-Jacques: diálogos* [1780], trad. Claudio A. Reis e Jacira de Freitas. São Paulo: Ed. Unesp, 2022.

uma presença atribuível: ou absolutamente visível ou absolutamente invisível); na literatura clássica ou em Flaubert etc. Para que a análise do tipo linguístico seja mordaz, é preciso que a relação do sujeito falante com um discurso seja suficientemente constante para poder ser neutralizada, para ser considerada indiferente e para não introduzir efeito singular.

c. (Correspondente ao item c. [p. 211]) O próprio ato da fala.

Talvez se possa dizer que a inserção do sujeito falante (sempre mais visível e mais problemático) no enunciado literário fez aparecer uma dimensão nova da fala que a linguística só pode ignorar e que a lógica dos enunciados afirmativos também deixava na sombra.

Enquanto o sujeito estava a uma distância não problematizada do que ele dizia, todos esses enunciados podiam passar por constatações ou quase constatações. O sujeito narrava o que ele tinha visto, ouvido, sentido.

De modo que, tanto na literatura quanto nos enunciados afirmativos, era a verdade que estava em questão ou essa mimese da verdade, essa quase verdade que era a verossimilhança. Fazer verdadeiro.

Mas isso não está mais tão claro. Pois o verossímil é o que se assemelha ao verdadeiro, querendo dizer que:

- isso tem certa similaridade de natureza com o verdadeiro, um parentesco;
- isso foi inventado para se fazer verdadeiro: há certa verdade interior no discurso. O discurso cria certa verdade.

Mas, a partir do momento em que o "volume" propriamente literário da linguagem se constitui e se dilata a partir dessa presença do sujeito falante no discurso, o ato que consiste em enunciar não se resume nem se identifica com o ato que consiste em afirmar (nem em afirmar o que se pensa, descrever o que se sente etc.).

[Proliferação de atos ou performativo?][21]

---

21 Entre colchetes no original.

A ANÁLISE LITERÁRIA E O ESTRUTURALISMO

BnF, Fonds Michel Foucault, NAF 28730, caixa 54, dossiê 4.

I

Passar rapidamente pelas preliminares que hoje nos servem de evidências.

- A análise literária, há mais de cinquenta anos (fala-se aqui apenas da mais séria), tem interesses comuns com as pesquisas de estrutura, cuja importância e modelo foram sugeridos pela história das religiões, pela psicanálise, pelas pesquisas sobre o folclore ou pelos estudos etnográficos.[1]
- Mais recentemente, a análise literária estabeleceu relações muito estreitas, muito complexas com a linguística; e a descoberta dessas relações teve certamente uma importância capital.

Esse vínculo profundo entre a análise literária e a linguística se explica muito facilmente:

- pois é no domínio da linguística que o estudo das estruturas obteve seus êxitos mais decisivos;
- pois, no fim das contas, desde os formalistas russos dos anos de 1910-20, não se parou de aprofundar e escavar esse truísmo

---

1 Essa enumeração faz alusão especialmente aos trabalhos de Georges Dumézil, Gaston Bachelard, Vladimir Propp e Claude Lévi-Strauss, vultos já citados em outros textos deste volume. Não há como não se admirar da ausência total de referências aos trabalhos de Jacques Lacan.

simples, essa evidência absolutamente cabal de *que a literatura é feita com linguagem.*

É pouco útil retornar a isso:

- para explicar tudo de novo,
- para recomeçar uma polêmica que, a bem da verdade, não faz sentido,
- para denunciar a ligação, o parentesco, a cumplicidade entre o formalismo linguístico da análise literária e o caráter formal das obras contemporâneas.
  Esse parentesco não indica nenhuma responsabilidade; é preciso tomá-lo como um fato histórico.

Mas o que eu gostaria de insistir é na importância que adquiriu, e no próprio domínio dos fatos linguísticos, o que chamamos de extralinguístico. Descobriu-se, com efeito, que alguns fatos essenciais concernentes à linguagem só podem ser compreendidos pelo controle determinante, e, na verdade, *estruturante*, desempenhado pelo extralinguístico no interior mesmo da linguagem.

É sobre a importância desse extralinguístico no domínio dos fatos literários que eu gostaria de falar.

Uma observação já de saída:

De modo nenhum se trata de entrar (nem a propósito da linguística nem a propósito da literatura) em um debate mil vezes repisado que é o de perguntar se o sentido é indispensável à análise do significante ou se sempre é preciso recorrer a ele.

a. Hoje os linguistas travam esse debate em torno de Chomsky.
b. Quanto à análise literária, ela gira indefinidamente e sem muito avanço em torno da mesma pergunta:
   - Não são os significados (históricos ou individuais) que determinam as formas?
   - Ou o formal em si não define de modo suficiente o que é a literatura e o que a distingue de qualquer outro discurso?

Portanto, ao levantar o problema do extralinguístico na literatura, não é a questão do conteúdo e da forma, do significante e do significado, que eu gostaria de levantar; mas [gostaria] de introduzir na ordem da literatura perguntas com as quais já estão familiarizados aqueles que se interessam pela linguagem.

II. O EXTRALINGUÍSTICO NA LINGUÍSTICA

E, antes de tudo, quais são essas questões? Em que pontos do estudo da linguagem elas nasceram? E para que direção elas dirigem nossa atenção?

- Primeiro, na linguística propriamente dita:
    A importância atribuída ao contexto e à situação por Prieto.[2]
    A importância e a dificuldade desses signos que, através de uma estrutura gramatical determinada, remetem unicamente ao sujeito [falante], no momento em que ele fala e no lugar em que ele se encontra ao falar. "Os *shifters*".[3]
- Segundo, os trabalhos feitos no campo da afasia (na França, por David Cohen) mostram que:
    - contrariando o que imaginava Jakobson, as categorias propriamente linguísticas (sintagma, paradigma) não são suficientes para dar conta dos problemas da linguagem;
    - mas eles estão ligados provavelmente a certa posição do sujeito falante em relação a seu discurso. David Cohen e Michel Gauthier disseram em 1965, a propósito da afasia: "É claro que a forma da mensagem continua sendo seu sintoma essencial; mas a análise distribucional só é significativa se o texto for reintroduzido na instância do discurso".[4]
- Por fim, por uma via totalmente diferente, o positivismo lógico, sobretudo o desenvolvido recentemente na Inglaterra sob a influência, ou melhor, com certo parentesco com uma socio-

---

2 Luis J. Prieto, *Mensagens e sinais* [1966], trad. Anne Arnichand e Álvaro Lorencini. São Paulo: Cultrix/Edusp, 1973.

3 Um embreante (*shifter* em inglês) permite articular o enunciado na situação de enunciação: advérbios de lugar ou tempo, demonstrativos, possessivos.

4 David Cohen e Michel Gauthier, "Aspects linguistiques de l'aphasie". *L'Homme*, v. 5, n. 2, 1965.

logia da linguagem (Firth na linha de Malinowski),[5] o positivismo lógico se interessou pelos enunciados não afirmativos; pelos que não podem constituir um corpus de proposições verdadeiras ou falsas; pelos que não podem se organizar em um discurso científico.
E assim se desenvolveu uma análise do que foi chamado de *act of speech* [ato de fala], do qual certos aspectos fundamentais foram descritos por Austin.[6]

Todas essas pesquisas, algumas das quais convergentes e outras isoladas, levam para o primeiro plano da pesquisa algo que é irredutível à divisão saussuriana língua/fala. Esse algo é o discurso, é o texto, é o enunciado. As estruturas do enunciado e do discurso, as estruturas do texto são possibilitadas, obviamente, pela língua, mas não são simplesmente as estruturas da língua atualizadas ao sabor das circunstâncias ou da fantasia dos sujeitos.

Um discurso, um enunciado, um texto são certas figuras de linguagem tornadas possíveis e necessárias pela existência e pela posição de um sujeito falante:

- *posição* que designa, é claro, sua localização no tempo e no espaço, os objetos que o cercam, os interlocutores com quem ele fala,
- mas que designa também sua postura em relação ao que ele diz, o ato de fala que ele realiza ao dizer o que diz, sua presença e ausência no discurso que mantém.

Em suma, é toda uma teoria do enunciado que é atualmente pesquisada de forma um pouco tateante; uma teoria do discurso muito diferente, é claro, daquela que era corrente nos séculos XVII e XVIII, mas que, no entanto, não deixa de ter analogia com ela.

---

5 John Rupert Firth (1890–1960), linguista inglês, e Bronislaw Malinowski (1884–1942), antropólogo polonês, tanto um quanto o outro atribuíram grande importância à noção de contexto no domínio da semântica.

6 John L. Austin, *Quando dizer é fazer* [1962], trad. Danilo de Souza Filho. Porto Alegre: Artes Médicas, 1990.

O estudo da linguagem não retorna à faceta "fala" que a linguística saussuriana havia negligenciado depois que a filologia esgotou suas possibilidades; ela descobre o enunciado como terceira forma, a um só tempo dependente e independente da fala e da língua.

Talvez os estudos sobre a linguagem até agora dispersos (linguística, lógica, patologia da linguagem, análise das obras) encontrem seu *espaço*, seu *lugar* comum, numa teoria dos enunciados.

III

Pode-se falar de extralinguístico na literatura?

A. Aparentemente, não. À primeira vista, o que se dirá é que a literatura se encontra numa posição paradoxal:

- Ela é feita de enunciados, como qualquer discurso.
- Ela tem, no entanto, a particularidade de não comportar nenhum destes elementos extralinguísticos que foram identificados:
  a. Se podemos falar de "situação", é apenas por abuso de linguagem; em todo caso, não é no sentido próprio em que dizemos que um enunciado tem uma situação.
  Quando dizemos: "Fulano está *na* porta", o sentido desse "na" é definido pelo contexto em que o sujeito fala.
  [M: "situação" não é // nem a posição social do escritor // nem a porta realmente existente.]
  Quando Joyce diz: "Buck Mulligan apareceu no topo da escada",[7] não existe nenhum contexto:
  - não é nem James Joyce como homem,
  - nem a Irlanda, nem mesmo Dublin o contexto.
  Todo o contexto que dará sentido ao artigo definido é constituído pelo resto do texto (tudo o que se seguirá), isto é, da linguagem.
  O contexto extralinguístico é, portanto, inexistente.

---

[7] James Joyce, *Ulisses* [1922], trad. Bernardina da Silveira Pinheiro. Rio de Janeiro: Objetiva, 2007, p. 27.

β. Ademais, na literatura, o sujeito falante não é assimilável ao sujeito que realmente profere o discurso. Com efeito:

- A relação autor-texto não pode de modo nenhum ser sobreposta à relação que eu posso ter com o discurso que estou proferindo efetivamente.
- E a relação que um personagem de romance que diz *eu* (por exemplo, nos romances epistolares) mantém com seu discurso, essa relação é inteiramente intralinguística, já que os personagens são inteiramente definidos pelo romance e só existem através dele.

Daí a tentação, que é grande, de definir a literatura como um ato de fala que só possui existência no elemento da linguagem. A literatura seria a linguagem manifestando a si mesma. No fundo, ela falaria apenas da linguagem.

Daí:

- uma série de pesquisas certamente muito fecundas sobre as estruturas linguísticas da literatura,
- e, por outro lado, esse tema apresentado de modo um tanto precipitado – e muito mal controlado em seus requisitos e implicações conceituais – de que a literatura, por ter a linguagem como objeto, é uma metalinguagem.

   (Esse mesmo tema se encontra na ideia de que a literatura é uma mensagem sobre seu próprio código.)

B. Ora, creio que há aí um paralogismo; em todo caso, se não uma falha de raciocínio, no mínimo uma falha de atenção. É preciso distinguir três tipos de enunciados:

a. os cotidianos, que são proferidos pelos sujeitos falantes reais;
b. os que não têm outro extralinguístico além da página em branco; basta saber o que as palavras querem dizer:
   - um livro de matemática,
   - um livro de filosofia pura,
   - um romance.

Podemos dizer [que] o extralinguístico é suprimido pela metalinguagem.
- O sujeito falante é efetivamente suprimido, já que é a verdade ou as coisas que falam.
- Todo o contexto é encerrado no interior do discurso graças aos axiomas, às definições etc.
- Por fim, a utilização dos símbolos é regrada.

c. Na literatura, o extralinguístico não é suprimido nem incorporado de uma vez por todas. É continuamente constituído por meio do discurso:
- É só quando leio *Em busca do tempo perdido*[8] que adivinho quem fala, a que distância ele está do seu discurso, que ato de linguagem ele executa no momento em que fala.
- Quanto ao contexto no qual se apoiam os enunciados, ele é indicado por outros enunciados; mas jamais completamente.
- Nada de metalinguagem. Quando Proust diz "este livro", "eu vou começar a escrever", nenhuma metalinguagem diz o sentido dos pronomes "este", "eu"; do futuro "vou começar".

[O início do item B foi reformulado. Originalmente:]

B. Ora, creio que há aí um paralogismo; em todo caso, se não uma falha de raciocínio, no mínimo uma falha de atenção.
- O extralinguístico não é forçosamente algo que existe realmente, materialmente fora da linguagem.
  É algo que não depende do código e que possibilita, em sua estrutura, um enunciado.
- A maior parte dos enunciados é ligada a um contexto real, a um sujeito realmente falante; mas alguns podem formar um corpo inteiro de discurso sem outro contexto real além da página em branco; basta saber o que as palavras querem dizer:
  - um livro de matemática,
  - um livro de filosofia pura,
  - um romance.

---

8 Marcel Proust, *Em busca do tempo perdido* [1913–27], trad. Fernando Py. Rio de Janeiro: Ediouro, 2004.

Há, no entanto, uma diferença:
- É que, nos enunciados científicos, pode-se dizer que tudo é enunciado:
  - o sujeito falante é efetivamente suprimido, pois é a verdade ou são as coisas que falam;
  - todo o contexto é encerrado no interior do discurso graças aos axiomas, às definições etc.;
  - por fim, a utilização dos símbolos é regrada.
- Na literatura, o extralinguístico não é suprimido ou incorporado de uma vez por todas. É continuamente constituído através do discurso:
  - É só quando leio *Em busca do tempo perdido* que adivinho quem fala, a que distância ele está do seu discurso, que ato de linguagem ele executa no momento em que fala.
  - Quanto ao contexto no qual se apoiam os enunciados, ele é indicado por outros enunciados; mas ele não funciona do mesmo modo que esta janela quando digo: "Seria preciso fechá-*la*".
  - Nada de metalinguagem.

A literatura poderia, pois, ser definida como um discurso que constitui por si mesmo, no interior de si, a dimensão extralinguística que escapa à língua e que permite aos enunciados existir.

Há, portanto, três tipos de discurso:

- O discurso cotidiano, aquele que proferimos, no qual o extralinguístico é exterior e concomitante à língua e aos enunciados.
- O discurso científico (formalizado ou tendendo a se formalizar), no qual o extralinguístico é neutralizado. Afinal, a ciência é uma língua. Mas não no sentido de que é um discurso bem-feito; no sentido de que ela implica o enunciado das regras de utilização de seus próprios símbolos.
- O discurso literário, no qual o extralinguístico é imanente ao enunciado. Ou então, o que quer dizer a mesma coisa, mas de outra perspectiva, a literatura é um conjunto de enunciados voltado para a constituição desse extralinguístico que os torna possíveis.

c. Isso, sem dúvida, tem grande importância para a concepção da literatura em geral.

a. Costuma-se definir a literatura como uma mensagem centrada,
   - não no referente (como no caso do discurso informativo),
   - mas no significante (seria um discurso autorreferente).

   De fato, todo discurso que se refere a si mesmo teria, pelo menos, a forma geral da literatura (bastaria eu dizer: "O que estou prestes a enunciar é importante ou ridículo" para já fazer algo semelhante à literatura).

   [Que a literatura seja linguagem sobre linguagem é uma ideia de críticos: uma maneira que eles, que só falam de linguagem, encontraram para chegar mais perto, não só por sua compreensão, mas por seu próprio ato de escrever, do que é a literatura.][9]

b. É preciso muito mais interpretar a literatura como um ato de linguagem voltado inteiramente para dentro de si mesmo.

   Um ato "extratensivo", que dá origem em seus passos, ou melhor, em seus próprios limites, a um extralinguístico que não preexiste a ele.

   Por isso o essencial da literatura talvez deva ser procurado mais na experiência de Artaud do que em Valéry; mais na crítica de Blanchot do que nas análises de Jakobson.

   Não devemos considerar a literatura uma linguagem dobrada sobre si mesma, mas uma linguagem atormentada por um "fora", perseguida por algo que é exterior a ela e que, no entanto, vem apenas dela mesma.

   A literatura seria uma linguagem que sempre estaria em via de migrar para o seu próprio limite exterior. Esse vazio, esse exterior que faz a literatura existir não pode ser preenchido pela crítica:
   - nem como se fazia no passado pelo interior do autor (por suas intenções, sua vida ou seus sentimentos),
   - nem como se faz há algum tempo pelo interior da linguagem (pelas estruturas positivas da linguística).

---

9 Entre colchetes no original.

IV

É esse "fora", é esse extralinguístico imanente à obra que a crítica justamente não deve deixar de fora de seu discurso.

A análise literária não tem de imitar a obra, nem a repetir, nem se unir à sua intimidade, nem a interpretar (como um texto sagrado); ela tem de se alojar justamente nesse exterior que é a localização que lhe é própria. Podemos definir o papel da análise literária dizendo que ela tem de *transformar em enunciados o extralinguístico imanente ao discurso da obra*.

De maneira esquemática e a título de programa, podemos dizer que essa análise deverá tratar:

A. Primeiramente, da relação entre o que é dito e o que não é dito.

Nesse ponto, é preciso ter cuidado: trata-se de forçar e manifestar não o segredo da obra, mas coisas muito mais precisas.

1) Sabe-se muito bem (e as análises de Prieto o demonstraram):
   - que, se nada existe, sem dúvida, que não esteja presente numa língua,
   - os enunciados, em compensação, jamais dizem tudo.

   Em relação a um sentido único (ordem de Pedro a Paulo para dar o livro de Paulo a Pedro), alguns enunciados absolutamente diferentes são possíveis: passe-o, me dê o livro, teu livro. Esses diferentes enunciados dependem da situação em que se encontram os sujeitos e do que eles estão falando.

2) Na literatura, esses contextos não linguísticos não existem; portanto, teria de ser possível dizer *tudo*. Ora, não se diz tudo: a obra, mesmo sendo interrompida ou fragmentária, é finita. Haverá um certo número de coisas designadas, indicadas ou esboçadas no discurso, mas que desempenharão o papel desse contexto extralinguístico.

   Quando, no início de *A educação sentimental*, Flaubert fala de um barco que lança fumaça diante "*do* Quai Saint-Bernard",[10]

---

[10] Gustave Flaubert, *A educação sentimental* [1869], trad. Rosa Freira d'Aguiar. São Paulo: Companhia das Letras, 2017, p. 31.

o simples uso do artigo definido apoia o enunciado na presença comum de uma cidade que se chama Paris e que,
- de um lado, abarca o cais, o rio, as pessoas etc.
- e, de outro, é conhecida tanto por quem se supõe que esteja falando no livro quanto pelos leitores.

Essa cidade será parcialmente descrita: pelo nome de suas ruas, pelas características de alguns dos seus bairros, pela disposição e pelo arranjo de alguns de seus apartamentos. Sempre mais do que um nome próprio, jamais uma descrição exaustiva.

Em compensação, quando Robbe-Grillet diz, no início de *Dans le labyrinthe*: "Estou aqui sozinho, agora bem abrigado",[11] o apartamento onde ele se encontra, a rua, a cidade são designados; eles serão descritos parcialmente ao longo do livro.

Mas a maneira como a cidade é ao mesmo tempo presente no que é dito e exterior ao que é dito, o afloramento entre os enunciados e o que, fora deles, lhes dá sentido, todo o sistema dos *aqui, agora*, à direita, à esquerda, todo o sistema de artigos definidos, de nomes próprios, todo o sistema dessas designações que prendem o enunciado ao que jamais é enunciado, todo esse sistema, essa ameia de presenças e ausências não é a mesma em ambos.

É isso que constitui o que se poderia chamar de ficção.

Se se convencionar chamar de "universo do discurso" tudo o que se teria de dizer para que tudo seja enunciado, a ficção é a seleção, o recorte, a escultura, a modelagem que faz emergir, na linguagem manifesta, uma parte do que se tinha de dizer.

Entre o *universo do discurso*, que seria a massa indefinida do que se teria de dizer, e *a fábula*, que é constituída pelos elementos da narrativa (em quantidade limitada e comuns a muitas narrações), haveria *a ficção*: isto é, o ato, ou melhor, o conjunto dos atos que, no interior do discurso, definem, indiretamente, o extralinguístico que organiza e estrutura os enunciados.

---

11   Alain Robbe-Grillet, *Dans le labyrinthe*. Paris: Minuit, 1959, p. 9.

[No mito, a fábula e o universo do discurso têm simplesmente uma relação combinatória; portanto a ficção é mínima.][12]
3) É preciso observar de imediato que essa ficção não é questão de fantasia e escolha instantânea. Ela tem sua lógica, suas leis de restrição.
- Por exemplo: quando Balzac diz *aqui* ou *agora*, seguramente ele jamais esgotará tudo o que pode ser dito sobre esse *aqui*; mas saber-se-á o nome da cidade, a data no calendário objetivo, a sucessão dos dias no interior da narrativa; a casa, a cor do papel.
- Quando Robbe-Grillet diz *aqui, agora*, há poucas chances de que se venha a saber o nome da cidade, a data, mas [saber-se-á] a cor da parede, a localização das manchas na parede, a sombra diagonal que ela projeta, o gesto que é feito em dado momento etc.

Essa lógica da ficção tem relação sem dúvida com os dois outros níveis que serão estudados (a posição do sujeito falante, o ato de escrever). Mas ela tem uma coerência própria:
- que pode ser acompanhada em grandes traços numa época dada e numa literatura dada. Por exemplo, estudar de perto (e não simplesmente para dizer que passa para a abstração) o desaparecimento do nome próprio e sua substituição pelo pronome pessoal;
- que pode ser acompanhada mais pormenorizadamente num autor ou obra.
  - Por exemplo, aquilo que é pertinizado de Paris em *Madame Bovary*[13]
  - e de Cartago em *Salammbô*.[14]

A literatura e cada forma de literatura poderiam ser caracterizadas, portanto, pelo extralinguístico que elas suscitam em suas bordas e sobre o qual se articulam seus enunciados.
Longe de ser suspensão do sentido e retirada do significante para si mesmo, a literatura aparece como aberta para um

---

12 Entre colchetes no original.
13 G. Flaubert, *Madame Bovary* [1856], trad. Mario Laranjeira. São Paulo: Companhia das Letras, 2011.
14 Id., *Salammbô* [1862], trad. Ivone Benedetti. São Paulo: Carambaia, 2022.

vazio que lhe é essencial, porque ela o suscita, mas que também a limita e pressiona, porque permite que ela não diga tudo.
É nessa medida que ela é uma forma aberta, ambígua, suscetível a diversas interpretações. Isso não é carência ou pletora de sentido, o polissemantismo da obra é apenas o efeito de superfície dessa presença do extralinguístico no discurso e a partir dele.

B. A relação do sujeito falante com o que ele diz.
Dostoiévski começa *Os irmãos Karamazov* da seguinte maneira: "Alieksiêi Fiódorovitch Karamázov era o terceiro filho do fazendeiro de nosso distrito".[15] Aparentemente não há nada mais simples do que isso.

- Alguém que se chama Dostoiévski teve conhecimento, de uma maneira ou de outra, de uma história que se passou na região onde ele mora.
- E ele a transcreveu para uma folha de papel em branco que, por sua vez, de uma maneira ou de outra, caiu nas mãos de um impressor.

De fato, trata-se de algo muito mais complicado.
A leitura do prefácio, que aparentemente estava destinado a acentuar o caráter "biográfico" do livro, na realidade, só complica as coisas.
No caso da linguagem corrente, o sujeito que fala (mesmo que conte uma história em que não se trata dele, mesmo que ele não diga *eu*) está situado no espaço e no tempo, e seu discurso (o tempo dos verbos que ele utiliza, os pronomes pessoais, todas as designações de lugar e momento, os nomes próprios etc.) distribui-se em relação a esse ponto e a esse momento a partir dos quais ele está falando. O desdobrar do discurso se faz a partir desse ponto zero.
Mas na literatura?

---

[15] Fiódor Dostoiévski, *Os irmãos Karamázov* [1880], trad. Paulo Bezerra. São Paulo: Editora 34, 2008, p. 17.

Deixemos de lado o problema difícil do escritor que diz *eu*, fingindo (mas por meio de mecanismos complexos) ser idêntico ao indivíduo cotidiano quando ele fala.

1) Quando Flaubert diz, no início de *A educação sentimental*: "No dia 15 de setembro de 1840, por volta das seis da manhã, o *La Ville de Montereau*, prestes a partir, lançava fumaça em grandes turbilhões diante do Quai Saint-Bernard",[16] tem-se a impressão de que não há sujeito falante; ou melhor, que o sujeito falante é o Flaubert contista, o Flaubert que está fora do livro, Flaubert com sua caneta-tinteiro, e que, agora a uma boa distância, faz uma narrativa na qual ele não intervém (nem mesmo com um discreto "*nosso* distrito" que Dostoiévski afixou no interior de seu próprio romance).

Desses personagens, a voz fala ora com detalhes (conhecendo seus pensamentos, como se fosse um confidente), ora às pressas, de longe, como se fosse um observador estrangeiro, parado na esquina de uma rua, ou um informante mal-informado: "Viajou, voltou, frequentou os salões".[17] Isso todo mundo faz ao construir uma narrativa: o grão de atenção não é sempre o mesmo; ora é fino, ora é grosseiro.

A única diferença é que, na literatura (mesmo que lhe suceda de narrar um acontecimento verdadeiro), só existe o que ela diz e, inversamente, o sujeito falante só existe quanto ele diz. Daí uma relação bastante complexa:

- Quando o sujeito falante se distancia do que diz, quando seu discurso se retrai, ele próprio tende a desvanecer.
- Quando o sujeito falante se aproxima, parecendo prestar atenção aos seus personagens e contemplar em detalhes o que eles fazem, é o próprio sujeito falante que ganha volume e superfície e se amplifica.

---

16 G. Flaubert, *A educação sentimental*, op. cit., p. 31.
17 Ibid., p. 526. Foucault cita de modo inexato o texto de Flaubert: "Viajou. Conheceu a melancolia dos navios, os frios despertares sob a tenda, o assombro das paisagens e das ruínas, a amargura das simpatias interrompidas. Voltou. Frequentou a sociedade, e teve mais outros amores".

Dessa amplificação e desse retraimento, dessa pulsação correlativa do discurso e do sujeito falante, a obra de Flaubert dá um claro testemunho.

Flaubert jamais diz *eu* em seus romances, mas a relação do sujeito falante com seu discurso é de uma mobilidade muito grande.

- No início de *A educação sentimental*, a data, a hora, a multidão: o sujeito falante se encontra à distância segundo a qual se narra um incidente, um *fait divers* ou um assassinato.
- Menos de vinte linhas depois, o sujeito falante se posta junto de Frédéric Moreau (mas sem saber seu nome), ele o vê de perfil; nota seus cabelos compridos e reconhece a direção de seu olhar. Mais um deslocamento muito ligeiro: o sujeito falante se coloca numa posição extremamente próxima, paralela; seu olhar se emaranha com o de Frédéric Moreau: "depois abarcou, num último olhar, a ilha Saint-Louis".[18]
- E se somamos a isso um deslocamento muito rápido: "Contemplava através do nevoeiro os [...] campanários, os edifícios cujos nomes não sabia",[19] esse deslocamento é ambíguo:
    - ou uma quase identificação com o sujeito: pois "ele não sabia o nome" é quase equivalente [a] "eu me pergunto como eles se chamam";
    - ou, pelo contrário, um movimento de recuo; uma espécie de consulta do dossiê. Sabemos o que ele sabe e o que ele não sabe. Estabelecemos isso pela exatidão da documentação.
- Esse movimento de direção equívoca se repetirá nos dois sentidos na página seguinte:
    - dossiê biográfico;
    - identificação com o objeto: "Frédéric pensava no quarto que ocuparia por lá, no projeto de um drama, [...] em paixões futuras".[20]

Toda *A educação sentimental* será feita dessa dança borboleteante da voz falante ao redor, ao lado, atrás, no interior, no

---

18 Ibid., p. 31.
19 Ibid.
20 Ibid., p. 32.

exterior de Frédéric Moreau, uma voz que não pode dizer *eu* por causa dessa relação incerta, dessa distância sempre móvel em relação àquilo do qual ela fala.

Mas essa dança e sua incerteza não excluem que elas obedeçam a leis e a uma lógica. É essa lógica que a análise literária deveria recuperar.

2) Em *A educação sentimental*, a voz falante é de certa forma um satélite que orbita Frédéric. Em *Madame Bovary*, inicialmente ela é o satélite de Charles e depois o de Emma, até que se liberta e erra em torno dos sobreviventes. Há muitas outras soluções possíveis, correspondendo aos tipos que podem perfeitamente ser catalogados.

Na outra extremidade desse catálogo, seria encontrada a voz que é fixada no próprio interior do discurso pelo pronome pessoal *eu*.

Em certo sentido, a utilização do pronome *eu* na literatura fixa (deveria fixar) de uma vez por todas a distância do sujeito falante em relação ao que ele diz. Certamente, ele poderia dizê-lo com mais ou menos detalhes; mas não se moveria em relação ao seu próprio discurso.

De fato, essa fixação causa problemas, mas também dá acesso a diversas possibilidades.

1. Às vezes, serve apenas de retransmissora: uma espécie de primeira pessoa fictícia aparece para dizer: fiquei sabendo de uma história e vou contá-la (Thomas Mann, *O doutor Fausto*).[21]

   Esse procedimento pode ser repetido como bonecas japonesas no interior da narrativa: um personagem (em terceira pessoa) se apresenta e anuncia, em primeira pessoa, que vai fazer um relato (*As mil e uma noites*).

2. Às vezes, pelo contrário, essa primeira pessoa apresentada desde o início constitui a própria substância da narrativa. Consequentemente, parece que a relação do sujeito falante com o discurso se fixa: o sujeito falante expressa seus pensamentos, seus sentimentos, o que ele sente, sabe etc.

---

21 Thomas Mann, *Doutor Fausto* [1947], trad. Herbert Caro. São Paulo: Companhia das Letras, 2015.

Mas imediatamente surgem incertezas, ou melhor, toda uma
rede de relações complexas que constituem precisamente a obra literária:
- incerteza em relação ao autor, em relação àquele cujo nome está escrito na capa;
- incerteza sobretudo em relação ao ato de escrever (em relação ao instante em que ele é levado a cabo, em relação à natureza desse ato). Pois a partir do momento em que aquele que fala faz o ato de sua escrita intervir no que ele diz, ele fala de uma posição recuada e existe um discurso anterior a essa escrita.

Há aí todo um campo de análises que elas teriam de desenvolver por si mesmas.

- Elas permitiriam, sem dúvida, definir a literatura como uma fala em que a posição do sujeito falante seja ao mesmo tempo:
  - definida, não a partir do exterior pela existência visível, temporal, local, de um indivíduo, mas a partir do interior pela série dos atos de fala,
  - e, no entanto, sempre móvel em relação a esse discurso efetivo, movendo-se nele, com ele, contra ele.
- Se denominamos domínio ou campo da fala o conjunto de todas as posições possíveis que um sujeito falante (anônimo, visível, fictício, real, presente, ausente) pode ocupar em relação a seu discurso, e se denominamos *lektón* o que é dito ou o que há por dizer, podemos denominar *léxis* o conjunto das posições e dos deslocamentos da voz falante como eles aparecem através do que é dito (através do *lektón*).
- Do mesmo modo que, entre o universo do discurso e a fábula, descobriu-se certo nível que não está ligado nem à linguística nem ao estudo do folclore ou dos mitos, mas unicamente à literatura (é o que se denominou ficção), entre o campo da fala e o *lektón* (o primeiro ligado à filosofia e o segundo à estilística) há um nível propriamente literário que é o da *léxis*.
- A literatura é um discurso, no qual a fábula é constituída por uma ficção: é um ato de fala cujo *lektón* é determinado por uma *léxis*.

A *léxis* e a ficção são os domínios privilegiados e singulares da análise literária. Elas não se erigem nem de um modelo filosófico nem de um modelo linguístico.

Sem dúvida, isso tem sua importância:

1) De um lado, para a definição do *logos*
   - como discurso que não é proferido por um sujeito real, mas por uma voz anônima;
   - mas essa voz, que é indicada somente do interior do *lektón*, tem uma relação absolutamente fixa com o que ela diz.

   O que caracteriza o *logos* (filosofia, ciência, fala discursiva, mesmo que polêmica, lírica, irracional) não é sua racionalidade, muito menos sua relação com a verdade (ou a presunção de uma relação com a verdade), mas o caráter definitivo e fixado de uma vez por todas de sua *léxis*.

   Fala, *léxis* e *lektón* se encaixam com precisão no *logos*, do mesmo modo que discurso, ficção e fábula se encaixam com precisão no mito.

   É por isso que a literatura não é mito como tendem a acreditar Jakobson ou Lévi-Strauss; é por isso que a literatura não é *logos*, como tendem a acreditar Sartre ou Lukács.

2) De outro lado, para a definição da literatura como imitação.

c. Tudo isso conduziria, então, a uma análise da literatura como *ato de fala* ao mesmo tempo singular e *institucionalizado*.

- Estranhamente, cada vez que se quis pensar a relação da literatura com o conjunto das formas culturais em que ela está inserida, ela foi privada de sua forma própria de literatura:
   - buscando nos conteúdos o que pode fazê-la se comunicar com a filosofia, com a ideologia etc.;
   - buscando no autor o que pode fazê-la se comunicar com as formas sociais, as instituições.
- Talvez ela devesse (mas ficamos aqui no estágio da indicação) ser considerada um ato de fala absolutamente irredutível a outros. E é a existência desse ato de fala em uma sociedade como a nossa e as formas desse ato que deveríamos enxergar como instituições.

a) Firth estudou o ato de fala em diferentes sociedades (como fez o livro de Geneviève Griaule sobre a fala entre os Dogon).[22] Assim também as análises (formais e não sociológicas de Austin) sobre as proposições performativas.
b) Seria preciso estudar o modo de ser da fala literária (em oposição à fala religiosa, mítica, mágica, filosófica) numa sociedade como a nossa (em vez de procurar traços da magia e da religião).

A análise desse ato de fala pode e deve ser feita em diversos níveis.
- No nível de seus suportes, a literatura existe ritualizada de uma certa maneira:
  - há muito tempo no ato de narração,
  - ou na representação teatral,
  - ou no livro. Mas o livro em si não é um suporte neutro e em branco.

Costumamos considerar o livro somente pelo viés do consumo, da tiragem etc. Mas o livro constitui todo um conjunto complexo no qual intervêm:
- seu modo de existência em uma sociedade; por exemplo, ele mudou no fim do século XVIII [M: as bibliotecas // a brochagem], em consequência das grandes tiragens [da] literatura de terror;[23]
- sua relação com a escrita:
  Ele esteve ausente da escrita até o romance de folhetim. Que o livro não é um jornal, mas um livro, foi Mallarmé que reconheceu pela primeira vez.
  Daí a presença como tal do livro no ato de escrever:
  - seja a título de projeto: *Em busca do tempo perdido*,[24]

---

22 Geneviève Calame-Griaule (1924-2013), etnolinguista, filha do etnólogo Marcel Griaule. Foucault se refere aqui à obra *Ethnologie et langage: parole chez les Dogon*. Paris: Gallimard, 1965.

23 Em "Le langage à l'infini", in *Dits et écrits I*, pp. 285-86 ["A linguagem ao infinito", pp. 54-55], Foucault alude ao sucesso dos romances de terror no fim do século XVIII e início do século XIX.

24 M. Foucault, "Guetter le jour que vient" [1963], in *Dits et écrits I*, p. 293 ["Espreitar o dia que chega", p. 12]: "Proust conduzia seu relato até o momento em que principia, com a liberação do tempo regressado, o que permite narrá-lo. De sorte

- seja a título de atualidade [imediata]: Sollers.
- seja como coletânea de uma linguagem que não era feita para os livros: *San Marco*, de Butor.²⁵
- Mas a análise também deveria ser feita no nível da própria natureza do ato de fala (na ocorrência de escrita).
  - Não se trata de um ato do gênero da afirmação (mesmo que se enquadre em uma literatura de tipo naturalista e romanesca).
  - Tampouco é um ato de desejo, de exortação (mesmo que tome forma numa literatura do tipo lírico e poético).
  - Talvez haja grande afinidade com os atos de linguagem que Austin isolou sob o nome de performativos.
    a) Eles não são verdadeiros ou falsos.
    b) Eles fazem algo existir.
    c) Eles obedecem a um ritual.
    d) Eles são suscetíveis a falha.
    e) Eles têm a mesma estrutura gramatical.

Talvez seja nessa direção que se deva procurar a análise da fala literária.

Não que eles sejam absolutamente assimiláveis, mas deve haver algum parentesco entre eles:
- pois a literatura não é nem verdadeira nem falsa (e toda análise do que ela contém de verdade é fadada ao fracasso);
- em compensação, ela faz algo existir (e não simplesmente seu próprio discurso; mas é sabido que o mundo cultural em que vivemos foi mudado por Dostoiévski, Proust e Joyce);
- [os atos de fala literária] obedecem a um ritual (o livro ou o teatro: uma fala, por mais bela que seja, não é literatura se não passar por esse ritual). Sociologia da literatura;

---

que a ausência da obra, por estar inscrita em um oco ao longo do texto, o carrega de tudo o que a torna possível e já a faz viver e morrer no puro momento de seu nascimento". Ver também M. Foucault, "Littérature et langage", in *La grande étrangère*, pp. 92-93 ["Linguagem e literatura", in *A grande estrangeira*, pp. 91-93].

25 Michel Butor, *Description de San Marco*. Paris: Gallimard, 1963. Ver M. Foucault, "Le langage de l'espace" [1964], in *Dits et écrits I*, pp. 439-40 ["A linguagem do espaço", pp. 40-41].

- eles são suscetíveis a falha, no sentido da inexistência. Às vezes acreditamos julgar [a literatura] em termos de beleza, mas só a julgamos em termos de existência;
- nenhuma análise gramatical ou linguística conseguirá dizer o que ela é. Como todos os atos performativos, ela utiliza a linguagem ordinária.

O que é próprio da literatura não são as coisas que ela diz, as palavras que emprega, é sobretudo o estranho ato de fala que ela realiza.

BOUVARD E PÉCUCHET: AS DUAS TENTAÇÕES

BnF, Fonds Michel Foucault, NAF 28730, caixa 54, dossiê 3. Conferência proferida em 1970 na Universidade Estadual de Nova York em Buffalo. Foucault retoma neste texto algumas análises desenvolvidas no posfácio de As tentações de Santo Antão, que ele havia escrito para uma edição alemã publicada em 1964. Cf. M. Foucault, "Postface à Flaubert", in Dits et écrits I ["Posfácio a Flaubert (As tentações de Santo Antão)"]. No mesmo ano da conferência em Buffalo, o texto deste posfácio foi retomado em uma versão modificada sob o título "La Bibliothèque fantastique", in R. Debray-Genette (org.), Flaubert. Paris: Didier, 1970.

INTRODUÇÃO

Tentar analisar reciprocamente estas duas grandes fábulas do saber:

- A tentação do eremita – do crente obstinado – pelo saber demoníaco;
- A tentativa de dois ignorantes de assimilar todo o saber humano.

Entre essas duas fábulas do saber, existe certo número de traços comuns.

a. O fato de que, ao longo de toda a sua vida, Flaubert pensou nisso sem poder se desincumbir completamente.

- As três *Tentações*:[1]
    1849, antes de *Madame Bovary*,[2]
    1856, antes de *Salammbô*,[3]
    1874, antes de *Bouvard e Pécuchet*.[4]
    Mas antes disso houve *Smarh* (1839).[5]
- A documentação de *Bouvard e Pécuchet* se acumulou durante dezenas de anos.
    Foi utilizada em diversas ocasiões (Monsieur Homais). E, antes disso, houve a *História natural* do gênero caixeiro.[6]

b. Os dois textos acenam um para o outro por meio de elementos comuns, frases trocadas, fragmentos de textos que circulam entre um e outro.

Por exemplo:

Bouvard e Pécuchet: "A razão lhe diz: o todo encerra a parte; e a Fé lhe responde com a transubstanciação. A razão lhe diz: três são três; e a Fé lhe diz: três são um".[7]

Primeira *Tentações*: mais ou menos [o] mesmo diálogo.

Tentações: "A Igreja também fez do casamento um sacramento".[8]

Bouvard e Pécuchet: Jeufroy: "O casamento tendo sido estabelecido por Jesus...". Pécuchet: "Em que Evangelho? Nos tempos apostólicos, era tão pouco valorizado que Tertuliano o compara ao adultério. [...] não é um sacramento! Ao sacramento é necessário um sinal".[9]

---

1 Alusão às três versões do texto: à de 1874, mas igualmente às de 1849 e 1856.

2 Gustave Flaubert, *Madame Bovary* [1856], trad. Mario Laranjeira. São Paulo: Companhia das Letras, 2011.

3 Id., *Salammbô* [1862], trad. Ivone Benedetti. São Paulo: Carambaia, 2022.

4 Id., *Bouvard e Pécuchet* [1881], trad. Marina Appenzeller. São Paulo: Estação Liberdade, 2007.

5 Id., *Smarh* [1839], in *Œuvres de jeunesse*, v. II. Paris: Louis Conard, 1910.

6 Id., *Une leçon d'histoire naturelle. Genre commis*, in *Œuvres de jeunesse*, v. I. Paris: Louis Conard, 1910.

7 Id., *Bouvard e Pécuchet*, op. cit., p. 302. O texto de Flaubert é um pouco diferente: "A razão lhe diz: o todo encerra a parte, e a fé lhe responde: pela substanciação, Jesus, comungando com seus apóstolos, tinha seu corpo na mão e sua cabeça na boca. [...] A razão lhe diz: três são três, e a fé declara que três são um".

8 Id., *As tentações de Santo Antão* [1874], trad. Luís de Lima. São Paulo: Iluminuras, 2021, p. 64: "A Igreja também fez do matrimônio um sacramento!".

9 Id., *Bouvard e Pécuchet*, op. cit., p. 308; trad. modif.

Bouvard e Pécuchet: a flagelação de Pécuchet.[10]
Tentações: a flagelação.[11]
A substância e o infinito.
O suicida e o buraco negro.
O martírio.
E talvez o fim de *Tentações* corresponda à primeira visão campestre de *Bouvard e Pécuchet*.
No fim das contas, trata-se aqui e lá do retraimento, do desejo e do saber.

c. Porém, mais do que essas comunicações ou analogias locais, o que sugere a comparação é que estamos lidando, aqui e lá, com tipos de massas verbais a um só tempo:
   - inteiramente povoadas de erudição, já que Flaubert despejou ali uma massa de leituras e anotações;
   - organizadas de um modo muito simplista e rudimentar: um desfile de personagens, uma série de tentativas;
   - permanecem irredutíveis ao gênero, ao tipo de discurso do qual assumem a aparência.

Assim são constituídos esses estranhos textos que Flaubert teve tanta dificuldade para compor, dos quais nem ele próprio soube dizer se eram um sucesso ou um malogro, [e] aos quais não podemos aplicar as categorias, os juízos e as análises tradicionais. Textos que têm uma relação definitivamente muito particular com a verdade:
   - nem científica, certamente (apesar de uma preocupação escrupulosa com a exatidão),
   - nem similar ao que se pode encontrar na literatura. [M: Não estudar o tema, mas a relação entre ficção e documento, ou então a linguagem pronta e a escrita na densidade dos discursos.]

Comparar com os *Stromateis*, de Clemente de Alexandria,[12] as montanhas de textos como existiu no Renascimento, como se faz na literatura contemporânea. Algo como uma ficção discursiva.

---

10 Ibid., p. 278.
11 Id., *As tentações de Santo Antão*, op. cit., pp. 41-42.
12 Clemente de Alexandria, *Stromata*, 198-203 EC.

I. A TRANSCRIÇÃO

A. *Tentações*

1. Organização aparente:
   Três tentações
       Alexandria; prazer simples;
       Constantinopla: poder e riqueza;
       Oriente[: rainha de Sabá].
   Heresias.
   Os mártires.
   Os deuses (Índia e Grécia).
   O mundo inteiro.
   A célula viva.
   Tudo isso se dá como visão do Santo, alucinação que prolifera, entrecruzamento de imagens suntuosas.
   E Flaubert, falando de sua obra no momento em que a escrevia, falava de seu próprio delírio, das orgias de sua imaginação, de seu êxtase.

2. Ora, quando se presta atenção, percebe-se que todas essas grandes imagens dementes são fragmentos de saber, elementos documentais que são lançados ali quase sem elaboração.
   a. Às vezes se trata de um texto. Exemplo:
      - Memórias de Beausobre (ficha)[13]
      - e a passagem sobre os mártires.[14]
   b. Às vezes se trata de um esquema. Exemplo: o Pleroma.[15]
   c. Às vezes se trata de uma gravura:

---

13 A ficha, provavelmente lida durante a conferência, menciona livremente algumas passagens de *Histoire de Manichée et du manichéisme*, de Isaac de Beausobre (Amsterdã, 1734-39), e contém as seguintes linhas: "*Memórias* de Beausobre (a propósito dos mártires): 'Os cristãos tinham uma afeição demasiado humana pelo corpo dos mártires. Beijavam sua roupa suja [...]. Mônica fez com que trouxessem pão, vinho e uma espécie de iguaria que os latinos denominam *pultis*, feita com água, farinha e ovos [...]. Some-se a isso as festas. Essas devoções noturnas só podiam ter sequelas ruins. As mulheres deviam ser impedidas de estar lá. E se encontrou outro tipo de devassidão: a embriaguez'".

14 G. Flaubert, *As tentações de Santo Antão*, op. cit., pp. 90-92.

15 Ibid., p. 66.

Dürer: a luxúria e a morte.
Texto.[16]
Vishnu (simbólico).[17]
3. Alguns dirão talvez que se trata de um procedimento[18] que Flaubert utilizou em outro lugar (*Salammbô*). Mas é preciso observar:
- Que o procedimento é absolutamente geral ao longo do texto. Praticamente não há um elemento que não se refira a um elemento documental.

  Procedimento do *"respondente"*.
- Que o procedimento não consiste em investir esse saber em um personagem, uma cena, um episódio ou uma peripécia, mas deixá-lo como fragmento, como um estilhaço, sem elaboração.

  Exemplo: os gnósticos e os heréticos.[19]

  "Inserção".
- Que o procedimento não parte simplesmente de um material escrito, mas de um material escrito, desenhado, pintado, representando outros textos, outros temas, outras imagens, e todos esses elementos são reproduzidos por Flaubert no elemento geral da escrita.

  Transcrição.
- Que, no entanto, Flaubert utiliza esses elementos:

  Ora para compor discursos;

  Ora para compor personagens (e as indicações cênicas mostram como eles estão vestidos, que gestos fazem);

  Ora para compor discursos (que também são marcados por indicações cênicas);

  Ora para compor visões narradas pelos personagens.

---

16 Ibid., pp. 188-90́.
17 Ibid., p. 126.
18 O termo "procedimento" não é neutro: é frequente nas análises foucaultianas de *Raymond Roussel*, de 1963, até "Sept propos sur le septième ange", in *Dits et écrits I* ["Sete proposições sobre o sétimo anjo"], de 1970, e indica um trabalho efetuado, através da escrita, sobre a materialidade da linguagem.
19 G. Flaubert, *As tentações de Santo Antão*, op. cit., pp. 62 e 66.

Ou ocorre de ele se servir de uma imagem para compor um discurso (o Pleroma) ou de um discurso para compor um cenário ou um personagem (a descrição do hipódromo).
Redistribuição.
- Que ele se submete a metamorfoses estilísticas:
    tornando abstrato um texto concreto;
    fazendo surgir uma cor onde não havia nenhuma;
    acrescentando um gesto ou uma cena onde só havia uma frase. Cf., por exemplo, a propósito dos mártires: os ossos que reluzem à noite.[20]
Transformação.

Conclusão: um procedimento de escrita que, portanto, já pressupõe todo um conjunto de elementos prévios que não são nem coisas, nem pensamentos, nem impressões, mas frases, discursos, desenhos, gravuras, imagens; isto é, elementos que representam, que reproduzem outros, que duplicam outros.

Uma escrita que não busca em absoluto ser original nem dizer o que jamais foi dito; mas, pelo contrário, busca se situar na repetição [*moutonnement*] indefinida do repetível.[21]

Ela se dessacraliza como traço original por não ser mais do que uma crista entre outras no movimento de livre repetição que continua sempre.

Vê-se, então, o que significa o teatro em um texto como esse:

- Enquanto a escrita romanesca de *Madame Bovary* ou *A educação sentimental* vai da sensação, do contato imediato das próprias coisas com um pensamento, um desejo, um cansaço, um desgosto, até um texto,
- aqui, o papel da escrita é inverso, de coisas já ditas ou já vistas, já representadas, para criar personagens, cenários, um espaço etc.

---

20 Ibid., p. 91.
21 Essa expressão será igualmente utilizada na forma "a repetição [*moutonnement*] indefinida dos comentários", em 2 dez. 1970, por ocasião da preleção inaugural no Collège de France. Ver M. Foucault, *L'ordre du discurs*, p. 27 [*A ordem do discurso*, p. 25]. Ela já está presente em *Les mots et les choses*, p. 1087 [*As palavras e as coisas*, p. 56].

B. *Bouvard e Pécuchet*

1. O procedimento é mais ou menos o mesmo: por trás de todos os grandes episódios, há textos: agronomia, jardinagem, economia doméstica, química, anatomia, fisiologia, astronomia, geologia, arqueologia, história, literatura, política, ginástica, espiritismo, filosofia, religião, pedagogia.
2. Mas aqui o procedimento aparece muito mais simples e mais legível: é dito no interior do texto.
   - Os homens simples leem textos (é dito quais).
   - Eles memorizam citações (que são apresentadas entre aspas) ou ideias gerais (que são apresentadas na forma de resumos).
   - Eles as aplicam ou verificam ou discutem ou se servem delas ao longo de uma discussão.
3. Todavia, há complicação.
   - Pelo fato de algumas dessas citações serem alteradas. "Verdade aquém..." atribuída a Lévy.[22]
   - Pelo fato de certos textos serem deformados.
   - Pelo fato de certos elementos serem apresentados de maneira indiferenciada: não se sabe se é o que os homens simples pensam, ou o que eles retiraram de um livro, ou se é uma citação ou mesmo uma afirmação de Flaubert: "todos os livros não [valem] uma observação pessoal".[23] [M: "a classificação de Lineu pareceu-lhes bem cômoda, com seus gêneros e suas espécies. Mas como estabelecer as espécies?"][24]
   - Pelo fato de Flaubert introduzir furtivamente imagens, mesmo onde quase só fala de textos. Cf. p. [115] (geologia).
   O inverso para o jardim.
   - Pelo fato de que ali onde não há citação alguma, ele mesmo assim utilizar uma linguagem pronta: todos os discursos do conde de Faverges.

---

22 G. Flaubert, *Bouvard e Pécuchet*, op. cit., p. 109: "'Verdade aquém dos Pireneus, erro além', afirma o senhor Lévy, e Becquerel acrescenta que não é uma ciência". É claro que a frase foi emprestada de Blaise Pascal, fragmento "Miséria", in *Pensamentos* [1670], trad. Mário Laranjeira. São Paulo: Martins Fontes, 2005.
23 G. Flaubert, *Bouvard e Pécuchet*, op. cit., p. 113.
24 Ibid., p. 104.

De modo que, aqui também, tudo o que é dito já havia sido dito antes. Mas de um modo completamente diferente:
- Enquanto em *Tentações* o procedimento é ocultado, aqui ele é visível em seu centro, indiscernível nas bordas.
- Enquanto ele se consolidava em aparições em *Tentações* (e o murmúrio ao fundo silenciava), trata-se aqui de um emaranhado incerto entre o que é citado, o que é insidiosamente retomado, o que talvez já tenha sido dito e o que jamais havia sido dito antes.
- Os únicos pontos fixos são:
  - o início,
  - a ruptura da Revolução,
  - o fim.

E algumas notas sobre o tempo, o calor.

Ainda devemos observar que:
- muito rapidamente se introduzir furtivamente nessas descrições impressões dos homens simples, suas maneiras de pensar, ou melhor, de dizer as coisas, suas reações;
- o relato da Revolução de 1848 é feito sobretudo de boatos, do que se diz dela;
- e o início se dá pela leitura simbólica do nome no chapéu.[25] Os dois homenzinhos sendo descritos em seguida como se tivessem saído, à maneira dos coelhos do prestidigitador, de seu próprio chapéu.

(Longa hesitação de Flaubert a propósito dos nomes.)

Em *Tentações*, o papel da escrita é calar e fixar o murmúrio indefinido do já dito e do já visto, na irrupção de uma visão.

Em *Bouvard e Pécuchet*, o papel da escrita é fazer aparecer e se esquivar do já dito e do já visto; o que produz um efeito de duplicação onírica:

O que estou ouvindo ou o que estou lendo é o que eu já tinha ouvido? Já era assim? De onde vem essa voz? Quem está falando? É você, um outro? É hoje? Foi ontem? É comigo mesmo que você está falando?

---

25 Ibid., p. 37.

A transcrição é mais culta, mais organizada em *Tentações*; ela é movediça, incerta, inquietante em *Bouvard e Pécuchet*. Ela não para.

II. A DISPERSÃO DO SUJEITO

1. *Tentações*

Aparentemente, trata-se de algo muito simples: um monge ajoelhado diante de sua cabana e, uma de cada vez, de maneira muito bem-comportada, jamais duas de uma vez só, as tentações desfilam. O mundo plano, linear das marionetes.

[Diferentemente] de Brueghel[26] e da simultaneidade da pintura. Ora, há no texto, apesar de sua linearidade, um efeito de profundidade:

- De fato, Santo Antão lê o *Livro*:
  - porque é seu dever;
  - para afastar as lembranças que o assaltam.

  Ora, ele vai necessariamente cair em três passagens que vão suscitar a tentação.

  As três imagens que vão surgir: a da mesa, a das riquezas e a da rainha de Sabá saem de fato do livro.
- Hilário:
  - é ao mesmo tempo o herdeiro da rainha de Sabá,
  - "a criança negra",
  - o discípulo (ciência-sabedoria).

  Ao mesmo tempo desejo e saber; mas enquanto para Antão era
  - o desejo dominado
  - e o saber que se comunica,

  aqui será o inverso: o saber vencido e o desejo que [vence].

---

26 *As tentações de Santo Antão*, de Pieter Brueghel, o Jovem, que Flaubert havia visto em 1845, em Gênova, no Palácio Balbi e que lhe inspirou o projeto de *As tentações de Santo Antão*. A relação de Foucault com a figura de Santo Antão foi mediada, por sua vez, pela pintura, depois que o filósofo viu em Lisboa, em novembro de 1963, *As tentações de Santo Antão*, de Bosch – quadro visto novamente quatro anos mais tarde, em setembro de 1967, por ocasião de uma retrospectiva de Bosch no Noordbrabants Museum, na Holanda.

Ora, é ele que introduz essas visões.
Em um segundo momento: Hilário – saber de onde nascerá uma nova camada de visões.
- As visões se adiantarão, cada uma com suas teorias, seu saber, suas próprias visões.
Exemplo: Maniqueu, seu livro e seu globo.
Ou então os knufitas.
- Acontece de essas visões terem à sua volta outras visões.

Ora, não se deve esquecer que se trata de uma peça de teatro: portanto o próprio Santo Antão é apenas uma visão, em um palco, diante de espectadores.
E, além do mais, que esse teatro é lido: e que é um livro, lido por leitores reais.
Temos, portanto, o seguinte esquema:[27]

		V1	V1	V2	V3
Leitor	Livro real escrito por Flaubert	Santo Antão personagem teatralmente real	Livro teatralmente real	Hilário	(Livros – Visão – Livro escondidos)

Pode-se concluir:

- Que, para além da organização linear, e cruzando-a sem cessar de forma perpendicular, há uma organização em profundidade. Visões de visões. Visões que englobam umas às outras, que emergem umas das outras.
- Que, diante de cada uma dessas visões que se apresentam, não é possível saber qual é seu grau de realidade.
Enquanto, em um mundo ao estilo de Condillac,[28] as mais profundas deveriam ser as mais pálidas (lembranças de lem-

---

27 É interessante comparar esse esquema com o que figura no posfácio à edição alemã de *As tentações de Santo Antão*. Ver M. Foucault, "Postface à Flaubert", in *Dits et écrits I*, p. 33 ["Posfácio a Flaubert", p. 86].
28 Étienne Bonnot de Condillac, *Tratado das sensações* [1754], trad. Denise Bottman. Campinas: Editora da Unicamp, 1993.

branças de lembranças), aqui a modalidade não tem relação com a intensidade. Elas têm o mesmo valor para o desejo.
- Que nem mesmo é possível saber exatamente quem as vê. Sem dúvida, Santo Antão, é claro.

Mas, entre ele e elas, o que há? Hilário, mais outro, ainda um terceiro, talvez? Os sujeitos que veem são telescopados uns nos outros; ainda que Antão se disperse uns nos outros, espalhe-se ao longo dessa linha perpendicular; ele, em si mesmo, é todas as pontas da flecha que atinge a mais profunda, a mais longínqua, a mais remota das visões.

Tentações: espalhamento nas múltiplas instâncias do sujeito. Aquiles na flecha do desejo.

2. *Bouvard e Pécuchet*

Aqui também, efeito de marionetes; aparência linear e mecânica. No palco, dois homenzinhos, o banco, os chapéus, o "eu também", a aparência física e os personagens que desfilam [no começo com] os do romance:

- O casamento ⟶ senhora Bordin.
- A prostituta ⟶ Mélie.
- O trabalhador ⟶ Gorju.
- O padre ⟶ Jeufroy.

Depois a série de episódios: agricultura, química, anatomia, física, astronomia, geologia, arqueologia, história, literatura, política, ginástica, filosofia, espiritismo, pedagogia.

Mas essa organização linear é modificada, como em *Tentações*, no entanto de um modo muito diferente:

- Em *Tentações*, as visões se desenvolvem a partir umas das outras e atingem um grau de densidade tal que não se sabe quem as vê;
- Em *Bouvard e Pécuchet*, a questão é antes: quem fala? Mas a dificuldade não vem do fato de que são discursos encaixados uns nos

outros (como em *As mil e uma noites*[29] ou *Jacques, o Fatalista*),[30] mas do fato de que são vozes múltiplas, entrecruzadas, muitas vezes anônimas e, portanto, não se sabe muito bem se o que elas dizem é original ou se estão repetindo alguma coisa.

Para fazer a análise dessas vozes, seria preciso pegar as frases de Flaubert uma por uma; e fazer três perguntas:

a. Pergunta sobre o sujeito falante.
   A quem se deve atribuir a frase que estamos lendo? Quem supostamente a pronunciou?
   Exemplo: "Depois, como em outros tempos...".[31]
   1. As frases do narrador, desse observador anônimo, que jamais diz *eu* e que as acompanha: frases narrativas.
   2. Na outra ponta, as frases pronunciadas por Bouvard e Pécuchet: frases articuladas.
   3. Entre as duas, as frases intermediárias de estilo indireto: frases indiretas.
   4. No lado das frases descritivas, há proposições que são difíceis de dizer se são frases narrativas, frases articuladas no silêncio da consciência ou frases indiretas.
      Exemplo: "o firmamento parecia um mar de lápis-lázuli, com arquipélagos e ilhotas":[32] frases mistas.
   5. No lado dos diálogos, frases que são pronunciadas apenas a título de frases já ditas por outros, lidas em um livro, em um prospecto, ouvidas durante uma visita ao telescópio da praça Vendôme:[33] frases reiteradas.
b. Pergunta sobre o suporte.
   Essa pergunta se coloca porque, ao longo do texto, até mesmo nas frases do narrador, há elementos relatados que fazem do texto uma espécie de colagem, de mosaico de frases prontas.

---

29 *As mil e uma noites* [séc. IX], trad. Mamede Mustafa Jarouche. São Paulo: Globo, 2006–12.
30 Denis Diderot, *Obras iv: Jacques, o fatalista, e seu amo* [1785], trad. J. Guinsburg. São Paulo: Perspectiva, 2006.
31 G. Flaubert, *Bouvard e Pécuchet*, op. cit., p. 110.
32 Ibid.
33 Ibid., p. 111.

- Elementos [acima de "elementos", MF escreveu: sintagmas] que foram tantas vezes discutidos e tantas vezes repetidos que parecem fazer parte da própria língua. Não designam nada, não remetem a nenhum sujeito falante determinado; não significam nada. Apenas mostram que alguém está falando: "tudo se agita, tudo passa".[34]
São os significantes indefinidos do discurso.
- Elementos que têm como suporte uma classe social determinada, um gênero preciso de diálogo ou um tipo de situação:
O "pulso de ferro" do senhor de Faverges.[35] [M: Desprezar "as coisas mais sagradas, a família, a propriedade, o casamento!"][36]
Ou ainda o diálogo sobre as mulheres entre dois celibatários muito tolos.[37]
Os significantes definidos de uma situação discursiva.
- Elementos que têm como suporte não esse ou aquele livro em particular, mas o livro em geral: o resumo, o amontoado em um só sintagma de uma série de frases que, com variantes sem dúvida muito numerosas, podem ser encontradas em diferentes livros: "É preferível confiar no testemunho dos sentidos?"[38]
Os significantes do livresco.
- Elementos que têm como suporte um livro particular ou uma série muito particular de livros. Por exemplo: Spinoza e seus comentaristas, Cuvier e o dilúvio, a vida do duque d'Angoulême.
Os significantes do saber.

[c.] O ponto de inserção.

Esses elementos "prontos" vêm a se fixar em níveis muito diferentes nos indivíduos.

---

34 Ibid.
35 Ibid., p. 305.
36 Ibid., p. 184.
37 Ibid., p. 59.
38 Ibid., p. 258.

- Evidentemente no nível do discurso e da conversação (cf. a passagem sobre astronomia).[39]
- Mas talvez um pouco mais profundamente, em sua experiência, em sua prática: a linguagem pronta se torna palavra de ordem, tipo de ação (jardinagem).
- Talvez até mesmo além, em seu comportamento com os outros, como elementos de disputa, instrumentos de polêmica, de diferenciação política ou social: as discussões religiosas com o padre.
- Talvez ainda mais profundamente, no nível de sua convicção íntima, de seu devaneio profundo, de suas fantasias: o devaneio do mundo primitivo.[40]
- Talvez ainda mais profundamente em seu próprio corpo, onde o discurso real vem a se fixar:
  Quando eles fazem ginástica.[41]
  Ou quando monitoram a alimentação por todo seu corpo.[42]
- E, por fim, talvez na dissociação de seu corpo e de sua identidade, quando eles não sabem mais o que comer, que regime seguir, se são alma ou corpo, substância material, agregado [desviado].
  Cf. o suicida.

De tudo isso se pode concluir:

1. Que não se pode analisar *Bouvard e Pécuchet* segundo as categorias tradicionais:
   Não há, de um lado, o que é "narração" e [de outro] o que é discurso (o momento em que o autor intervém para dar uma explicação especial).
   O que existe, além do mosaico de elementos relacionados, é uma grande multiplicidade de vozes que se entrecruzam, que aparecem e depois desaparecem, que vêm não se sabe

---

39 Ibid., pp. 110-12.
40 Ibid., pp. 114-15.
41 Ibid., pp. 229-30.
42 Ibid., p. 98.

de onde, que desempenham papéis diferentes, que se inscrevem em múltiplos níveis:
- além da heterogeneidade dos sintagmas (o fato de Flaubert tê-los tirado daqui e dali, em conversas, livros, jornais, e tê-los colocado lado a lado),
- uma multiplicidade de modos discursivos.

2. E, de repente, os personagens em sua identidade desaparecem:
   - Tradicionalmente, o personagem do romance é um ponto de troca entre o que dizem dele e o que ele diz. O ponto de interseção entre uma linguagem falada (pelo autor) e uma linguagem falante (que se supõe que ele tenha).
   - Aqui, os personagens são apenas nós de discurso, cruzamentos em uma rede de discursos fragmentários que têm sujeitos diferentes, suportes diferentes, funções diferentes.

3. A partir daí, compreende-se o subtítulo que Flaubert deu em sua correspondência: "Sobre a falta de método nas ciências".[43] *Bouvard e Pécuchet* não é a crítica do autodidata, é a grande fábula do já dito. O já dito vindo de todas as partes, tomando todas as formas, agarrando-se em todos os níveis – convertendo-se em discursos, armas, marcas, brasões, devaneios, imagens, corpos, gestos, sofrimentos, membros dispersos, mortos.

A ciência é uma certa constante para limitar e utilizar [o] já dito. A ciência é uma certa maneira *of doing things with words* [de fazer coisas com palavras].[44]

Bouvard e Pécuchet patinam, emperram no já dito, num já dito em desordem, em fragmentos; um já dito que, sem limites nem regras, eles são e eles fazem. Não fazendo nada, não sendo nada.

How to do nothing with words [como não fazer nada com palavras].

How to be nothing with words [como não ser nada com palavras].

---

43 G. Flaubert, "Lettre du 16 décembre 1879 à Madame Tennant", in *Correspondance*, v. VIII. Paris: Louis Conard, 1930, p. 336.

44 Referência à obra de J. L. Austin, *How to Do Things with Words*. A tradução francesa acabara de ser publicada em 1970. [Ed. bras.: *Quando dizer é fazer*, trad. Danilo de Souza Filho. Porto Alegre: Artes Médicas: 1990.]

III. A LEI DAS SÉRIES

A. *Tentações*
Trata-se, portanto, de um teatro com:

- de um lado, Santo Antão, sozinho, ignorante, desejando não saber;
- de outro lado, Hilário, [acima de "Hilário", MF escreveu: Diabo] construindo a golpes de saber as próprias imagens do desejo;
- e entre os dois:
    - um pouco da parte de Santo Antão, o livro como instrumento para saber não desejar,
    - e, da parte de Hilário, o Diabo fazendo desfilar as imagens do desejo na forma do não saber, isto é, da visão.

		desejo	saber
Num extremo	Santo Antão	–	–
	O livro	–	+
	Visão	+	–
	Hilário	+	+

Portanto, Santo Antão é *retirado*.
E as imagens do desejo e do saber desfilarão diante dele em uma ordem complexa que Flaubert pesquisou por um longo tempo:

- da ascese para a vida, ao passar pelas heresias, pelos deuses, pela ciência;
- do mais longínquo Oriente (e o mais fantástico: a rainha de Sabá) para o Ocidente (a ciência);
- do seu desejo para o seu desejo (por purificações sucessivas). Ordem arquitetônica, ordem enciclopédica.

B. *Bouvard e Pécuchet*
Aparentemente o capricho:

da natureza,
do "tédio"
ou dos outros ([*abreviatura incompreensível*]).

Ordem absolutamente diferente, porque eles são:

- Para si mesmos o seu próprio Hilário: ninguém os guia a não ser eles mesmos, sua inveja, seu tédio, seus fracassos, seus sucessos.
- Eles próprios são consubstancialmente ligados ao saber, ao já dito – eles são feitos de frases prontas. A trama do seu pensamento e do seu corpo é o discurso.

Essa longa série é feita de diferentes princípios seriais:

1. Princípio da sucessão livresca: três primeiros capítulos: agronomia, arboricultura, economia doméstica (fazenda, jardim, casa). São os três capítulos das "casas rústicas".
2. Princípio da sucessão enciclopédica das ciências:
   - Anatomia, fisiologia.
   - História antiga, medieval, moderna.
3. Princípio do fundamento epistemológico de conservação química.
4. Princípio da oposição semântica: ginástica-alma.
5. Princípio das conotações invertidas:
   - As misérias e as incertezas da fisiologia.
   - A grande serenidade matemática dos astros.
6. Princípio da metáfora:
   - Medalha (fóssil).
   - Fóssil (barco).
   [Da] paleontologia à arqueologia.
7. Princípio do jogo de palavras:
   - Atomicidade.
   - Anatomia.
8. Princípio da forma tradicional: a noite de Natal, ressurreição.

Princípio serial [que] está relacionado, portanto, com a linguagem; mas não simplesmente com a língua; trata-se de um princípio de sucessão do discurso.

O espaço no qual eles se movem é o discurso – com todos os seus elementos de retórica, de jogo de palavras, de articulação lógica, de séries enciclopédicas, de formas de narração.

De modo geral:

Em *Tentações*, trata-se de fazer, com discursos, algo diferente de discursos: visões, imagens, fulgurações que rompem a *linguagem*.

(Em *Smarh*, há uma passagem sobre a inadequação da linguagem para fazer surgir as imagens da sensualidade).[45] [M: refazer o mundo]

Em *Bouvard e Pécuchet*, trata-se de se mover no já feito do discurso. De construir um texto que não será senão texto de um texto.

Descobrir que, se é verdade que a literatura é feita com sua linguagem – isto é, se ela não é nada mais do que certa maneira de falar –, pode haver textos que são feitos com discursos, e que são ou não são nada mais do que certa maneira de repetir.

A temática: recomeço, repetição.

[IV.] O SABER E O DESEJO

O retiro.

A. *Tentações*
Santo Antão se retirou para o deserto, como um retiro de todos os desejos.

a. Mas o desejo não é uma coisa: as cidades, o porto, as pirâmides de frutas, o tornozelo da moça indo tirar água; são figuras ou símbolos desses desejos, são os objetos deles, não são os próprios desejos. Não há como se retirar para fora do desejo.
    [M: imaginar o desejo inevitável]
    Eles retornam, portanto, e seus objetos desaparecidos se tornam metáforas deles: o mesmo tornozelo retorna como metáfora da sensualidade, o mesmo balanço do navio, mas agora como metáfora da riqueza.
b. Daí a intervenção do Livro, do Escrito, como saber não desejar. [M: ler: saber não desejar] Mas, no mesmo instante em que ele é aberto, revela-se como sua essência, em seu âmago, o desejo:
    - as riquezas,

---

45   G. Flaubert, *Smarh* [1839], in *OEuvres de jeunesse*, v. II. Paris: Louis Conard, 1910, p. 96.

- o poder e a glória (Nabucodonosor-Daniel),
- a sensualidade (a rainha de Sabá).

Cenas 1 e 2.

Daí renunciar a saber não desejar.

c. E aparece o terceiro momento: desejar saber.⁴⁶ [M: visão // desejar saber]

Mas desejar saber o quê? [M: visão]

a) O que é da ordem do desejo, como no caso dos heresiarcas? Mas eles não desejam saber o desejo; eles simplesmente desejam desejar. E seu saber é somente esse desejo.

b) O que vai além do desejo, como no caso dos deuses? Mas os próprios deuses estão sujeitos à dura lei do desejo: eles lutam, triunfam, têm ciúmes, lutam, morrem.

O próprio deus dos judeus é um deus do orgulho.

c) O que é despido de todo desejo, como a ciência? "Vou sempre libertando o espírito e pesando mundos sem ódio, sem medo, sem piedade, sem amor e sem dúvida. Sou a ciência."⁴⁷

Mas o saber do que é sem desejo, esse saber é atravessado de medo, terror, frieza, bem, mal.

Acreditamos conhecer o mundo e a indiferença da substância, mas só conhecemos nosso próprio desejo.

Não pode haver saber sem desejo.

d. Daí o quarto momento, o desejo sem saber.
- A morte e a Luxúria.

Desejo do nada, desejo do instante.
- A Esfinge, desejo da estupidez e do silêncio, e a Quimera, desejo do impossível e do irreal.

O puro desejo, aquilo que atravessa os animais.

Aquele que aparece na menor das células.

Santo Antão quer ser esse desejo; mas está fora dele, só pode vê-lo, contemplá-lo, percebê-lo. E já, naquilo que não deveria ser senão o puro desejo, o saber volta, o dia pode raiar novamente. E o ciclo se perpetua. O *olhar*.

---

46 G. Flaubert, *As tentações de Santo Antão*, op. cit., p. 60.

47 Ibid., p. 166. O texto de Flaubert é ligeiramente diferente: "Vou sempre libertando o espírito e pesando mundos, sem ódio, sem medo, sem piedade, sem amor e sem deus. Sou chamado Ciência".

Assim, do retiro surgem três elementos: saber — desejar
ver

1) Saber e desejar, a partir do retiro, só podem estar ligados por um vínculo negativo.
2) E às suas quatro formas de relação negativa correspondem quatro tipos de *ver*:
   - não desejar para saber: sonho;
   - saber para não desejar: leitura;
   - desejar saber o que está fora do desejo: visão;
   - desejar e não saber: ilusão.
3) Desejar, mas já começar a saber: isso é olhar.

B. *Bouvard e Pécuchet*
Eles não fazem retiro para saber.

- O que os separa dos outros é seu desejo.
- Eles renunciam à biblioteca.
- Eles começam por uma contemplação que é correspondente à última contemplação de Santo Antão.

a) Ora, o desejo de saber nasce do êxito:
   - de um êxito que se faz sem eles, pois é a natureza,
   - e que eles atribuem a si mesmos, pois está em seu jardim.

   Eles querem saber como se faz:
   - eles se dirigem ao conde.[48]
   - eles leem livros (Gasparin,[49] os agrônomos, os livros de jardinagem, de economia doméstica).

   Desejo de saber para...

b) Desejo de saber para saber.
   Da química à literatura.
   Mas, nesse caso, não somos nada além do nosso saber: a história, a literatura.

c) Desejo de saber.

---

48 O conde de Faverges, que lhes dá permissão para visitar sua exploração agrícola. Ver G. Flaubert, *Bouvard e Pécuchet*, op. cit., pp. 60-63.
49 Agénor de Gasparin (1783-1862), agrônomo e político (ibid., p. 64).

A PROCURA DO ABSOLUTO

BnF, Fonds Michel Foucault, NAF
28730, caixa 57, dossiê 4. Conferência
proferida em 1970 na Universidade do
Estado de Nova York em Buffalo.

I. A DISPOSIÇÃO DO TEXTO

1. Em diversos estudos filosóficos (*A obra-prima ignorada, Gambara, Louis Lambert*),[1] o tema explícito é a obra ausente – e o trabalho da loucura.

Gambara, Frenhofer e talvez Louis Lambert são antideuses: fazem um trabalho jamais concluído, um trabalho sem repouso nem sétimo dia, um trabalho que a morte deles deixará em ruínas.

Mas nem por isso esses antideuses têm uma posição demoníaca, eles não desfazem nem pervertem uma obra pronta. Não é o poder da negação, mas o da anulação. O que eles fazem não é nem bom nem mau, é *nada*.

Os trabalhadores implacáveis do nada. Mais precisamente:

a) Nada não é o fracasso no último momento de um trabalho que ruiria porque falta a última peça.

---

1 H. Balzac, "A obra-prima ignorada" [1831] e "Gambara" [1837], in *A comédia humana* XV, trad. Vidal de Oliveira. Porto Alegre: Globo, 1992; "Louis Lambert" [1832], in *A comédia humana* XVII, trad. Vidal de Oliveira. Porto Alegre: Globo, 1959. Balzac raramente aparece no *corpus* dos autores aos quais Foucault retorna regularmente no curso da década de 1960. Encontra-se, no entanto, menção a ele nas duas conferências proferidas no clube Tahar Haddad, em Túnis, "Estruturalismo e análise literária" e "Loucura e civilização" (ver supra), em fevereiro e abril de 1967, respectivamente, e no texto sem data e sem título (mais provavelmente de 1967) apresentado neste volume sob o título "O extralinguístico e a literatura". O interesse por Balzac foi, sem dúvida, nutrido posteriormente pela publicação do livro de Madeleine Fargeaud-Ambrière, *Balzac et la "Recherche de l'Absolu"*. Paris: Hachette, 1968.

Tampouco é o recomeço perpétuo desde o ponto de partida; o andar sem sair do lugar da primeira fase.

Tampouco é o vazio anterior a todo gesto, a contemplação branca do pintor de Hoffmann.[2]

É a destruição ativa, incessante – paciente ou raivosa – de um trabalho que jamais foi feito. A laceração de uma obra que não existe. A confusão imediata, em um só e mesmo gesto, da gênese e da destruição. A implacabilidade gritante, multicolorida, ruidosa contra uma ausência.

Rabiscos.

Balbúrdia de *Gambara*.

O pé de *A obra-prima*: não é tanto o que resta de uma obra pouco a pouco esmagada pela sobrecarga; é mais o que emerge como por acaso de uma pintura grosseira que por si só constitui toda a obra.[3]

Trata-se da anulação da obra no próprio movimento que a leva à existência.

b) Daí o outro aspecto do tema: esse gesto de criação[/]anulação aparece como gesto próprio da loucura.

- Com efeito, esse gesto abarca todo o ciclo da obra, desde o seu nascimento até as suas últimas ramificações. Mas esse ciclo é completado em um único instante, e sempre recomeça.
- A loucura:
  - diz respeito ao gênio, na medida em que ela faz a obra cumprir o conjunto de seu ciclo (ela chega a excedê-lo, porque vai até o fim);
  - diz respeito à mística, porque ela escapa ao tempo e faz se cumprir em um instante o que demandaria anos de gestação e séculos de ruína;
  - diz respeito à contemplação, porque ela vê alguma coisa onde não há nada.

---

2 Poderia se tratar do pintor Berklinger, que aparece em E. T. A. Hoffmann, *Die Serapionsbrüder* [1819]. Berlin: Holzinger, 2015, pp. 116-25.

3 Em "A obra-prima ignorada", o que aparece no quadro pintado por Frenhofer é apenas "a ponta de um pé nu" saindo de um "caos de cores" (H. Balzac, "A obra-prima ignorada"[1831], in *A comédia humana XV*, trad. Vidal de Oliveira. Porto Alegre: Globo, 1992, p. 416).

A loucura não é tanto a causa acidental, patológica, que provoca a ausência da obra, mas a telescopagem súbita do tempo e da eternidade, do real e do nada, do mundo e do sonho
- que permite à obra ser destruída no movimento de sua existência;
- que coloca o autor em comunicação com o além.

2. Esse tema (obra ausente-trabalho da loucura) é ao mesmo tempo conservado e transformado no romance *A procura do absoluto*:[4]

a) Conservado sem transformação: Balthazar Claës faz descobertas, mas ele as negligencia, como se não existissem. E se chega a fabricar um diamante, como Frenhofer [fabricou] um pé, é por acaso.
Ele negligencia sua descoberta como Gambara sua capacidade de intérprete.
b) Mas o tema é transformado. De duas maneiras:
- O objeto da destruição é deslocado. Balthazar Claës não destrói tanto o que ele fez. Ele destrói outra coisa. Em vez de uma anulação central, [ele faz] uma anulação lateral, que adquire uma importância muito maior.
    - Ela incide sobre as relações sociais, os laços de parentesco, o amor conjugal, as obrigações paternas.
    - Ela incide sobre as fortunas: o dinheiro, as terras, os diamantes, a prataria que viram fumaça.
    - Ela incide sobre outras obras: pinturas, esculturas.
  A autoanulação se torna heteroanulação (o que não sucede em *A obra-prima*).
- Mas o mecanismo da anulação é igualmente transformado, na medida em que se converte em uma das características formais da narração:
    - em *A obra-prima* e *Gambara*, o que se narra é a anulação da obra a partir de seus princípios de constituição;

---

4 Id., *A procura do absoluto* [1834], in *A comédia humana* XV, trad. Vidal de Oliveira. Porto Alegre: Globo, 1992.

- em *A procura do absoluto*, tudo o que concerne à obra de Balthazar é desviado ou silenciado.
    a. Balthazar jamais explica o que ele faz, diferentemente de Frenhofer e Gambara:
        - ele conta a iniciação;
        - uma outra vez, ele é interrompido por sua filha.
    b. Ninguém jamais entra no laboratório:
        - a mulher e a filha são expulsas;
        - uma única vez ele é visto fazendo um preparo no momento em que está de partida.

        Balthazar, aquele que sobe e desce, aparece, desaparece; aquele que está em outro lugar quando está aqui. Mas onde está nunca é aqui.
    - Não há jamais uma confrontação final, como com Frenhofer, ou uma prova decisiva, como com Gambara.
    - O equívoco da morte.

De sorte que não somente a obra se anula, mas o processo de sua anulação também é anulado na narrativa. A obra é duas vezes ausente:
- No nível do tema, ela fracassa.
- No nível da forma, o fracasso é apresentado apenas do exterior.

E o que é narrado?
a. A anulação não da obra, mas pela obra: anulação das relações sociais, das fortunas, das outras obras. A ausência da obra como abismo; como centro de aniquilação das coisas e dos seres.
b. E a reconstituição de algo totalmente diferente do que é anulado pela obra: a fortuna é recuperada, a família se reconstitui, as relações sociais se reatam.

Toda a rede é restaurada.

De modo que *A procura do absoluto*, no fundo, tem uma estrutura completamente inversa à de *A obra-prima*:
- Frenhofer explica todos os princípios da obra ideal. Ele trabalha durante anos. E bruscamente aparece a anulação – anulação que não cessara de agir em segredo.

- Aqui se trata da anulação que aparece pouco a pouco em seus efeitos. E depois surge o processo de anulação da anulação. Tudo é reparado.

[II.] O QUE É O ABSOLUTO?

"Que será que ele busca?"[5]
A questão nunca é inteiramente esclarecida.
- Duas coisas são certas:

1. Ele não é um químico no sentido tradicional do termo (se bem que cientificamente válido).
   Para além de Lavoisier.
   As descobertas da química moderna vão no sentido de seu trabalho: mas ele não para por aí.
2. Ele também não é um alquimista no sentido tradicional, embora não esconda a vontade de fabricar diamantes, ouro, e enriquecer a família.
   (Há, no entanto, elementos simbólicos: a casa, a mulher.)

- O que ele está procurando? Há um nível de sua busca que é claramente formulado, outro parcamente; e um terceiro nada formulado.

1. *O nível do articulado:* é a unidade química mineral-química orgânica. [M: elementos declarativos]
   - Orgânica: o corpo.
   - Mineral: metais.

   Reduzi-los e talvez, além disso, voltar ao Terciário.
   Isso faz parte de uma série de trabalhos:[6] Davy, W. Prout, Dumas (Dumas falou em gaseificar os metais).

---

5 Ibid., p. 593.
6 Foucault refere-se, aqui e a seguir, na ordem em que são citados, a: Humphry Davy (1778–1829), químico e físico inglês; William Prout (1785–1850), químico inglês Jean-Baptiste Dumas (1800–84), químico francês; Henri Dutrochet (1776–1847), físico francês; Augustin Pyrame de Candolle (1778–1841), botânico suíço; Alexandre Brongniart (1770–1847), mineralogista e naturalista francês. Johann Wolfgang von Goethe,

2. *O nível do implícito.* Uma experiência sobre o agrião e o enxofre. Ora, ela vai no sentido inverso dos precedentes. [M: elementos alusivos]

   Como, a partir de um princípio único e de uma única energia, fazer aparecer diversidades orgânicas e vivas?

   Isso vai na linha dos trabalhos de Dutrochet, Pyrame de Candolle, Brongniart.

   Mais além, é o problema de Goethe, Geoffroy Saint-Hilaire, Cuvier. A unidade da natureza viva. A produção da diversidade.

3. *O nível do lacunar.* O que Balthazar Claës busca e não é dito é se colocar no ponto em que o princípio de redução da multiplicidade química se converte em princípio de produção da diversidade orgânica.
   - Reconduzir todos os corpos a um único corpo.
   - Reproduzir, a partir desse corpo único, todos os seres.

   Ao se colocar nesse ponto, Balthazar Claës, como se pode ver, efetuaria com seu próprio gesto a unidade da natureza. Ele estaria no lugar de Deus.

   Esse nível do lacunar se traduz no texto por elementos simbólicos:
   - "Oh! Oh! Deus!".[7]
   - Movimento de descida e subida de Balthazar Claës. Ele é o ser do alto. Ele "aparece".
   - O culto em torno de sua ausência.

4. *O nível do excluído*: o que não pode ser dito. A unidade da natureza é o ponto que, sozinho, pode produzir e reproduzir toda a natureza; é o ponto em que a relação, o outro, a sexualidade se tornam inúteis e desaparecem.

   É o princípio criador reconduzido à unicidade; uma sexualidade paradoxal porque não linear. O falo sem sexo oposto

---

o famoso escritor que, em suas atividades científicas, se interessou particularmente pela botânica e pela zoologia; Étienne Geoffroy Saint-Hilaire (1772–1844), naturalista francês; e Georges Cuvier (1769–1832), naturalista francês.

7 H. Balzac, *A procura do absoluto*, op. cit., p. 537: "Maldita ciência, maldito demônio! Esqueces, Claës, que cometes o pecado do orgulho, de que Satã se tornou culpado. Queres igualar-te a Deus. – Oh! Oh! Deus! – Tu o negas! – exclamou ela, torcendo as mãos. – Claës, Deus dispõe de um poder que jamais terás".

ao homem sem mulher; é o desejo, mas sem relação com o outro. É preciso observar:

a) Que esse elemento está excluído do romance (embora governe o sistema exterior); no entanto, ele não está ausente dos discursos científicos, filosóficos, ideológicos da época. A unidade da natureza, sublevação da sexualidade (Schleiden).[8]

b) Que a força do romance de Balzac é que ele faz dessa busca do Absoluto a própria metáfora da ciência. Por que procurar o ponto de onde se abole a sexualidade a dois? Ele é a figura mais elevada do saber? Senão porque, no Ocidente, o saber deve se libertar do desejo; mas não pode se libertar do desejo de saber; e esse desejo de saber só pode ser desejo de desejo sem relação.

Desejar saber é desejar ter acesso a um desejo que não precisa do outro.

É por isso que, no Ocidente, o saber está sempre em relação de exclusão com a sexualidade.

O saber não é assunto de mulheres (a mulher está no mundo do não saber, da ignorância, do sentimento).

O saber se simboliza:
- ou pela união mística e casta,
- ou pela homossexualidade: o primeiro dos filósofos era amado pelos rapazes...

Mas esse amor casto ou esse amor homossexual não são senão imagens baças em relação a esse desejo de saber: à fúria de um desejo sem outro, como libido do saber.

A grandeza do romance de Balzac consiste, portanto, no seguinte:

- Ter aberto espaço para esse desejo de desejo sem relação em um discurso romanesco que trata apenas da sociedade, da família, das riquezas, dos bens, das trocas, em suma, do outro e do desejo de outro.
- Ao longo de todo o romance, trata-se efetiva e visivelmente apenas dessas relações; e o que se desenhará obliquamente como excluído é o inverso desse desejo que exclui o outro.

---

8 Matthias Jakob Schleiden (1804–81), físico alemão.

Para resumir tudo isso, seria possível dizer que todo o romance é um desenvolvimento da frase muitas vezes repetida de Balthazar Claës: fazer "a glória e fortuna da família".[9]

- Ele quer fazê-las comprometendo-se a descobrir o ponto a partir do qual:
  - a família não é gloriosa, mas inútil;
  - a família não é rica, mas bem pobre em face de uma unidade tão fecunda.
- Ora, ao fazer isso, ele faz o exato oposto: ele empobrece a família e está prestes a cobri-la de vergonha.
- Mas isso ele só pode fazer se lhe forem incessantemente fornecidos bens mais numerosos, e por sua família. De [sorte] que a família deve [ser] cada vez mais rica, cada vez mais gloriosa.

E assim o sistema das relações, dos outros, da família, do casamento, da sexualidade aparece como a condição de uma busca cujo objetivo é mostrar a inutilidade da sexualidade, do casamento, da família e das relações.

[III.] A POSIÇÃO "BISSEXUAL" DO SABER

Ela aparece em um certo número de elementos da narrativa.

1. Balthazar Claës como ponto de convergência e anulação de todas as diversidades:

- Flandres: o comércio, a diversidade de todos os países, o luxo e a tranquilidade.
- A estabilização da fortuna dos Claës: mais relações comerciais; uma casa, os objetos, terras.
- As mais diversas coleções: grandes homens, pinturas, pratarias, valores cada vez mais intangíveis. No mundo do signo.
  Nada resta além da ciência como coleção interiorizada.

---

9 H. Balzac, *A procura do absoluto*, op. cit., p. 513.

Todas as relações são atadas em torno de um ponto, são estabilizadas em torno dele, foram interiorizadas nele. Última característica: ele abandonou seu nome espanhol e usa apenas Claës.

2. Balthazar Claës e os signos da universalidade:

- A iniciação (e a reflexão de Joséphine Claës): "Não foi uma ideia que me levou a esse belo caminho, mas um homem. – Um homem! – exclamou aterrorizada".
  Reflexão tanto mais notável que a frase de Balthazar era resposta a: "Somente eu [...] devo ser a fonte de seus prazeres".[10]
- A intimidade com Lemulquinier:[11]
  - Ele é incluído em todas as confidências. Vigia para que ninguém entre no laboratório.
  - Marguerite[12] constata que o pai está metido numa "familiaridade inconfessável" com Lemulquinier.[13]
  - "Se soubesses em que ponto nós estamos! – *Nós* quem?... – Refiro-me a Mulquinier; ele acabou compreendendo-me."[14]
  Ora, um pouco antes, Marguerite havia confessado a Emmanuel de Solis sua decisão de casar-se com ele dizendo "nós". E Emmanuel: "'Nós!' – repetiu ele, extasiado".[15]
- Mas muito mais importante é o caráter claramente alternativo da sexualidade e da busca.
  - Durante toda a primeira fase da busca, Balthazar Claës está separado da esposa.
  - Quando ela desmaia e ele a leva para o quarto dela, ele se dá conta de que fechou à chave a porta do seu lado.[16]
  - Ela se compromete a reconquistá-lo pela sexualidade.[17]

---

10 Ibid., p. 531.
11 Lemulquinier, às vezes chamado familiarmente Mulquinier, é o criado de quarto de Balthazar Claës e seu assistente de pesquisa.
12 Marguerite Claës, a filha de Balthazar.
13 H. Balzac, *A procura do absoluto*, op. cit., p. 619.
14 Ibid., p. 620; grifo do autor.
15 Ibid., p. 592.
16 Ibid., p. 518.
17 Ibid., pp. 538-40.

- No fim dessa mesma [cena]: "Esta noite, Claës, não sejamos felizes a meio".[18]
- Por fim, no momento do casamento dos filhos.
- Mas é preciso ir mais longe: é todo o sistema das relações sociais que é suspenso. Relações sociais como status da família, como resultado do casamento, como condição do casamento.
  - A família é golpeada de "morte civil".
  - E as festas só recomeçam quando a ciência ([isto é,] o desejo do desejo sem relação) é suspensa.
  - Do mesmo modo, a morte como momento de intensificação da relação familiar.
- Por fim, explode o paradoxo desse desejo do desejo sem relação:
  a) Se ele é sem relação, ninguém pode desejá-lo. Ele se realiza sem ninguém. É o episódio do diamante.
     - Quando Marguerite entra no laboratório, seu pai e Lemulquinier estão tentando fazer diamante com carvão. Ela os impede (creem eles).
     - Mas isso acontece por si só. E, mais uma vez, ele acredita que é culpa do exílio,[19] das obrigações familiares.
     - É verdade, mas é também porque ele não está lá. O desejo sem relação (isto é, a natureza) realiza-se sem ninguém. Ele jamais poderá estar lá.
  b) E o grande episódio que ilustra isso é evidentemente a morte:
     - Ele só pode atingi-lo quando ele já não pode falar (sem relação),
     - e quando ele já não é mais um ser vivo. Quando se alcança o desejo sem relação, já se está fora da relação – ou cai-se fora dela.

Conclusão.

Fazer claramente a distinção entre essa "posição" universal ou homossexual do saber e aquilo que uma interpretação psicanalítica poderia chamar de sentido homossexual do romance.

18　Ibid., p. 540.
19　Ibid., pp. 624-25.

- Sem dúvida, muitos elementos poderiam sugerir isso: os sussurros da cidade, o segredo, a iniciação, os dois velhinhos agredidos pelas crianças.[20]
- Mas isso não passa do efeito marginal de outra determinação mais profunda. O desejo de saber como desejo de um desejo sem relação.

Nisso Balthazar se opõe a Fausto, no qual o desejo de saber é ao mesmo tempo desejo da relação universal:

- relação dos elementos entre si,
- relação dos seres (sexualidade),
- poder.

III. O DESEJO SEM RELAÇÃO[21]

A dupla ausência de Claës:

- ausência de todo resultado de sua obra,
- ausência do próprio Claës no discurso romanesco, relegado à sua posição fora da relação familiar, sexual, fora da relação fecunda e procriadora.

Como ele chegou a ocupar essa posição e quais são os efeitos dessa posição?

1. Ele aparece como ponto de convergência e anulação de todas as diversidades:

- Flandres: a atividade de produção, o comércio, as relações com os diversos países. A maneira pela qual Flandres unificou todo isso em seu claro-escuro, em sua fumaça e sua cerveja. Tranquilidade, agora, de Flandres.

---

20   Ibid., pp. 631-33.
21   Esta seção parece ser uma reformulação da seção precedente. Portanto, ficou com a mesma numeração.

- Ele pertence à família Claës: mercadores, burgomestres, ricos. Relações sociais (políticas, comerciais). Tudo isso se estabilizou em 15 mil francos de renda.
- Ele vive numa casa em que as gerações se sedimentaram: retratos, coleções e até flores.
- Por fim, dentro dessa casa, o salão: lugar interior separado do mundo pelo prédio da frente. Espaço das relações familiares mais do que das sociais. Regaço e seio.

Nesse ponto de fixidez, estabilização, interiorização, Claës será o homem não da relação, mas do pensamento, não da coleção, mas da unidade, não da acumulação, mas do jogo.

E que ele seja o único é simbolizado pelo fato de que ele abandona seu nome espanhol e usa apenas Claës.

Ponto de convergência e anulação de todas as diversidades.

2. O saber é transmitido e se exerce na forma da homossexualidade.

- A iniciação.
  Cf. em particular o diálogo: "Somente eu, senhor, devo ser a fonte de seus prazeres. – [...] Não, meu anjo, não foi uma ideia que me atirou nesta bela senda, e sim um homem. – Um homem! – exclamou ela com terror".[22]
- A intimidade com Lemulquinier:
  - Ciúme da senhora Claës.
  - Marguerite constata que seu pai estabeleceu uma "familiaridade inconfessável" com ele.[23]
  - "Se soubesses em que ponto nós estamos! – *Nós* quem? ... – Refiro-me a Mulquinier; ele acabou compreendendo-me".[24] Ora, p. [620]: o *nós* como sinal de amor entre Marguerite e o senhor de Solis. O mesmo *nós* em ambos os lados do exílio.[25]

---

22 H. Balzac, *A procura do absoluto*, op. cit., p. 531.
23 Ibid., p. 619.
24 Ibid., p. 620; grifo do autor.
25 Ibid., p. 592.

3. O saber é exclusivo da sexualidade binária. A suspensão da atividade sexual [é] implicada pelo exercício do saber; e, inversamente, o reaparecimento da relação sexual põe fim ao saber.

a)
- Balthazar "abandonou" o salão: lugar da troca, da família, lugar onde se fazem os contratos, onde ocorrem as trocas.
- Mas há também a dupla história da chave:[26]
  - ele não tem a chave do quarto de sua mulher;
  - ele fechou à chave a porta do seu quarto [contíguo].
- Suas filhas não se casarão enquanto ele busca. Elas se casarão depois.

b) Em compensação, os três momentos em que renuncia à busca:
- A primeira vez, quando sua mulher quis reconquistá-lo pela sexualidade. Cf. a cena de sedução pp. [538-40]. E que termina com: "Esta noite, meu Claës, não sejamos felizes pela metade".[27] Pela metade, isto é, quando se é casado, não é para ficar sozinho.
- No momento da morte, o saber é golpeado pelo tabu, na medida em que a morte reativa a relação amorosa. A morte, que rompe o vínculo real, reativa o vínculo libidinal. Renúncia à ciência.
- No momento em que seus filhos se casam, ele renuncia ao saber.

4. Por fim, de modo mais geral, é a relação social que exclui o saber:

- A família é golpeada de "morte civil". Ninguém mais visita os Claës.
- E os períodos em que o saber é suspenso são períodos de relações sociais intensas:
  - duas festas,
  - a morte.

---

26   Ibid., p. 518.
27   Ibid., p. 540.

5. A morte de Balthazar Claës.

O discurso inexistente de Claës (sobre a ciência) faz as vezes de outro discurso que é silenciosamente proferido por todo o romance e que é o seguinte: "Se queres saber, saias da relação; não desejes nada que seja outro, ou melhor, que teu único desejo seja alcançar o desejo sem relação. Prefere os homens às mulheres porque eles, de todo modo, são um pouco menos diferentes do que elas; mas prefira, acima de tudo, a ausência de todo homem. Se souberes manter teu desejo fora de todo objeto, descobrirás que a lei do desejo não é o outro, mas teu próprio movimento, tua própria divisão, a cisão que não para de multiplicá-lo, de fazer nascer a partir dele mesmo a diferença à qual, de si mesmo, ele faz surgir; descobrirás a unidade da natureza em teu próprio desejo; terás libertado teu desejo das limitações e oposições da sexualidade. Teu desejo e teu saber serão uma coisa só".

Percebe-se a diferença que opõe esse discurso (não o de Claës, mas o que dá suporte à sua existência e ao seu silêncio) ao de Juliette ou de Fausto:

- Fausto pede a Mefistófeles que seu desejo de saber se torne desejo na sexualidade.
- Juliette afirma que seu desejo sexual multiplica seu saber e seu saber torna infinito seu desejo sexual.
- Balthazar Claës exige que seu saber lhe abra o reino de um desejo absoluto, que seja um desejo sem outro, um desejo não sexual.

IV. O DESEQUILÍBRIO E A TROCA

Acima desse discurso que jamais é proferido se desdobra o discurso romanesco. Do mesmo modo que, acima e ao redor da obra ausente de Claës, desdobra-se o jogo das relações sociais, das trocas, dos contratos, das heranças, das licitações.

Discurso em duas partes:

1. Senhora Claës:

a) Os signos do desequilíbrio:
   A corcunda, a claudicação.
   O vestido rasgado, a rampa de madeira.[28]
b) A oposição:
   - Corpo, reprodução.
   - O físico e a alma.
   - Sua ignorância, sua ciência do coração.
   - Sua timidez, sua ousadia.
c) Os desequilíbrios:
   - Ela é de herança espanhola, enquanto que o ancestral dos Claës havia sido morto por eles (dívida de sangue); os espanhóis haviam privado os Claës de seus bens (Nourho).[29]
   - Ela abriu mão de sua fortuna em benefício do irmão, o que fez com que se casasse pobre.
   - Ela o desposa, ela que é feia, ele que é bonito.
d) Ora, todos esses desequilíbrios são ao mesmo tempo o que assegura a circulação e a troca.
   - Ela que é feia, ela dá a ele um amor perfeito, e ela estabelece uma reciprocidade estável de sentimento.
   - Ela é pobre, a fortuna retorna para ela exatamente igual à de seu marido: o casamento se revela um bom negócio.[30]
   - Ela mantém o trabalho do marido com seus bens espanhóis (em diamantes que se convertem em carvão).
   - E, por fim, ela sacrifica sua vida.
   Assim ela devolverá a Claës tudo de que ele fora privado.
   Mas o paradoxo é que ela quer prender [o marido] nessa rede de relações, e ela se une a ele quando ele as rompe. Ela é levada:
   - ou a exigir de seu marido uma renúncia que é difícil para ele;
   - ou a devorar toda a sua fortuna e a de seus filhos na busca pelo Absoluto.
   E, nos dois casos, ela é levada a romper um lado da relação.
   Heroína negativa da relação.

---

28 Ibid., p. 518.
29 Ibid., p. 485.
30 Ibid., pp. 500-01.

2. Marguerite Claës. A renúncia à sexualidade.

a) Ao invés de querer fazê-las ["as relações", provavelmente] intervir, como sua mãe, ela assume a responsabilidade por todas. Cf. p. [589]: "Fui por demais sua filha".[31]
   - Em relação aos irmãos e irmãs, ela é a mãe [em branco]; ela é o pai (estipulação do dote, escolha da profissão, investimento do dinheiro).
   - Em relação ao pai, ela é:
     - A mulher: ele se sente como um "marido culpado" diante dela.[32]
     - A mãe: "Anjo que os espíritos celestes devem aplaudir, [...] quantas vezes deste a vida a teu pai?".[33]
     - O pai: "Sentia-se humilhado por ter resignado nas mãos da filha os direitos majestosos da paternidade?".[34]
b) Em vez de querer prender o pai na relação, ela o exclui:
   - privando-o de todos os seus direitos,
   - exilando-o,
   - fazendo a busca pelo Absoluto ser financiada pelos contribuintes.
c) A partir daí começa o grande retorno.
   Ela, a filha da espanhola, trará de volta aos Claës mais do que os próprios espanhóis tiraram. Ela, a filha de Balthazar, trará de volta à memória de Joséphine mais do que o marido jamais despendeu.
   O princípio do retorno está claro:
   - São bens espanhóis investidos em terra que serão muito mais fecundos do que a unidade da natureza.
   - Eles serão divididos em tantas partes quantos são os filhos: eles serão cultivados pelos filhos de um agricultor.
   - Com esse dote os filhos se casarão:
     - Félicie com Pierquin, fortuna de Douai.

---

31 Ibid, p. 589.
32 Ibid., p. 618.
33 Ibid., p. 626; trad. modif.
34 Ibid., p. 604.

- Gabriel com uma Conyncks, fortuna em Cambrésis e Flandres.
- E seu marido Solis lhe traz os bens espanhóis.

Toda a fortuna dos Claës é restaurar (os três fragmentos, o francês, o flamengo e o espanhol, que haviam se perdido, são reconciliados, sempre com um complemento).
- De um lado, todas as dívidas são extintas. O retrato do velho Claës pode ser vendido com as peças de madeira, já não importa mais.
- De outro lado, o Absoluto foi encontrado, está na relação. Quando Claës morre e diz que encontrou o Absoluto, tem-se a impressão de que é de um segredo que ele descobriu ao morrer. De fato, o Absoluto é o que acaba de acontecer.

V. A PÉROLA E O DISCURSO

Um episódio deve ser explicado: o diamante que é formado. Ele pode ser explicado com base em dois registros:

a) A natureza: se a natureza produz unidade, ela não tem necessidade de ninguém.
Não se pode desejar o que é sem relação. Era preciso que Balthazar estivesse ausente.
b) Social: o diamante se formou enquanto Marguerite reconstruía a fortuna. Símbolo de que esse era o verdadeiro absoluto. O pai compreende bem isso: ele dá o diamante a ela, que se chama Marguerite. A pérola e o diamante: o presente e o dote, a riqueza do marido e o [tesouro] da mulher.
A figura fugidia do incesto entre uma relação sem desejo e o desejo sem relação.

LISTA DE OBRAS DE MICHEL FOUCAULT CITADAS

Maladie mentale et personnalité. Paris: PUF, 1954.
Folie et déraison: Histoire de la folie à l'âge classique. Paris: Plon, 1961. (1ª ed. de *Histoire de la folie à l'âge classique* [1972].)
Naissance de la clinique: Une archéologie du regard médical. Paris: PUF, 1963 [ed. bras.: *O nascimento da clínica*, trad. Roberto Machado. Rio de Janeiro: Forense Universitária, 2015].
Raymond Roussel. Paris: Gallimard, 1963 [ed. bras.: *Raymond Roussel*, trad. Manoel Barros da Motta. Rio de Janeiro: Forense Universitária, 1999].
La grande étrangère: À propos de littérature [1964], org. Ph. Artières, J.-F. Bert, M. Potte-Bonneville e J. Revel. Paris: Éditions de l'EHESS, 2013 [ed. bras.: *A grande estrangeira*, trad. Fernando Scheibe. Belo Horizonte: Autêntica, 2016].
Les mots et les choses: Une archéologie des sciences humaines. Paris: Gallimard, 1966 [ed. bras.: *As palavras e as coisas: Uma arqueologia das ciências humanas*, trad. Salma Tannus Muchail. São Paulo: Martins Fontes, 2000].
L'archéologie du savoir. Paris: Gallimard, 1969 [ed. bras.: *A arqueologia do saber*, trad. Luiz Felipe Baeta Neves. Rio de Janeiro: Forense Universitária, 2008].

L'ordre du discours. Paris: Gallimard, 1971 [ed. bras.: *A ordem do discurso*, trad. Laura Sampaio. São Paulo: Loyola, 2004].
Histoire de la folie à l'âge classique. Paris: Gallimard, 1972 [ed. bras.: *História da loucura: Na Idade Clássica*, trad. José Teixeira Coelho Netto. São Paulo: Perspectiva, 2019].
Ceci n'est pas une pipe: Deux lettres et quatre dessins de René Magritte. Paris: Fata Morgana, 1973 [ed. bras.: *Isto não é um cachimbo*, trad. Jorge Coli. Rio de Janeiro: Paz & Terra, 2008].
Le pouvoir psychiatrique: Cours au Collège de France, 1973-1974, org. J. Lagrange. Paris: Seuil/Gallimard, 2003 [ed. bras.: *O poder psiquiátrico: curso dado no Collège de France, 1973-1974*, trad. Eduardo Brandão. São Paulo: Martins Fontes, 2012].
Les anormaux: Cours au Collège de France, 1974-1975, org. V. Marchetti e A. Salomoni. Paris: Seuil-Gallimard, 1999 [*Os anormais*, trad. Eduardo Brandão. São Paulo: WMF Martins Fontes, 2010].
Dits et écrits I: 1954-1975, org. D. Defert e F. Ewald, com a colaboração de J. Lagrange. Paris: Gallimard, 2001.
Dits et écrits II: 1976-1988, org. D. Defert e F. Ewald, com a colaboração de J. Lagrange. Paris: Gallimard, 2001.
"Introduction à *L'archéologie du savoir*", org. Martin Rueff. *Les Études Philosophiques*, n. 153, 2015.

Edições brasileiras das outras obras citadas

"Dizer e ver em Raymond Russel" [1962], in *Ditos e escritos III: Estética, literatura e pintura, cinema e música*, org. Manoel Barros da Motta, trad. Inês Barbosa. Rio de Janeiro: Forense Universitária, 2009.

"Introdução (in *Rousseau*)" [1962], in *Ditos e escritos I: Problematização do sujeito: Psicologia, psiquiatria e psicanálise*, org. Manoel Barros da Motta, trad. Vera Lucia Avellar Ribeiro. Rio de Janeiro: Forense Universitária, 2006.

"O 'não' do pai" [1962], in *Ditos e escritos I: Problematização do sujeito: Psicologia, psiquiatria e psicanálise*, org. Manoel Barros da Motta, trad. Vera Lucia Avellar Ribeiro. Rio de Janeiro: Forense Universitária, 2006.

"O ciclo das rãs" [1962], in *Ditos e escritos I: Problematização do sujeito: Psicologia, psiquiatria e psicanálise*, org. Manoel Barros da Motta, trad. Vera Lucia Avellar Ribeiro. Rio de Janeiro: Forense Universitária, 2006.

"Distância, aspecto, origem" [1963], in *Ditos e escritos III: Estética, literatura e pintura, cinema e música*, org. Manoel Barros da Motta, trad. Inês Barbosa. Rio de Janeiro: Forense Universitária, 2009.

"Espreitar o dia que chega" [1963], in *Ditos e escritos VII: Arte, epistemologia, filosofia e história da medicina*, trad. Vera Lucia Avellar Ribeiro. Rio de Janeiro: Forense Universitária, 2011.

"A linguagem ao infinito" [1963], *Ditos e escritos III: Estética, literatura e pintura, cinema e música*, org. Manoel Barros da Motta, trad. Inês Barbosa. Rio de Janeiro: Forense Universitária, 2009.

"A linguagem do espaço" [1964], in *Ditos e escritos VII: Arte, epistemologia, filosofia e história da medicina*, trad. Vera Lucia Avellar Ribeiro. Rio de Janeiro: Forense Universitária, 2011.

"A loucura, a ausência da obra" [1964], in *Ditos e escritos I: Problematização do sujeito: psicologia, psiquiatria e psicanálise*, org. Manoel Barros da Motta, trad. Vera Lucia Avellar Ribeiro. Rio de Janeiro: Forense Universitária, 2006.

"O *Mallarmé* de J.-P. Richard" [1964], in *Ditos e escritos III: Estética, literatura e pintura, cinema e música*, org. Manoel Barros da Motta, trad. Inês Barbosa. Rio de Janeiro: Forense Universitária, 2009.

"Por que se reedita a obra de Raymond Roussel? Um precursor de nossa literatura moderna" [1964], in *Ditos e escritos III: Estética, literatura e pintura, cinema e música*, org. Manoel Barros da Motta, trad. Inês Barbosa. Rio de Janeiro: Forense Universitária, 2009.

"Posfácio a Flaubert" [1964], in *Ditos e escritos III: Estética, literatura e pintura, cinema e música*, org. Manoel Barros da Motta, trad. Inês Barbosa. Rio de Janeiro: Forense Universitária, 2009.

"A filosofia estruturalista permite diagnosticar o que é 'a atualidade" [1967], in *Ditos e escritos II: Arqueologia das ciências e história dos sistemas de pensamento*, org. Manoel Barros da Motta, trad. Elisa Monteiro. Rio de Janeiro: Forense Universitária, 2000.

"Sobre as maneiras de escrever a história" [1967], in *Ditos e escritos II: Arqueologia das ciências e história dos sistemas de pensamento*, org. Manoel Barros da Motta, trad. Elisa Monteiro. Rio de Janeiro: Forense Universitária, 2000.

"Entrevista com Michel Foucault" [1968], in *Ditos e escritos VII: Arte, epistemologia, filosofia e história da medicina*, trad. Vera Lucia Avellar Ribeiro. Rio de Janeiro: Forense Universitária, 2011.

"Foucault responde a Sartre" [1968], in *Ditos e escritos VII: Arte, epistemologia, filosofia e história da medicina*, trad. Vera Lucia Avellar Ribeiro. Rio de Janeiro: Forense Universitária, 2011.

"Resposta a uma questão" [1968], in *Ditos e escritos VI: Repensar a política*, org. Manoel Barros da Motta, trad. Ana Lúcia Pessoa. Rio de Janeiro: Forense Universitária, 2010.

"Sobre a arqueologia das ciências: resposta ao círculo de epistemologia" [1968], in *Ditos e escritos II: Arqueologia das ciências e história dos sistemas de pensamento*, org. Manoel Barros da Motta, trad. Elisa Monteiro. Rio de Janeiro: Forense Universitária, 2000.

"Sete proposições sobre o sétimo anjo" [1970], in *Ditos e escritos III: Estética, literatura e pintura, cinema e música*, org. Manoel Barros da Motta, trad. Inês Barbosa. Rio de Janeiro: Forense Universitária, 2009.

"Sexualidade e solidão" [1981], in *Ditos e escritos V: Ética, sexualidade, política*, trad. Elisa Monteiro e Inês Autran Dourado Barbosa. Rio de Janeiro: Forense Universitária, 2004.

"Estruturalismo e pós-estruturalismo" [1983], in *Ditos e escritos II: Arqueologia das ciências e história dos sistemas de pensamento*, org. Manoel Barros da Motta, trad. Elisa Monteiro. Rio de Janeiro: Forense Universitária, 2000.

"Arqueologia de uma paixão" [1984], in *Ditos e escritos III: Estética, literatura e pintura, cinema e música*, org. Manoel Barros da Motta, trad. Inês Barbosa. Rio de Janeiro: Forense Universitária, 2009.

SOBRE O AUTOR

PAUL-MICHEL FOUCAULT nasceu em 15 de outubro de 1926 em Poitiers, na França. Entre 1946 e 1952, estudou na Escola Normal Superior (ENS) com professores como Jean Hyppolite, Maurice Merleau-Ponty e Louis Althusser, especializando-se em filosofia e psicologia. Em 1948, tentou o suicídio e foi internado no hospital Sainte-Anne, onde, mais tarde, pesquisaria a relação entre pacientes e psiquiatras. Ingressou no Partido Comunista Francês (PCF) em 1950, mas, decepcionado com o stalinismo, desfiliou-se em 1953. De 1951 a 1955, deu aulas na ENS; entre seus alunos estava Jacques Derrida. Em 1952 e 1953, especializou-se em psicopatologia e em psicologia experimental pelo Instituto de Psicologia de Paris e passou a lecionar na Universidade de Lille. Em 1955, a convite de Georges Dumézil, foi chamado a ocupar o cargo de leitor de francês na Universidade de Uppsala, na Suécia. Ali, tornou-se também diretor da Maison de France e dedicou-se à escrita de sua tese, da qual resultaria o livro *História da loucura: na idade clássica*, publicado na coleção dirigida por Philippe Ariès. Nos anos seguintes, trabalhou como adido cultural na Polônia e na então Alemanha Ocidental. Obteve o título de doutor em 1961, tendo Hyppolite e Georges Canguilhem como relatores. Em 1962, Foucault tornou-se professor titular na Universidade de Clermont-Ferrand, onde dirigiu o departamento de filosofia. Em 1970, foi eleito para a cátedra de História dos Sistemas do Pensamento no Collège de France e, em 1981, tornou-se professor-visitante da Universidade da Califórnia em Berkeley, nos Estados Unidos, ganhando notoriedade em ambas as instituições devido a suas conferências sempre lotadas e consagrando-se como intelectual público de renome internacional. Ao longo da vida, Foucault também ocupou postos acadêmicos em uma série de outras universidades na França e no exterior, incluindo a Universidade de Vincennes (atual Paris 8), a Universidade de Túnis e a Universidade de Nova York; e passou períodos extensos conduzindo pesquisa em países como Estados Unidos, Canadá, Itália e Japão. Viajou ao

Brasil algumas vezes e, em 1975, acompanhado do então estudante José Castilho Marques Neto, proferiu um discurso em que abdicou de dar aulas na Universidade de São Paulo (USP) por se recusar a permanecer em um país sob uma ditadura militar. Ainda em São Paulo, participou da missa ecumênica em homenagem ao jornalista Wladimir Herzog, assassinado nos porões da ditadura. Foucault faleceu em 25 de junho de 1984, em Paris, em decorrência da Aids, enquanto trabalhava no último volume de *História da sexualidade*.

Obras selecionadas

História da loucura [1961], trad. José Teixeira Coelho Netto. São Paulo: Perspectiva, 2019.

O nascimento da clínica [1963], trad. Roberto Machado. Rio de Janeiro: Forense Universitária, 1977.

As palavras e as coisas [1966], trad. Salma Tannus Muchail. São Paulo: Martins Fontes, 2016.

A arqueologia do saber [1969], trad. Luiz Felipe Baeta Neves. Rio de Janeiro: Forense Universitária, 2015.

Cursos no Collège de France [1970-84], 12 v., vários tradutores. São Paulo: WMF Martins Fontes, 2013-19.

Vigiar e punir [1975], trad. Raquel Ramalhete. Petrópolis: Editora Vozes, 2014.

História da sexualidade [1976-84], 4 v., vários tradutores. São Paulo: Paz e Terra, 2020.

Microfísica do poder [1978], trad. Roberto Machado. São Paulo: Paz e Terra, 2016.

Dizer a verdade sobre si [2017], trad. Salma Tannus Muchail. São Paulo: Ubu Editora, 2022.

Loucura, linguagem, literatura [2019], trad. Nélio Schneider. São Paulo: Ubu Editora, 2024.

IMAGEM DA CAPA
Leonilson,
PL.0056.0/00
[São Paulo, a cidade que é uma roubada]
tinta de caneta permanente sobre papel,
14,7 × 10,3 cm.
Foto © Eduardo Ortega / Projeto Leonilson.

Folie, langage, littérature. Edição estabelecida por
Henri-Paul Fruchaud, Daniele Lorenzini e Judith Revel
© Librairie Philosophique J. Vrin, Paris, 2019
© Ubu Editora, 2024

EDIÇÃO Gabriela Ripper Naigeborin
PREPARAÇÃO E REVISÃO DE TRADUÇÃO Mariana Echalar
REVISÃO TÉCNICA Lucas Bittencourt Vasconcellos
REVISÃO Hugo Maciel
DESIGN Elaine Ramos
COMPOSIÇÃO Júlia Paccola e Nikolas Suguiyama
TRATAMENTO DE IMAGEM Ana Paula Macagnani
PRODUÇÃO GRÁFICA Marina Ambrasas

EQUIPE UBU
DIREÇÃO Florencia Ferrari
DIREÇÃO DE ARTE Elaine Ramos; Julia Paccola (assistente)
COORDENAÇÃO Isabela Sanches
COORDENAÇÃO DE PRODUÇÃO Livia Campos
EDITORIAL Gabriela Ripper Naigeborin e Maria Fernanda Chaves
COMERCIAL Luciana Mazolini e Anna Fournier
COMUNICAÇÃO/CIRCUITO UBU Maria Chiaretti,
    Walmir Lacerda e Seham Furlan
DESIGN DE COMUNICAÇÃO Marco Christini
GESTÃO CIRCUITO UBU/SITE Cinthya Moreira, Vic Freitas e Vivian T.

1ª reimpressão, 2025.

Dados Internacionais de Catalogação na
Publicação (CIP) de acordo com ISBD
Elaborado por Vagner Rodolfo da Silva –
CRB-8/9410

F763l Foucault, Michel [1926–84]
 Loucura, linguagem, literatura / Michel
 Foucault; organizado e estabelecido por
 Henri-Paul Fruchaud, Daniele Lorenzini e
 Judith Revel; traduzido por Nélio Schneider.
 Título original: *Folie, langage, littérature*. São
 Paulo: Ubu Editora, 2024. 288 pp.
 ISBN 978 85 7126 177 8

1. Filosofia. 2. Teoria literária. 3. Literatura
francesa. 4. Psicanálise. 5. História. 6. Teatro.
I. Fruchaud, Henri-Paul. II. Lorenzini, Daniele.
III. Revel, Judith. IV. Schneider, Nélio. V. Título.

2024-1740　　　　　　　CDD 100 CDU 1

Índice para catálogo sistemático:
1. Filosofia 100   2. Filosofia 1

UBU EDITORA
Largo do Arouche 161 sobreloja 2
01219 011 São Paulo SP
ubueditora.com.br
professor@ubueditora.com.br
❚❘ ◎ /ubueditora

FONTES
Proxima Sera, Sud e Nord
PAPEL
Pólen bold 70 g/m²
IMPRESSÃO
Margraf